Este documento fue compilado por M. Beatriz de A. David, Jefa de la Unidad de Desarrollo Agrícola de la División de Desarrollo Productivo y Empresarial de la CEPAL y profesora adjunta de la Universidad del Estado de Rio de Janeiro (UERJ). Los artículos contenidos en él fueron escritos por José Antonio Ocampo, Secretario Ejecutivo de la CEPAL, M. Beatriz de A. David, César Morales, Oficial de asuntos económicos de la Unidad de Desarrollo Agrícola de la División de Desarrollo Productivo y Empresarial de la CEPAL, Mónica dos Santos Rodrigues, Investigadora del Programa de Estudios sobre Agricultura y Desarrollo Sustentable (PROGESA), Núcleo Superior de Estudios Gubernamentales de la Universidad del Estado de Rio de Janeiro (NUSEG/EURJ), Pedro Tejo, Oficial de asuntos económicos de la Unidad de Desarrollo Agrícola de la División de Desarrollo Productivo y Empresarial de la CEPAL y Max Spoor, investigador del Instituto de Estudios Sociales de La Haya y consultor de la Unidad de Desarrollo Agrícola de la CEPAL. Las opiniones expresadas en este trabajo son de exclusiva responsabilidad de los autores y pueden no coincidir con las de la Organización.

Desarrollo rural en América Latina y el Caribe

¿La construcción de un nuevo modelo?
María Beatriz de A. David
Compiladora

COMISIÓN ECONÓMICA PARA AMÉRICA LATINA Y EL CARIBE
ECONOMIC COMMISSION FOR LATIN AMERICA AND THE CARIBBEAN
WWW.ECLAC.CL

Transv. 24 No. 40-44
Bogotá D.C. - Colombia
E-mail: alfaomeg@cable.net.co
http://www.alfaomega.com.mx

Primera edición: enero de 2001
Primera reimpresión: marzo de 2001
Copyright © Naciones Unidas 2001
    © Naciones Unidas - CEPAL en coedición
    con Alfomega S.A. 2001

ISBN: 958-682-210-9

© 2001 ALFAOMEGA GRUPO EDITOR, S.A. de C.V.
Pitágoras 1139, Col. Del Valle, 03100 México, D.F.

Diseño de cubierta: Juan Carlos Durán
Edición y diagramación: Alfomega S.A.
Impresión y encuadernación: Quebecor Impreandes

Impreso y hecho en Colombia - Printed and made in Colombia

ÍNDICE

Resumen ejecutivo ix
Executive summary xi
Presentación xiii
José Antonio Ocampo
Síntesis xv

Capítulo 1.
Agricultura y desarrollo rural en América Latina 1
José Antonio Ocampo
Introducción 1
  A. Las visiones cambiantes de la agricultura y la política agropecuaria 2
     1. Las visiones clásicas sobre el papel de la agricultura en el desarrollo y sus resultados 2
     2. El proceso de liberalización económica en la agricultura 4
  B. Tendencias del sector agropecuario latinoamericano en los años noventa 9
     1. Producción y comercio exterior 9
     2. Productividad 18
  C. Desarrollo social rural 22
  D. Elementos de una estrategia de desarrollo rural 57
Bibliografía 70

Capítulo 2.
Modernidad y heterogeneidad: estilo de desarrollo agrícola y rural en América Latina y el Caribe 41
María Beatriz de A. David, César Morales y Mónica Rodríguez
Introducción 41
  A. Restructuración productiva y productividad laboral 43
  B. Los cambios en el comercio internacional 55

C. Cambios demográficos e impacto social de las transformaciones
   productivas   64
D. Agentes e instituciones   77
Consideraciones finales   84
Bibliografía   87

Capítulo 3.
EL MODELO AGRÍCOLA DE AMÉRICA LATINA EN LAS ÚLTIMAS DÉCADAS (SÍNTESIS)   89
Pedro Tejo
   Resumen   89
   Introducción   90
   A. Diseño y aplicación de la política   92
      1. Las políticas hacia el sector   92
      2. Definiciones y redefiniciones de la política sectorial   98
      3. Comportamiento microeconómico del sector   104
   B. Nuevas formas de heterogeneidad   105
      1. Capacidad de respuesta de los agentes   105
      2. Funcionamiento real de los mercados   108
      3. Tipo de productores   112
   C. Elementos de evaluación   113
      1. Impactos en la producción y el comercio   113
      2. Comportamiento de las principales variables   115
      3. Expansión, recuperación y estancamiento en el agro
         latinoamericano   118
   Anexo. Comportamiento de la producción y el comercio agrícolas
   en siete países de la región antes y después de las reformas   125
      1. Argentina   125
      2. Bolivia   126
      3. Brasil   127
      4. Chile   128
      5. Colombia   130
      6. Costa Rica   131
      7. México   132
   Bibliografía   133

Capítulo 4.
INCIDENCIA DE DOS DÉCADAS DE AJUSTES EN EL DESARROLLO AGRÍCOLA
DE AMÉRICA LATINA Y EL CARIBE   135
Max Spoor

   Introducción   135
   A. El sesgo antiagrícola y la evolución del crecimiento   139
   B. Del crecimiento sostenido a la crisis en la "Década perdida"   140
   C. El modelo de crecimiento impulsado por las exportaciones y las exportaciones agrícolas   144
   D. El ajuste estructural en el sector agrícola   148
      1. Las reformas macroeconómicas   150
      2. Las reformas en el sector agrícola   153
   E. Comentarios finales: dinamismo y marginalización   157
   Bibliografía   162

Resumen ejecutivo

El presente libro aborda, a partir de cuatro artículos, los principales desafíos enfrentados por el sector rural de América Latina después de dos o más décadas de ajustes estructurales.

El primero de ellos analiza, desde una perspectiva histórica, la agricultura y el desarrollo rural, centrándose en los efectos de las políticas macroeconómicas sobre el sector, los cambios estructurales observados y las estrategias para lograr un desarrollo sostenible. El segundo trata de las restructuraciones productivas del sector en los últimos años y sus repercusiones sobre productividad, competitividad, empleo y equidad, destacando las heterogeneidades existentes y su agravamiento en el transcurso de los últimos años. Aún se discuten algunos de los grandes desafíos que enfrenta el sector rural en sus posibilidades de desarrollo futuro. Los otros dos estudios recogen las principales conclusiones de los trabajos preparados para el Seminario organizado por la Unidad de Desarrollo Agrícola "El impacto de las reformas estructurales sobre la agricultura de América Latina" en el que se presentaron trabajos sobre Argentina, Bolivia, Brasil, Chile, Colombia, Costa Rica, México y Perú.

EXECUTIVE SUMMARY

This book includes four articles on the main challenges facing the rural sector of Latin America now that it has had two or more decades of experience with structural adjustment programmes.

The first article provides a historical overview of agriculture and rural development. It focuses on the impact that macroeconomic policies have had on the sector, the structural changes that have taken place and the sustainable development strategies that have been implemented. The second chapter reviews the productive restructuring programmes that have been implemented in recent years and the effect of such efforts on productivity, competitiveness, employment and equity. Special mention is made of the many disparities that have been found and of the ways these differences have been accentuated over the last few years. Some of the main challenges that will face the rural sector in terms of its future development are also discussed. The other two studies summarize the main conclusions of the papers prepared for the seminar on the impact of structural reform on agriculture in Latin America that was organized by the Agricultural Development Unit. The papers deal with the cases of Argentina, Bolivia, Brazil, Chile, Colombia, Costa Rica, Mexico and Peru.

Presentación

El presente libro reúne las reflexiones de la Cepal y, especialmente, de su Unidad de Desarrollo Agrícola sobre los desafíos que enfrenta el sector rural de América Latina y el Caribe a fines de siglo. El análisis se centra principalmente en los impactos sobre el sector de una década o más de ajustes estructurales. Reúne también las reflexiones emanadas del seminario organizado por la unidad a fines de 1998, en el marco del proyecto "Crecimiento, empleo y equidad: América Latina y el Caribe en los años noventa", llevado a cabo en virtud de un convenio de cooperación técnica suscrita entre la Cepal y el gobierno de los Países Bajos. Durante el encuentro se presentaron los estudios de caso de Argentina, Bolivia, Brasil, Chile, Colombia, Costa Rica, México y Perú, que habían sido encomendados a distinguidos especialistas de cada uno de los referidos países y que posteriormente se publicaron en la serie Desarrollo Productivo de la Cepal.

El libro está compuesto por cuatro artículos, que proporcionan una visión de la región en su conjunto. El primero analiza la agricultura y el desarrollo rural desde una perspectiva histórica, haciendo hincapié en los efectos de las políticas macroeconómicas sobre el sector, los principales cambios estructurales observados y las estrategias para superar las restricciones que encara su desarrollo sostenible. El segundo trabajo analiza las principales transformaciones productivas del sector en los últimos años y sus repercusiones sobre la productividad, la competitividad, el empleo y la equidad. Este trabajo plantea también los desafíos de largo plazo que se deberán enfrentar para intensificar el crecimiento. Los otros dos artículos resumen los trabajos presentados en el seminario antes mencionado y hacen un análisis diferenciado del impacto de las reformas sobre el sector agrícola de cada uno de los países de la región.

Tenemos la expectativa de que este libro contribuirá significativamente a una reflexión innovadora y positiva sobre el papel del sector rural en todo proceso de desarrollo comprometido con la equidad y la sustentabilidad.

José Antonio Ocampo
Secretario ejecutivo, Cepal

SÍNTESIS

Los cuatro capítulos del presente libro son trabajos independientes y complementarios que en su conjunto analizan los impactos de las reformas estructurales en el sector rural de América Latina y el Caribe. A continuación se presenta una apretada síntesis de cada uno de los trabajos.

CAPÍTULO 1. AGRICULTURA Y DESARROLLO RURAL EN AMÉRICA LATINA: TENDENCIAS, HIPÓTESIS Y ESTRATEGIAS (JOSÉ ANTONIO OCAMPO)

Después de una década o más de reformas estructurales y políticas de ajuste, las expectativas de un rápido y vigoroso crecimiento del sector agrícola y de la superación de sus principales problemas están aún lejos de ser satisfechas.

Contrariamente a las intenciones de las reformas, dos precios clave de la economía, la tasa de cambio y la tasa de interés, no permitieron el desarrollo dinámico que se esperaba. Por otra parte, el desmantelamiento de las políticas e instrumentos de apoyo sectoriales –cuya importancia había sido subestimada en las críticas del modelo anterior– no se vio compensado, como se esperaba, por el sector privado, ni siquiera con los incentivos proporcionados en una segunda fase de reformas sectoriales.

Como consecuencia de ello, se observa un fuerte dinamismo de un grupo pequeño, y regionalmente concentrado, de productores, y la falta de dinamismo de la mayoría de los productores, en especial los pequeños y menos capitalizados. Por ello, las cifras agregadas muestran un crecimiento de la producción menos dinámico que el histórico, importaciones que crecen a un ritmo mayor que las exportaciones, un empleo estancado, niveles de pobreza casi inamovibles y una migración rural-urbana de la juventud que sigue la trayectoria anterior.

Se propone una acción basada en cuatro pilares: i) una política macroeconómica que garantice una tasa de cambio competitiva; ii) una política sectorial activa tendiente a mejorar las fallas de mercado y a complementar los vacíos dejados por el sector privado; iii) políticas orientadas a mejorar la inserción campesina especialmente de la juventud en el plano productivo y en el de participación ciudadana, y iv) acciones específicamente encaminadas a superar la pobreza.

Capítulo 2. Modernidad y heterogeneidad: Estilo de desarrollo agrícola y rural en América Latina y el Caribe (María Beatriz de A. David, César Morales y Mónica Rodríguez)

Las profundas transformaciones que han tenido lugar en la agricultura latinoamericana en los últimos años, a causa de las reformas estructurales promovidas en la gran mayoría de los países de la región, no constituyen hechos enteramente nuevos. Al contrario, ellas representan la intensificación de patrones y procesos anteriores a las reformas, más relacionados al debilitamiento de las funciones de la agricultura como instrumento de fomento al desarrollo urbano-industrial, de combate a la inflación y de promoción del bienestar social. Sin embargo, el fortalecimiento reciente de algunas de las tendencias anteriores de la agricultura regional –como los cambios en la estructura productiva, en los niveles de productividad y en la competitividad internacional– asociados a las transformaciones institucionales, pone de manifiesto la creciente heterogeneidad estructural del sector.

Por el lado de las instituciones, la apertura económica, la desregulación de los mercados y la reforma de las instituciones públicas del sector agrícola impactaron de manera diferenciada en los distintos tipos de productores, acentuando las diferencias al interior del sector. En ese contexto, nuevos dilemas –como la dependencia tecnológica y las negociaciones internacionales– y viejos problemas –como la pobreza rural, la indigencia, la concentración de la tierra y la migración rural-urbana– desafían la debilitada institucionalidad de los países de la región en comprobar la sustentabilidad del actual modelo de desarrollo agrícola y rural en América Latina.

Capítulo 3. El modelo agrícola de América Latina en las últimas décadas (Síntesis) (Pedro Tejo)

Este artículo tiene por finalidad aglutinar en una visión de conjunto el contenido de siete estudios, referidos a otros tantos países, encomendados por la Unidad de Desarrollo Agrícola de la Cepal, sobre los impactos que tuvieron en la agricultura las reformas aplicadas en la región durante los años ochenta y noventa.

Se puede decir que a partir de esas reformas, la agricultura de la región se desenvolvió en un contexto institucional de menor respaldo estatal que en el pasado. Para justificar las reformas se recurrió a dos argumentos: la gran distorsión que existía en los precios vinculados al sector, y el fuerte déficit fiscal que implicaban los aportes estatales a la agricultura.

En consecuencia, la política agrícola debió ser redefinida. Entre los países en estudio hubo en tal sentido una gran variedad de experiencias. En algunos fue necesario actuar con gran pragmatismo y dejar de lado la ortodoxia. En otros se pusieron en práctica gradualmente las nuevas políticas, y en otros se puso el acento en la introducción de mecanismos destinados a compensar los efectos sobre el agro de la política que se seguía para toda la economía.

Este artículo concluye también que los cambios dieron lugar a nuevas formas de heterogeneidad, en lo que se refiere tanto al tipo de productor como a las características que pasaron a predominar en la estructura de la producción. Y concluye finalmente que el desempeño del sector no fue igual en todos los países: en algunos crecieron la producción y el comercio; a otros las reformas les permitieron recuperarse de un estancamiento crónico, mientras que otros, por último, tuvieron un desempeño definitivamente negativo.

Capítulo 4. Incidencia de dos décadas de ajuste en el desarrollo agrícola de América Latina y el Caribe (Max Spoor)

Este documento analiza dos décadas de ajuste económico en la región y su impacto sobre la agricultura (y en algunos casos, sobre el sector rural). Las principales conclusiones son las siguientes:

Primero, se ha subestimado la importancia del sector agrícola de la región antes, durante y después de las reformas y el ajuste económico. Llama la atención que el éxito del modelo de crecimiento impulsado por las exportaciones se haya dado precisamente en función de productos agroindustriales. ***Segundo,*** la crisis afectó a la agricultura más tarde que a los restantes sectores, y a pesar de las grandes diferencias entre los países y dentro de éstos, el desempeño del agro fue bastante mejor de lo esperado. Ello puede deberse al significativo incremento de la productividad de la tierra en los principales cultivos de consumo interno y de exportación, hecho que desde luego no está en consonancia con la tesis de un sector agrícola estancado. ***Tercero,*** las reformas económicas en la agricultura, con excepción de Chile, que las hizo tempranamente, y de Bolivia, Costa Rica y México, que las introdujeron parcialmente, fueron aplicadas en la segunda mitad de los años ochenta o incluso más tarde. Es difícil por tanto identificar relaciones causales simples entre las reformas de los años ochenta y la recuperación global de los noventa, porque además hubo numerosos casos de retracción (y de rápida recuperación) de las exportaciones agrícolas en el marco de las reformas macroeconómicas y sectoriales, que habían sido puestas en práctica justamente para eliminar el llamado "sesgo contra la agricultura". ***Cuarto,*** las reformas también tuvieron impactos negativos por la eliminación de subsidios y por la reducción o desaparición de los servicios agrícolas de crédito, tecnología y extensión. Esto debe diferenciarse de la evolución desfavorable que experimentaron los precios de las exportaciones agrícolas tradicionales en los años ochenta. Los datos sectoriales dejan ver que algunas intervenciones públicas tempranas, hechas en el marco de modernizaciones orientadas al mercado, tuvieron resultados favorables (Chile y Costa Rica). En otros casos, donde el apoyo público de largo plazo estuvo seguido de la liberalización y la desregulación de los mercados, la recuperación fue resultado de la reintroducción, en distintos períodos, de las regulaciones (por ejemplo en Bolivia, Brasil, Chile y Colombia). *Quinto,* el modelo de desarrollo introducido con el ajuste estructural ha resultado bastante excluyente. La dinámica del crecimiento económico se concentró en los productores comerciales vinculados o integrados al agronegocio nacional e internacional, asociado fundamentalmente a empresas transnacionales. Por otra parte, el optimismo acerca de la modernización de los pequeños productores merced a su integración contractual con el agronegocio no parece suficientemente justificado (Cepal, 1995; 1998). Existen más bien suficientes indicios de que la brecha tecnológica, de productividad y de ingresos entre los productores comerciales y los empresarios agrícolas, por una parte, y los campesinos llamados "no viables", por otra, es ahora mayor que antes. Pese a ello, no se han diseñado políticas agrícolas para integrar a los campesinos "no viables" a los procesos de modernización agraria, y no se han llevado a la práctica políticas sociales para mitigar los costos humanos del ajuste económico, que se ven especialmente agravados por los altos niveles de pobreza rural.

Capítulo 1
AGRICULTURA Y DESARROLLO RURAL EN AMÉRICA LATINA

*José Antonio Ocampo**

INTRODUCCIÓN

Como ha acontecido en todas las esferas de la vida económica y social, durante la última década se han alterado notablemente las instituciones y la dinámica económica en el medio rural latinoamericano. Aunque en el conjunto de la región y en algunos países en particular el crecimiento agropecuario se ha acelerado en relación con los años ochenta, la expectativa de que el nuevo modelo de desarrollo regional corregiría los "sesgos en contra de la agricultura" que caracterizaban al anterior no se ha satisfecho. La evolución de la política macroeconómica y el desmantelamiento, más o menos profundo según el caso, de los instrumentos tradicionales de apoyo al sector agropecuario, sin que se hayan puesto en su lugar otros de igual o mayor eficacia, son parte esencial de este desempeño insatisfactorio. Las brechas sociales entre la ciudad y el campo se han mantenido y, en algunos países, se han ampliado. Al mismo tiempo, nuevos desarrollos en los frentes de la democracia, en especial la descentralización y la participación ciudadana, el cambio en las concepciones de la vida local que aquéllas implican, e iniciativas aún dispersas de apoyo al desarrollo de los pequeños productores rurales, han abierto puertas promisorias, sobre las cuales es posible construir una nueva política de desarrollo rural en la región.

Este capítulo resume algunas de las principales tendencias de la agricultura y el desarrollo rural en América Latina, plantea algunas hipótesis explicativas y sugiere líneas de acción estratégicas. Está dividido en cuatro secciones. En la primera se hace una recapitulación crítica sobre algunas de las ideas que han impregnado las discusiones sobre el papel de la agricultura en el desarrollo. En la segunda se resumen brevemente algunas tendencias exhibidas por la producción y el comercio exterior agropecuarios durante las últimas décadas. En la tercera se hacen algunas considera-

---

* Secretario ejecutivo, Comisión Económica para América Latina y el Caribe, Cepal. Agradezco los comentarios de Maximiliano Cox, Emiliano Ortega y Martín Piñero sobre una versión anterior de este documento, así como la colaboración del equipo de la Unidad de Desarrollo Agrícola de la Cepal en su elaboración.

ciones sobre la evolución de los indicadores sociales. La última presenta algunas reflexiones sobre la estrategia de desarrollo rural. Estas consideraciones se derivan de investigaciones realizadas por la Cepal en los últimos años, algunas de ellas en asociación con la Organización de las Naciones Unidas para la Agricultura y la Alimentación (FAO) y el Instituto Interamericano de Cooperación para la Agricultura (IICA)[1], pero en algunos casos reflejan interpretaciones personales sobre las tendencias del desarrollo agropecuario regional.

A. LAS VISIONES CAMBIANTES DE LA AGRICULTURA Y LA POLÍTICA AGROPECUARIA

En las discusiones sobre la agricultura y las reformas agrícolas adoptadas desde mediados de los años ochenta han influido fuertemente las visiones sobre los "sesgos en contra de la agricultura" implícitos en las políticas macroeconómica y comercial y, en general, en las modalidades de intervención pública características del período de promoción estatal de la industrialización[2]. Este enfoque tuvo la virtud de demostrar que algunas formas de intervención estatal dan origen, a través de sus efectos macroeconómicos, a gravámenes indirectos que afectan a la agricultura. En particular, hizo explícita la importancia que tienen los incentivos cambiarios sobre este sector y, por ende, la discriminación que genera contra las actividades agropecuarias una sobrevaluación del tipo de cambio. Sin embargo, también dio lugar a desaciertos en el enfoque de las políticas agrícolas y rurales y transmitió una versión imprecisa sobre el papel que se asignaba a la agricultura en las visiones clásicas del desarrollo económico.

1. Las visiones clásicas sobre el papel de la agricultura en el desarrollo y sus resultados

Estas visiones clásicas resaltaron el papel central que desempeñaba el desarrollo industrial en el desarrollo económico. Esto no implicaba, sin embargo, que el desarrollo industrial se visualizara como antagónico del agropecuario. Por el contrario, ambos se concebían como procesos esencialmente complementarios. En particular, el desarrollo industrial se consideraba como canal de transmisión de progreso técnico hacia la agricultura, como mercado directo o indirecto para los productos agropecuarios, y como mecanismo de absorción de la mano de obra que quedaría liberada como resultado del avance técnico en la agricultura. De hecho, el énfasis en

---

1. Véanse, en especial, Cepal/IICA (1997), Cepal/FAO (1998), Cepal (1997, 2000a y 2000b), Dias, David (1999), Dirven (1997 y 1999) y Morales (1999), así como otros capítulos de este libro.
2. Véanse, por ejemplo, los trabajos recogidos en Bautista y Valdés (1993).

las *complementariedades sectoriales* más que en los *efectos sustitución* es el elemento que diferencia críticamente las teorías clásicas del desarrollo económico de las primeras décadas de la posguerra, entre ellas la de la Cepal, de las visiones neoclásicas que han predominado en la literatura más reciente. No se trataba, en otras palabras, de concepciones según las cuales el desarrollo industrial tenía lugar *a costa* de la agricultura, sino que postulaban que ambos sectores se desarrollaban complementariamente, bajo el liderazgo del primero[3].

El desarrollo de instituciones estatales de apoyo a la agricultura fue, de hecho, uno de los elementos más destacados del panorama regional durante las tres o cuatro décadas anteriores a la crisis latinoamericana de la deuda. En esa época se crearon y desarrollaron instituciones para proporcionar crédito, tecnología y servicios de mercadeo al sector, en muchos casos más vigorosas incluso que aquellas diseñadas para apoyar el desarrollo industrial. Así ocurrió, por ejemplo, con los sistemas de generación, adaptación y difusión de tecnología, que fueron muy eficaces en cuanto a introducir nuevos productos y a mejorar aquellas variedades y prácticas culturales que se difundieron en todo el mundo a partir de la "revolución verde". Como resultado de ello y de acciones paralelas en otros frentes, durante esta etapa se agregaron productos y variedades no tradicionales, no sólo a la producción agropecuaria sino también a la canasta exportadora (como soya, frutas y flores). En algunos casos, los resultados de los esfuerzos realizados durante esos años sólo se percibieron plenamente con un rezago considerable, como ocurrió con aquellos realizados en Chile a partir de los años sesenta para promover nuevas actividades frutícolas, pesqueras y forestales.

La política tributaria, que incluía en varios países gravámenes arancelarios más bajos para los insumos agropecuarios, también tendió a compensar los sobrecostos que generaban otros gravámenes o políticas en la agricultura. Una frontera agraria abierta y la construcción de infraestructura de transporte y de riego fueron igualmente esenciales para el desarrollo sectorial. Un elemento ausente de la política sectorial fue, sin embargo, la consideración explícita de la dimensión ambiental del desarrollo agropecuario. Ello explica, sin duda, el deterioro ambiental de la base de recursos naturales suscitado por la expansión de la frontera agrícola y la introducción de nuevas técnicas en ecosistemas frágiles.

En términos de desarrollo agropecuario, el balance de esa etapa del desarrollo latinoamericano dista mucho de ser insatisfactorio, tanto desde el punto de vista del crecimiento y el aumento de la productividad como, especialmente, del desarrollo institucional. Al respecto, cabe resaltar que la producción agrícola creció a una tasa anual de 3,5% entre 1950 y 1975[4], ritmo nada despreciable para los patrones interna-

---

3. Para una presentación equilibrada del papel de la agricultura en las visiones de la Cepal, véase Ortega (1988).
4. Para un balance más completo, véase Cepal (1978).

cionales. Los efectos desfavorables de las discriminaciones que provinieron, en diversas coyunturas, de las políticas macroeconómicas y de las regulaciones internas de precios quedaron así, al menos parcial y quizás enteramente, compensados por el desarrollo de instituciones de apoyo al sector.

El crecimiento fue, sin embargo, dispar entre los distintos países y sus beneficios se distribuyeron en forma desigual en su interior. Entre los países grandes y medianos, Brasil, Colombia y Venezuela tuvieron un crecimiento agrícola rápido, pero en Argentina, Chile y Perú su ritmo fue inferior al promedio regional. México tuvo un éxito relativo en las primeras décadas de la posguerra, pero el crecimiento del sector experimentó posteriormente una desaceleración notoria. Entre los países de menor tamaño, hubo muchos casos de rápido crecimiento (Costa Rica, El Salvador, Guatemala, Nicaragua, Panamá y República Dominicana) e incluso múltiples experiencias de desarrollo exportador liderado por los productos agropecuarios. Por otra parte, dentro de los países los beneficios se concentraron en los productores medianos y grandes, con lo cual la pobreza y la heterogeneidad estructural características de las áreas rurales tendieron a reproducirse e incluso a ampliarse. Las reformas agrarias que se pusieron en marcha, especialmente en algunos países, no corrigieron ese patrón y, de hecho, la región mantuvo el patrón de distribución de la propiedad rural más desigual del mundo.

2. El proceso de liberalización económica en la agricultura

El nuevo contexto de política ha implicado cambios fundamentales en la política comercial, así como el desmantelamiento o rediseño radical de las instituciones públicas de apoyo al sector. El supuesto central de la literatura sobre el "sesgo contra la agricultura" era que la reducción de los niveles de protección estaría acompañada de una devaluación real, con lo cual aquellas actividades productoras de bienes exportables o importables con menor grado inicial de protección –entre las cuales se encontraban, en uno y otro caso, las agrícolas– se verían favorecidas en términos netos. Otro supuesto importante era que la intervención gubernamental había mostrado ineficiencias notorias en diversas áreas, por lo cual el sector se beneficiaría igualmente de un mayor protagonismo del sector privado y del mercado.

Como ya había acontecido a fines de los años setenta y comienzos de los ochenta con la apertura chilena (y, en menor medida, con la argentina y la uruguaya), la predicción sobre los efectos de la apertura sobre el tipo de cambio real no se cumplió. La coincidencia de la apertura comercial con un incremento de los flujos de capital hacia la región, facilitada por la mayor apertura de los países a dichos flujos, así como el renovado sesgo de las autoridades monetarias y cambiarias por tipos de cambio fuertes como instrumento de estabilización de la inflación, generó a lo largo de los años noventa una tendencia a la revaluación real relativamente generalizada en la región. En efecto, el índice promedio de la tasa de cambio real efectiva de las importaciones de la región se redujo de 100 en 1990 a 89 en 1998 y 93 en 1999. De esta manera, las políticas comercial y cambiaria han tenido efectos adversos *simultáneos* sobre los precios de los bienes comercializables internacionalmente, y no *compensatorios*, como lo habían previsto los análisis mencionados. Además, en el caso de la agricultura, la mayor homogeneidad de los productos implicó que los efectos de la apertura comercial y la revaluación sobre los precios internos fuesen mucho más acentuados y rápidos que aquéllos que experimentaron la mayor parte de los bienes industriales producidos internamente.

Cabe anotar que como resultado de estos u otros factores adversos sobre los precios agrícolas –particularmente la evolución de los precios internacionales–, la política comercial de algunos países durante el proceso de reformas se caracterizó por un ligero sesgo *en favor* de la agricultura. Ello se refleja en la introducción de nuevos instrumentos (franjas de precios en Chile y la Comunidad Andina), entre éstos aquéllos que autoriza la Organización Mundial del Comercio (OMC) (aranceles-cuota en el caso de México); en la continuada utilización de instrumentos de protección característicos de la etapa anterior (restricciones cuantitativas tradicionales, convenios de absorción), e incluso en la utilización de los controles fitosanitarios como mecanismo de protección. Aunque algunas de estas medidas obedecen a una estrategia más gradual de apertura del sector agropecuario, otras han sido introducidas en forma *ad hoc* para enfrentar coyunturas de corto plazo generadas por la apertura o por la depresión de los mercados internacionales. Esto ha sido cierto también en el caso de algunas medidas de apoyo interno a sectores que enfrentan dificultades para ajustarse al nuevo contexto de política. Los resultados de estos nuevos esquemas de política han sido también variables[5].

Para tornar más complejo el escenario que ha enfrentado el sector agropecuario durante el proceso de liberalización, el efecto adverso de los tipos de cambio real sobre los precios ha coincidido con el que han tenido la depresión de los precios internacionales y los altos niveles de protección en los países industrializados. En efecto, los precios reales de los productos agropecuarios descendieron bruscamente en los mercados mundiales en la década de 1980, y permanecieron en niveles deprimidos en los años noventa. Además, durante la década de 1990 mostraron un claro patrón cíclico, reflejo de fluctuaciones más generales de la economía internacional: descenso en los primeros años de la década, fuerte recuperación a partir de 1993, que alcanzó su punto más alto en 1997, y descenso fuerte durante la crisis asiática, que sólo se frenó en el curso del año 2000. Como resultado de estas tendencias, los precios reales de los productos agropecuarios se situaron durante los años noventa en un

---

5. Véanse, por ejemplo, las consideraciones sobre el caso colombiano en Jaramillo (1998).

nivel equivalente a la mitad del que habían alcanzado en los años sesenta y, obviamente, registran una proporción aún inferior si el punto de referencia son los auges que experimentaron los precios agropecuarios a comienzos de la década de 1950 o a mediados de los años setenta.

El comportamiento de los precios durante las últimas décadas tiende a confirmar, por lo demás, la tendencia al deterioro de largo plazo de los precios reales de la agricultura (véase el Gráfico 1), hecho que quedó corroborado en varios estudios realizados en los años ochenta, entre otras instituciones, por el Banco Mundial (Grilli y Yang, 1988; FAO, 1987). Esta tendencia coincide con las hipótesis sobre la evolución de dichos precios formuladas por algunas teorías clásicas del desarrollo, pero sus causas –en especial el peso relativo de los factores sugeridos por dichas teorías en contraposición con aquellos asociados a procesos de cambio técnico– continúan siendo objeto de mucha controversia. La coincidencia de los procesos de ajuste económico y de la posterior apertura de muchos países en desarrollo con ventajas comparativas en productos agropecuarios, que ha generado un aumento de la oferta mundial de tales productos en los mercados mundiales, puede haber contribuido también a esa tendencia en las últimas décadas.

Gráfico 1
PRECIOS REALES INTERNACIONALES DE PRODUCTOS AGROPECUARIOS
(1990 = 100)

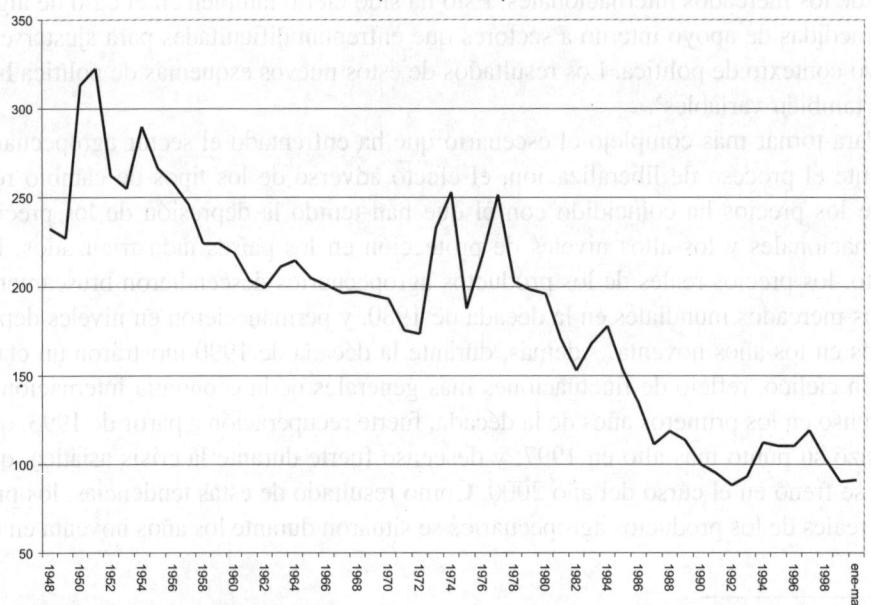

Fuente: Banco Mundial.

Como se sabe ampliamente, uno de los elementos básicos del funcionamiento de los mercados mundiales en las últimas décadas fue la elevación de los niveles de protección y subsidio a los productores de los países industrializados durante la depresión de los precios internacionales que se inició a fines de los años setenta; los mayores niveles de protección sólo se han moderado levemente en los últimos años, como resultado de los acuerdos de la Ronda Uruguay que dieron origen a la OMC[6]. Una de las características distintivas de dichos acuerdos fue precisamente tomar como punto de referencia para la reducción de los niveles de protección y los subsidios a los productores, aquellos años en los cuales éstos habían sido muy elevados. Además, los esquemas de protección de los países industrializados se caracterizan, como bien se sabe, por un fuerte escalonamiento, que confiere un alto grado de protección efectiva a las actividades de procesamiento y reduce, así, los beneficios de un mayor procesamiento de los productos agropecuarios para exportación en los países en desarrollo.

La restructuración de las políticas públicas ha implicado cambios sustanciales en las instituciones[7] de apoyo al sector agropecuario. Aunque este proceso se encuentra todavía en marcha y ha tenido diferencias notorias en los distintos países, ha estado orientado, a grandes rasgos, hacia:

- El desmantelamiento o la reducción en el alcance de los bancos de fomento o las líneas de crédito específicas para el sector, asociadas estas últimas a la obligación de los bancos privados de prestar cierta proporción de la cartera al sector.
- La eliminación o la fuerte redefinición de la presencia pública en la comercialización de los productos agropecuarios.
- La drástica reducción o eliminación de la asistencia técnica estatal gratuita y su sustitución parcial por mecanismos de asistencia técnica privada, apoyada en subsidios a la demanda o, más comúnmente, a la oferta de asistencia técnica a ciertos sectores identificados previamente sobre la base de criterios de focalización, subsidios que se otorgan por medio de concursos; es decir, se trata de "subsidios a la oferta con criterios de demanda" más que de subsidios de demanda en sentido estricto[8].

---

6. Véanse al respecto los análisis regulares de la OCDE sobre subsidios a los productores en los países industrializados, por ejemplo, OCDE (1999).
7. Conviene resaltar que la expresión "instituciones" o "desarrollo institucional" se utiliza en este capítulo en un sentido amplio, para referirse a las organizaciones públicas y privadas que proporcionan servicios al sector agropecuario, así como a las políticas sectoriales, normas legales y reglamentarias, y a las reglas de comportamiento de los agentes. Abarca, por lo tanto, lo que la literatura más reciente denomina "instituciones", así como las organizaciones públicas y privadas y las políticas gubernamentales.
8. Estos "subsidios a la oferta con criterios de demanda" constituyen, de hecho, modalidades intermedias entre los subsidios a la oferta y los subsidios a la demanda. La característica distintiva de este último tipo de mecanismo es que el subsidio se entrega efectivamente al comprador final y no a la institución intermedia que proporciona los servicios correspondientes. Véase Cepal (2000a, cap. 5).

- La orientación hacia la demanda y la cofinanciación de la investigación, tanto en los institutos de investigación como en las universidades.
- La introducción, en algunos países, de mecanismos de reforma agraria que operan por intermedio del mercado de tierras y de subsidios a la demanda o al crédito para la compra de tierra.
- Un énfasis relativo en programas de titulación y regularización de la propiedad de la tierra.
- Una mayor descentralización de las políticas de apoyo, orientada a responder a proyectos locales de infraestructura y a prestar servicios a pequeños productores, con la participación activa de organizaciones no gubernamentales (ONG) y de organizaciones de productores.

La fuerte inestabilidad institucional derivada de estos cambios ha sido claramente perjudicial para el sector. La transición ha generado, además, vacíos, ya que el sector privado no ha llenado los espacios que ha dejado el sector público[9]. Estos vacíos han tenido efectos adversos, en especial para los pequeños y medianos productores, cuyo acceso al crédito, a los servicios de extensión agrícola y a los canales de comercialización apropiados se ha visto fuertemente afectado. En casi todos los países de la región el crédito al sector ha tendido a disminuir a partir de las reformas, al tiempo que la puesta en marcha de los nuevos instrumentos de asistencia técnica y de reforma agraria basados en criterios de demanda ha enfrentado dificultades prácticas[10] y se han encarecido varios servicios. En muchos países se observa también un debilitamiento de los centros de investigación y una reorientación de sus actividades hacia investigaciones de más corto plazo, en desmedro de la investigación básica. Pese a las nuevas orientaciones, no se observa tampoco una actividad importante de fomento de la investigación por parte del sector privado y, por tal motivo, ésta sigue dependiendo básicamente de apoyos gubernamentales (a veces reducidos). Los esfuerzos por mejorar la titulación han encontrado respuestas favorables sólo en algunas regiones, y a menudo se pierden en la primera transacción de la propiedad. Las ONG, cada una con su enfoque especializado, y respondiendo a las directrices de las entidades que las financian, han llenado algunos de los vacíos dejados por el Estado en el apoyo a los pequeños productores. Sin embargo, sus acciones son generalmente en pequeña escala y se carece de mecanismos que permitan coordinarlas, así como difundir y reproducir las "buenas prácticas" en materia de desarrollo rural.

Así las cosas, los supuestos macroeconómicos básicos sobre los cuales se cimentó la idea según la cual la apertura comercial eliminaría los sesgos en contra de la agri-

---

9. Véanse consideraciones más extensas sobre estos temas en Dirven (1999).
10. En relación con los esquemas de subsidio a la investigación y la asistencia técnica, véanse Morales (1999) y Echeverría (1998). Sobre los mecanismos de reforma agraria, véanse los comentarios de la sección D de este capítulo.

cultura no se han cumplido en la mayoría de los países, al tiempo que en muchos de ellos el sector se encuentra inmerso en una transición institucional, sin que sus efectos positivos se aprecien claramente hasta ahora. Aun en aquellos casos en que los incentivos de precio han mejorado, las reformas han trasladado hacia los productores riesgos que antes cubría al menos parcialmente el sector público. Los principales beneficiarios han sido generalmente productores comerciales integrados a agronegocios orientados a los mercados nacionales o internacionales. De esta manera, el efecto neto de este conjunto de efectos macroeconómicos y sectoriales ha sido posiblemente adverso, en especial para los sectores campesinos.

Es interesante anotar que en el caso chileno se observó un proceso inicial no muy diferente de pobre desempeño agropecuario durante la primera fase de sus reformas, en los años setenta y comienzos de los ochenta, a la cual siguió, a partir de la crisis de la deuda, una segunda etapa caracterizada por mayor competitividad cambiaria inicial y fortalecimiento institucional –mayor apoyo tecnológico y crediticio, reintroducción de algunos mecanismos de intervención interna en los mercados y creación del mecanismo de franjas de precios– que sentó las bases para el gran dinamismo posterior de su sector agropecuario. En varios países se ha ido dando en la práctica una secuencia similar, con lo cual el proceso de reformas ha tendido a tener dos fases: una primera, de corte más ortodoxo, en la cual los mecanismos de protección y muchas instituciones y programas fueron simplemente desmantelados, y una segunda en que, ante la constatación de que el sector estaba enfrentando problemas, se han comenzado a poner en marcha nuevos programas de apoyo.

B. Tendencias del sector agropecuario latinoamericano en los años noventa[11]

1. Producción y comercio exterior

El comportamiento del sector durante los años noventa corrobora las apreciaciones anteriores. En efecto, su desempeño estuvo distante de las expectativas que se habían suscitado en torno a los procesos de reforma. Las tasas de crecimiento del producto interno bruto (PIB) agropecuario y del PIB total regional fueron respectivamente de 3,5% y 5,6% en la década de los setenta, de 2,1% y 1,0% en la de los ochenta, y de 2,3% y 3,5% entre 1990 y 1998. De esta manera, aunque su desaceleración fue menos pronunciada que la del conjunto de la actividad económica en los años ochenta, su aceleración fue igualmente más moderada durante la década de 1990. Por otra parte, al igual que ha acontecido con la producción global, el crecimiento del sector

---

11. Mayores detalles sobre algunos de los temas que se desarrollan en esta sección se encuentran en Cepal/IICA (1997).

no recuperó los ritmos de los años setenta y del período de industrialización acelerada que culminó entonces. El menor crecimiento ha coincidido, además, desde los años ochenta, con una fuerte variabilidad en el ritmo anual de crecimiento.

La evolución global esconde, como es obvio, grandes diferencias nacionales. En el Cuadro 1 se clasifican los distintos países de América Latina en función de si su dinamismo agropecuario supera el 3% (que puede considerarse un ritmo "aceptable" de crecimiento sectorial) en los años setenta y noventa. Sólo un país (República Dominicana) supera dicha tasa en ambas décadas (cuadrante superior derecho) y seis son uniformemente poco dinámicos (cuadrante inferior izquierdo). Once países cambiaron, a su vez, de categoría. En cinco casos se pasó de una situación de bajo crecimiento en los años setenta a una de mayor dinamismo: Argentina, Chile (ya desde los años ochenta), Nicaragua, Perú y Uruguay. Este es, por lo tanto, el subconjunto de países para los cuales existe clara evidencia de aceleración del crecimiento del sector agropecuario durante la etapa de reformas (en el caso de Chile, según hemos visto, después de una fase inicial desfavorable)[12]. Por el contrario, siete cambiaron en el sentido opuesto, de mayor a menor dinamismo: Bolivia, Brasil, Colombia, Ecuador, Guatemala, México y Paraguay.

Cuadro 1
AMÉRICA LATINA Y EL CARIBE (13 PAÍSES): PRODUCTO INTERNO BRUTO
DE LA AGRICULTURA, LA SILVICULTURA, LA CAZA Y LA PESCA, 1971-1998
(Tasas anuales de crecimiento real)

	País	1991-1998 < 3,0%			País	1991-1998 > 3,0%		
		71-80	81-90	91-98		71-80	81-90	91-98
1971-1980>3,0%	Bolivia	4,1	1,7	2,1	República Dominicana	3,4	0,4	3,5
	Brasil	4,7	2,5	2,4				
	Colombia	4,4	3,0	0,7				
	Ecuador	3,0	4,2	2,1				
	Guatemala	4,7	1,3	2,8				
	México	3,4	1,2	1,6				
	Paraguay	6,7	4,0	2,8				
1971-1980 < 3,0%	Costa Rica	2,6	3,1	2,6	Argentina	2,1	1,3	3,6
	El Salvador	2,4	-1,4	1,0	Chile	2,2	5,6	4,7
	Haití	1,5	-0,2	-4,5	Nicaragua	-0,1	2,9	5,7
	Honduras	2,7	2,7	1,8	Perú	-0,6	2,2	4,6
	Panamá	1,3	2,9	2,5	Uruguay	0,6	0,2	4,7
	Venezuela	2,9	2,0	1,0				

Fuente: Elaborado por la Unidad de Desarrollo Agrícola de la Cepal, sobre la base del Banco de Datos de Estadísticas Anuales (Badeanu).

---

12. Obviamente, otros procesos afectaron el desempeño del sector en estos países durante el período analizado. Argentina, Nicaragua y Perú se beneficiaron durante la década actual de estabilidad macroeconómica, después de un período de aguda inestabilidad, y Nicaragua se benefició además del retorno a la paz.

Gráfico 2
AMÉRICA LATINA Y EL CARIBE: CAMBIO EN LA ESTRUCTURA PRODUCTIVA AGROPECUARIA, 1970-1999
(Producción anual promedio de 1970-1975=100)

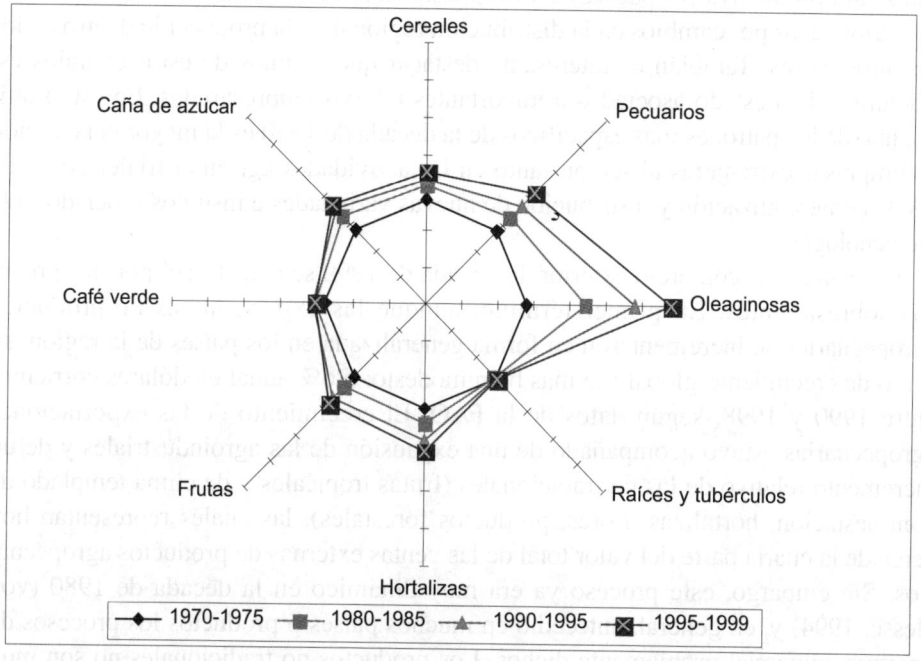

Fuente: Elaborado por la Unidad de Desarrollo Agrícola de la Cepal, sobre la base de cifras de la Organización de las Naciones Unidas para la Agricultura y la Alimentación (FAO).

El crecimiento del producto agrícola en las tres últimas décadas estuvo acompañado de un fuerte cambio en su estructura, como lo registra el Gráfico 2. Muchos de estos cambios son de largo plazo y anteceden, por lo tanto, a los procesos de reforma propiamente dichos. Están asociados, más bien, a variaciones en los patrones de comercio mundial y a cambios tecnológicos y en los patrones de consumo, tanto regionales como internacionales. La expansión relativa más notoria es la de los subsectores productores de semillas oleaginosas, frutas y hortalizas y productos pecuarios. En estos subsectores se concentran, además, los procesos más importantes de diversificación de las exportaciones. Los cereales y la caña de azúcar fueron muy dinámicos hasta el primer lustro de los años ochenta, pero después mostraron una desaceleración, que se invirtió en parte en el segundo lustro de los años noventa. A su vez, la producción de raíces y tubérculos ha estado virtualmente estancada durante el último cuarto de siglo, y la de café desde mediados de los años ochenta.

Es importante resaltar que no todos los países experimentaron una evolución similar a la indicada por esta tendencia global, y que incluso países que tienen condiciones agroclimáticas y socioeconómicas parecidas conocieron trayectorias disímiles de la estructura productiva (Cepal/IICA, 1997). Estas tendencias estuvieron acompañadas en varios casos por cambios en la distribución regional de la producción dentro de los distintos países. También es interesante destacar que algunos de estos cambios estructurales han estado asociados a importantes relevos empresariales. En este sentido, uno de los patrones más específicos de la década de 1990 es la mayor penetración de empresas extranjeras al sector, tanto en las actividades agroindustriales como en las de comercialización y distribución de nuevas variedades e insumos asociados a la biotecnología.

En materia de comercio exterior, la década de 1990 se caracterizó por tres procesos sobresalientes. En primer término, aunque las exportaciones de productos agropecuarios se incrementaron en forma generalizada en los países de la región, su ritmo de crecimiento global fue más bien modesto: 5,6% anual en dólares corrientes entre 1990 y 1998, según datos de la FAO. El crecimiento de las exportaciones agropecuarias estuvo acompañado de una expansión de las agroindustriales y de un incremento relativo de las no tradicionales (frutas tropicales y de clima templado de contraestación, hortalizas, flores, productos forestales), las cuales representan hoy cerca de la cuarta parte del valor total de las ventas externas de productos agropecuarios. Sin embargo, este proceso ya era muy dinámico en la década de 1980 (von Hesse, 1994) y, en general, antecedió en muchos países o productos los procesos de apertura comercial propiamente dichos. Los productos no tradicionales no son muy importantes en términos de superficie sembrada pero sí, en muchos casos, de generación de empleo. La fuerte competencia por nichos relativamente estrechos ha tendido a aumentar y los márgenes de ganancia han tendido a reducirse. Ha habido, además, evidentes ventajas, en términos de participación en el mercado, para aquellos países que los conquistaron primero, como acontece con Chile en ciertos renglones de frutas o con Colombia en las flores (von Hesse, 1994; Cox y Cismondi, 1998).

La trayectoria de competitividad de las exportaciones agropecuarias, forestales y pesqueras de la región no ha sido, sin embargo, homogénea, ni en los productos tradicionales ni en los no tradicionales. En el Gráfico 3 se muestra un resumen del análisis de competitividad de los países de la región en los mercados de la Organización de Cooperación y Desarrollo Económicos (OCDE). Los distintos productos se clasifican según el dinamismo de las compras de los países de la OCDE y según el aumento o disminución de la participación de las exportaciones de América Latina y el Caribe en dichos mercados en el período 1990-1996. El cuadrante superior derecho, de aumento de participación de la región en los mercados externos dinámicos ("oportunidades nacientes", según se denominan en el cuadro), incluye productos como aguacates, crustáceos, extractos de café, harina de pescado y madera para pulpa. Por otra parte, la región ha logrado también aumentar su participación en mercados que no han sido muy dinámicos (oportunidades menguantes), con productos como soya, tortas de semillas oleaginosas, tabaco en bruto, uvas frescas y lana. Por el contrario, el conjunto de productos dinámicos en los mercados de la OCDE en los cuales los países latinoamericanos han perdido participación (oportunidades perdidas) es amplio, e incluye tanto productos tradicionales –café sin tostar y bananos– como no tradicionales –legumbres y tomates frescos, manzanas y pasta de madera. En algunos de estos casos, aunque las exportaciones latinoamericanas correspondientes han sido dinámicas, han crecido a un ritmo inferior al de los mercados industrializados de destino.

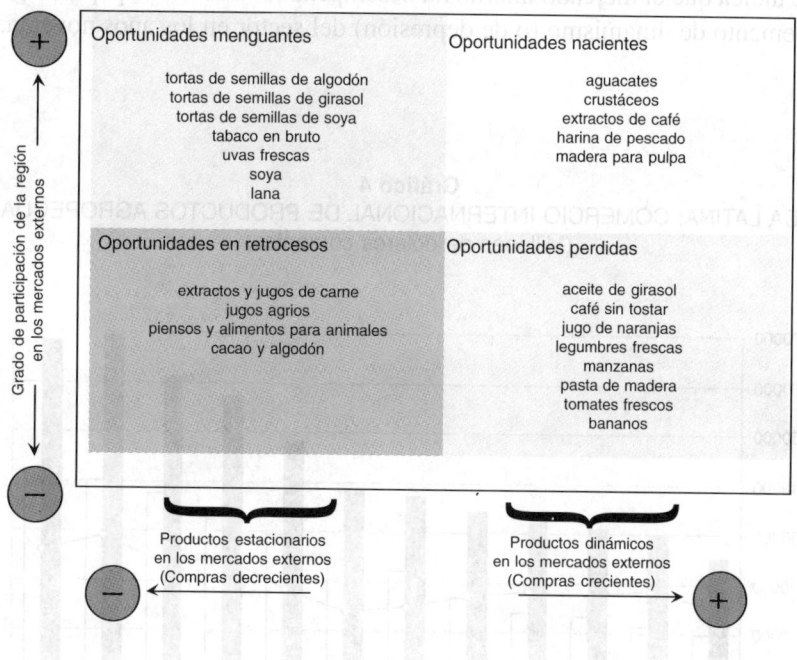

Gráfico 3
AMÉRICA LATINA Y EL CARIBE: COMPETITIVIDAD DE LOS PRINCIPALES PRODUCTOS AGROPECUARIOS, PESQUEROS Y FORESTALES EN LOS MERCADOS DE LOS PAÍSES INDUSTRIALIZADOS, 1990-1996

El segundo hecho notorio es el aumento de las importaciones de productos agropecuarios. Como se indica en el Gráfico 4, este incremento ha sido continuo desde fines de los años ochenta y ha superado claramente el ritmo de crecimiento de las exportaciones, con una tasa cercana al 9,4% anual entre 1990 y 1998 en dólares corrientes, de acuerdo con datos de la FAO, frente al 5,6% ya anotado para las exportaciones. Con todo, dado el superávit inicial, la balanza comercial agropecuaria de la región ha logrado sostenerse, e incluso ha mostrado una tendencia a mejorar a partir de 1994, en contraste con el período inicial de deterioro que caracterizó los primeros años de la década. Las experiencias nacionales son, sin embargo, muy diferentes en esta materia, tal como se señala en el Cuadro 2. Cinco países han experimentado una fuerte mejoría en el balance comercial –Argentina, Bolivia, Chile, Costa Rica y Uruguay– y tres una tendencia favorable algo menos notoria –Brasil, Ecuador y Guatemala. Por el contrario, otros países han experimentado deterioros marcados de su superávit comercial, en particular Colombia, El Salvador y Honduras, tornándose incluso en déficit en el segundo caso. Otros han visto acentuarse su tradicional déficit sectorial –México, Panamá y Perú–, al tiempo que Venezuela ha mantenido déficit elevados. Aunque hay alguna correspondencia entre esta evolución y la que ha experimentado la producción –como lo refleja, en particular, el contraste entre Argentina, Chile y Uruguay, por una parte, y Colombia y México, por otra–, la correlación no es simple e indica que el mercado interno ha desempeñado también un papel importante como elemento de dinamismo (o de depresión) del sector en los años noventa.

Gráfico 4
AMÉRICA LATINA: COMERCIO INTERNACIONAL DE PRODUCTOS AGROPECUARIOS
(Millones de dólares corrientes)

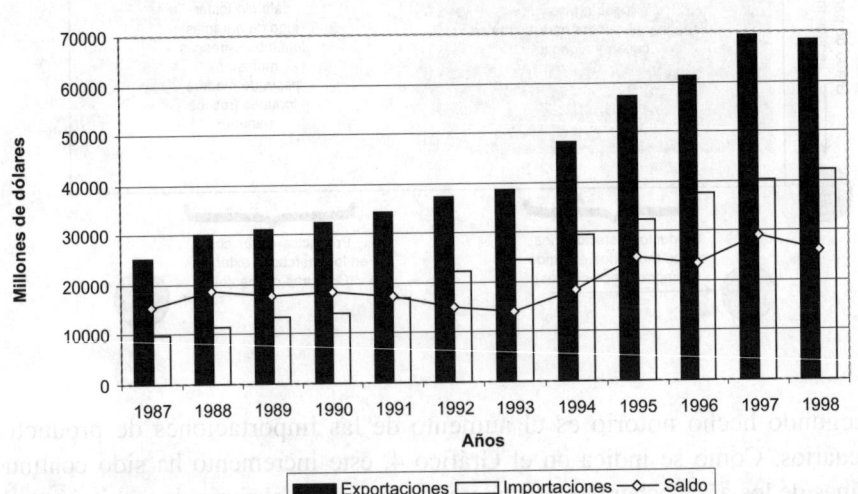

Cuadro 2
AMÉRICA LATINA: COMERCIO INTRARREGIONAL Y AL RESTO DEL MUNDO DE PRODUCTOS AGROPECUARIOS Y FORESTALES, 1986-1998
(Promedios anuales, en millones de dólares corrientes)

	1986-1988	1989-1991	1992-1994	1995-1997	1998
Argentina					
Exportaciones totales	4.669	6.555	7.305	11.744	12.648
Importaciones totales	497	439	1.522	2.186	2.587
Saldo comercial	4.173	6.116	5.783	9.558	10.061
Exportaciones intrarregionales	961	2.015	3.225	6.053	6.738
Agrícolas	670	1.329	2.235	3.904	4.401
Agroindustriales	291	686	990	2.149	2.338
Al resto del mundo	3.708	4.540	4.080	5.691	5.909
Bolivia					
Exportaciones totales	91	212	229	414	438
Importaciones totales	112	119	138	186	217
Saldo comercial	-21	94	92	228	221
Exportaciones intrarregionales	1.285	227	301	522	616
Agrícolas	50	141	172	310	345
Agroindustriales	1.235	86	129	212	272
Al resto del mundo	-1.193	-15	-72	-108	-178
Brasil					
Exportaciones totales	9.905	10.354	12.657	17.764	17.927
Importaciones totales	1.855	2.755	3.776	7.597	7.231
Saldo comercial	8.050	7.598	8.881	10.167	10.695
Exportaciones intrarregionales	833	863	1.914	2.741	3.381
Agrícolas	512	528	1.084	1.627	1.971
Agroindustriales	322	334	829	1.113	1.410
Al resto del mundo	9.072	9.491	10.744	15.023	14.545
Chile					
Exportaciones totales	1.271	1.944	2.821	4.263	4.201
Importaciones totales	297	487	896	1.538	1.628
Saldo comercial	974	1.457	1.924	2.725	2.573
Exportaciones intrarregionales	494	622	1.153	1.778	1.942
Agrícolas	276	360	663	1.041	1.125
Agroindustriales	218	262	489	737	817
Al resto del mundo	777	1.323	1.668	2.485	2.259
Colombia					
Exportaciones totales	2.748	2.438	2.832	3.614	3.857
Importaciones totales	504	531	1.095	1.960	2.090
Saldo comercial	2.244	1.907	1.737	1.654	1.767
Exportaciones intrarregionales	94	223	408	574	850
Agrícolas	93	161	249	348	516
Agroindustriales	1	62	159	226	334
Al resto del mundo	2.654	2.215	2.424	3.040	3.007
Costa Rica					
Exportaciones totales	793	899	1.237	1.814	2.062
Importaciones totales	187	293	405	589	696
Saldo comercial	606	605	833	1.225	1.366

Cuadro 2 (Cont.)
**AMÉRICA LATINA: COMERCIO INTRARREGIONAL Y AL RESTO DEL MUNDO
DE PRODUCTOS AGROPECUARIOS Y FORESTALES, 1986-1998**
(Promedios anuales, en millones de dólares corrientes)

	1986-1988	1989-1991	1992-1994	1995-1997	1998
Exportaciones intrarregionales	54	91	204	307	411
Agrícolas	30	46	95	172	228
Agroindustriales	24	45	109	135	182
Al resto del mundo	739	808	1.033	1.507	1.651
Ecuador					
Exportaciones totales	713	860	1.103	1.767	1.661
Importaciones totales	195	237	241	552	818
Saldo comercial	518	623	862	1.216	843
Exportaciones intrarregionales	92	104	227	474	458
Agrícolas	45	53	129	262	239
Agroindustriales	47	51	98	212	219
Al resto del mundo	621	755	876	1.294	1.203
El Salvador					
Exportaciones totales	466	258	336	606	574
Importaciones totales	164	186	342	560	660
Saldo comercial	302	72	-6	46	-8
Exportaciones intrarregionales	30	45	154	244	310
Agrícolas	17	24	81	132	163
Agroindustriales	13	21	73	112	147
Al resto del mundo	436	213	182	362	264
Guatemala					
Exportaciones totales	831	738	902	1.378	1.642
Importaciones totales	181	247	386	565	688
Saldo comercial	650	491	516	813	953
Exportaciones intrarregionales	177	240	355	515	653
Agrícolas	107	139	197	292	370
Agroindustriales	70	102	158	223	283
Al resto del mundo	654	498	547	863	989
Honduras					
Exportaciones totales	620	478	512	565	759
Importaciones totales	120	158	211	391	466
Saldo comercial	500	320	301	174	293
Exportaciones intrarregionales	44	28	42	25	168
Agrícolas	25	19	25	16	96
Agroindustriales	18	9	18	9	71
Al resto del mundo	577	450	470	540	591
México					
Exportaciones totales	2.628	3.160	3.825	6.376	7.275
Importaciones totales	2.496	5.097	7.704	8.156	10.535
Saldo comercial	132	-1.936	-3.879	-1.781	-3.261
Exportaciones ntrarregionales	52	70	137	488	678
Agrícolas	31	43	87	293	404
Agroindustriales	21	27	50	195	274
Al resto del mundo	2.576	3.090	3.688	5.888	6.597

Cuadro 2 (Cont.)
AMÉRICA LATINA: COMERCIO INTRARREGIONAL Y AL RESTO DEL MUNDO DE PRODUCTOS AGROPECUARIOS Y FORESTALES, 1986-1998
(Promedios anuales, en millones de dólares corrientes)

	1986-1988	1989-1991	1992-1994	1995-1997	1998
Panamá					
Exportaciones totales	154	173	314	315	302
Importaciones totales	175	216	297	378	453
Saldo comercial	-20	-44	17	-63	-152
Exportaciones intrarregionales	30	55	75	84	122
Agrícolas	18	31	39	44	58
Agroindustriales	12	24	37	39	64
Al resto del mundo	125	118	239	231	179
Paraguay					
Exportaciones totales	336	821	616	878	885
Importaciones totales	70	133	271	673	668
Saldo comercial	266	688	345	205	217
Exportaciones intrarregionales	224	542	462	795	781
Agrícolas	168	406	341	579	539
Agroindustriales	56	136	122	216	242
Al resto del mundo	111	278	154	83	104
Perú					
Exportaciones totales	315	343	393	727	688
Importaciones totales	665	612	1.046	1.458	1.631
Saldo comercial	-350	-269	-654	-731	-942
Exportaciones intrarregionales	59	80	131	204	198
Agrícolas	32	35	51	85	82
Agroindustriales	27	45	80	119	116
Al resto del mundo	257	263	261	524	490
Uruguay					
Exportaciones totales	517	702	713	1.153	1.391
Importaciones totales	120	153	297	480	545
Saldo comercial	398	549	417	672	846
Exportaciones intrarregionales	339	553	694	1.206	1.707
Agrícolas	174	289	365	656	892
Agroindustriales	165	264	328	551	815
Al resto del mundo	178	150	20	-54	-316
Venezuela					
Exportaciones totales	136	285	403	584	656
Importaciones totales	1.432	1.163	1.538	1.803	2.048
Saldo comercial	-1.296	-879	-1.135	-1.219	-1.392
Exportaciones intrarregionales	28	110	319	598	575
Agrícolas	15	65	169	316	309
Agroindustriales	13	45	150	283	266
Al resto del mundo	108	175	84	-15	81

Fuente: Elaborado por la Unidad de Desarrollo Agrícola de la Cepal, sobre la base del Banco de Datos del Comercio Exterior de América Latina y el Caribe (Badecel) de la División de Estadística y Proyecciones Económicas de la Cepal.

El tercer hecho notorio, quizás el menos resaltado, es el auge del comercio intrarregional de productos agropecuarios. Hasta fines de los años ochenta, los regímenes de protección y la escasa liberalización del comercio agropecuario en los procesos de integración conspiraron en contra de dicho comercio. Los procesos de apertura, el dinamismo y generalización de los acuerdos de integración y libre comercio, y la reanudación de la senda de crecimiento han puesto en marcha flujos de comercio de productos agrícolas y agroindustriales entre países de la región en montos insospechados a comienzos de la década. Este proceso ha sido generalizado y particularmente intenso para los productos agroindustriales (véase nuevamente el Cuadro 2), dando lugar en algunos casos a un incipiente comercio intraindustrial de tales productos. Representa, sin duda, uno de los elementos más positivos de las reformas, aunque ha generado también ajustes importantes para algunos países (por ejemplo, para los países de la Comunidad Andina que importan soya o productos de soya de Bolivia).

Así las cosas, aunque hay desarrollos muy positivos –que en muchos casos anteceden a los procesos de liberalización económica–, los resultados alcanzados en el sector agropecuario distan de ser satisfactorios. El crecimiento sectorial se ha elevado en relación con los años ochenta, pero continúa siendo inferior al de la época de desarrollo industrial acelerado que caracterizó la economía latinoamericana hasta los años setenta, tanto en el conjunto de la región como en el grueso de los países. Hay un dinamismo generalizado de las exportaciones y del comercio intrarregional agropecuario, pero hay simultáneamente una aceleración aún más marcada de las importaciones de estos productos. Sobre estos resultados han incidido tanto las reformas comerciales y sectoriales como la política macroeconómica, en especial la política cambiaria, tal como lo señalamos en la sección anterior. En cualquier caso, las expectativas de que la adopción de políticas más neutrales generaría un rápido crecimiento del sector y haría evidentes las fuertes ventajas comparativas de la región en productos agropecuarios no se han materializado hasta ahora.

2. Productividad

A lo largo de las últimas décadas, la expansión de la producción agropecuaria estuvo acompañada de un crecimiento muy lento de la población económicamente activa (PEA) agrícola, con lo cual la productividad laboral en la agricultura aumentó con bastante celeridad, a un ritmo anual promedio de 2,3% en el período 1970-1998. También aumentó la productividad por hectárea, incremento que, tal como el de la productividad laboral, refleja un uso más intensivo de maquinaria y de capital, según lo indican, por ejemplo, los datos referentes al parque de tractores o a la superficie irrigada (con diferencias nacionales importantes). Refleja igualmente, debe señalarse, el mantenimiento de prácticas de explotación y de expansión de la frontera agraria que presentan serios problemas en términos de sostenibilidad ambiental.

La evolución de la productividad laboral en el agro permite una comparación con igual indicador urbano, el cual fue levemente negativo (-0,3%) si se considera el período 1970-1998 en su conjunto. Esta comparación es particularmente importante, porque la convergencia de los niveles de productividad de las actividades agropecuarias y no agropecuarias es considerada como una de las señales de superación del dualismo que caracteriza los procesos de desarrollo de la región y es, obviamente, uno de los requisitos esenciales para lograr una mayor igualdad entre las condiciones de vida de la ciudad y el campo. La contrapartida de este proceso es la migración del campo a la ciudad, que en el caso latinoamericano ha sido acelerada, hasta el punto de que los niveles promedios de urbanización son ya similares a los de varios países industrializados. Nótese, sin embargo, que en la medida en que la migración hacia las ciudades se refleje en mayor empleo informal urbano, y éste en una productividad urbana deprimida, esta convergencia tiene también carices negativos. Por lo tanto, la convergencia en la productividad laboral entre la ciudad y el campo es tanto el resultado de factores positivos (mayor homogeneidad tecnológica) como negativos (extensión del subempleo a las zonas urbanas a través de una mayor informalidad laboral).

La evolución de la productividad laboral se resume en el Gráfico 5. Como puede observarse, la productividad agropecuaria ha aumentado a ritmos superiores a los de las actividades no agropecuarias desde los años setenta. Esto fue igualmente cierto en la productividad laboral de la industria manufacturera en los años setenta y ochenta, pero ha dejado de serlo en los años noventa. Como resultado de ello, la productividad laboral agropecuaria, que equivalía al 19% de la no agropecuaria en 1970, se elevó al 34% en 1998. Esta evolución refleja, sin embargo, los factores positivos y negativos señalados en el párrafo anterior. En la década de 1970 predominaron los primeros, pero en los años ochenta la mayor convergencia da cuenta de la reducción absoluta de la productividad no agropecuaria, que a su vez es resultado del incremento significativo de la informalidad urbana.

Los años noventa tienen una historia mucho más compleja, ya que la región ha experimentado un incremento notorio de la heterogeneidad estructural de los sectores productivos (Cepal, 2000a, cap. 1). Algunos sectores han aumentado notablemente su eficiencia técnica, mientras otros han absorbido el excedente de mano de obra en actividades de baja productividad. De acuerdo con estimaciones de la Cepal, siete de cada diez nuevos puestos de trabajo urbanos han sido generados en el sector informal[13]. El sector agropecuario se encuentra, de hecho, en una situación interme-

---

13. El incremento de la informalidad también ha sido una característica del desarrollo rural en algunos países. En México, por ejemplo, el porcentaje de hombres empleados en la agricultura que no reciben remuneración aumentó de manera constante desde 1991, hasta llegar a 36% en 1996 (Salcedo, 1999).

dia, ya que mientras ha continuado reduciendo su brecha de productividad en relación con el conjunto de las actividades no agropecuarias, ha tendido a quedarse rezagado – salvo quizás en algunos subsectores de alto dinamismo– en relación con las actividades industriales o de servicios de mayor ritmo de cambio técnico. La heterogeneidad puede, a su vez, haberse acentuado en el propio sector agropecuario. Nuevamente, este panorama global esconde grandes diferencias, tanto entre países como entre subsectores.

Gráfico 5
AMÉRICA LATINA: CRECIMIENTO ANUAL DE LA PRODUCTIVIDAD LABORAL AGRÍCOLA Y NO AGRÍCOLA

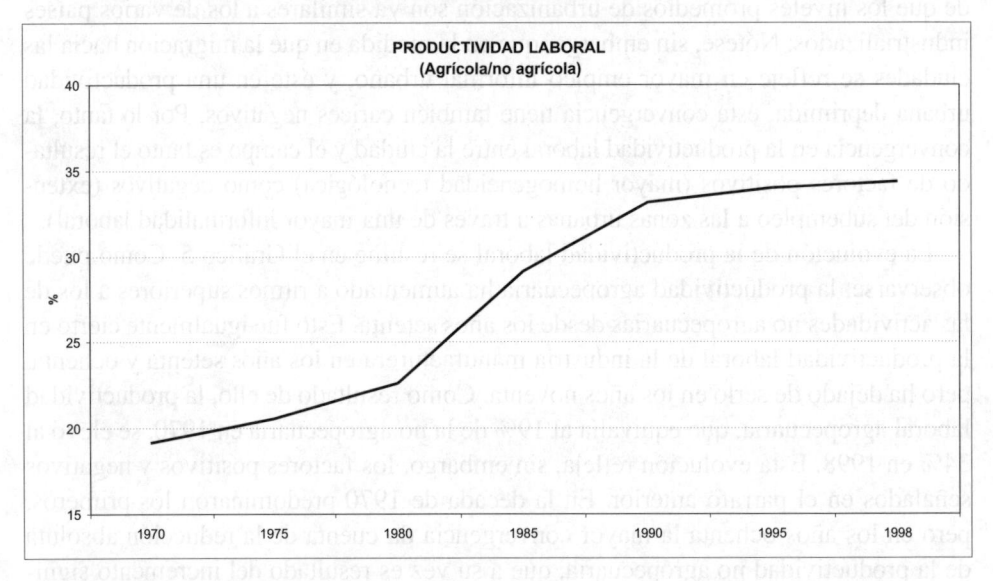

Fuente: Elaborado por la Unidad de Desarrollo Agrícola de la Cepal, sobre la base del Banco de Datos de Estadísticas Anuales (Badeanu) para el producto interno bruto (PIB), y de antecedentes de la Organización de las Naciones Unidas para la Agricultura y la Alimentación (FAO) en lo referente a la población económicamente activa (PEA).

En el Cuadro 3 se resume la evolución de la productividad agropecuaria y no agropecuaria entre 1970 y 1998, clasificando a los países conforme a su posición con respecto a los promedios regionales en 1998. La mayoría corresponde al patrón normal, según el cual la productividad agropecuaria y no agropecuaria están correlacionadas. Existen, sin embargo, siete excepciones. Seis de ellas corresponden a países que, teniendo una productividad no agropecuaria inferior al promedio, superan la productividad agropecuaria media de la región, es decir, exhiben niveles de dualismo inferiores a la media de la región: Brasil, Colombia, Costa Rica, Paraguay, República

Dominicana y Venezuela. Sólo uno, México, tiene el patrón contrario, es decir, niveles de dualismo muy superiores al promedio regional. Por otra parte, cuatro de los nueve países con alta productividad agropecuaria tienen diferenciales respecto de las actividades no agropecuarias relativamente bajos (40% o menos): República Dominicana, Costa Rica, Uruguay y Paraguay, clasificados de menor a mayor brecha; Colombia se encuentra también cerca de ese registro.

Cuadro 3
AMÉRICA LATINA Y EL CARIBE (16 PAÍSES): CRECIMIENTO ANUAL DE LA PRODUCTIVIDAD DE LA MANO DE OBRA AGRÍCOLA Y NO AGRÍCOLA, 1970-1998[a]
(Porcentajes y dólares de 1995)

	País	Productividad no agrícola inferior al promedio regional en 1998 (10 424 dólares)		País	Productividad no agrícola superior al promedio regional en 1998 (10 424 dólares)	
		Agríc. %	No agríc. %		Agríc. %	No agríc. %
Productividad agrícola superior al promedio regional en 1998 (3 035 dólares)	Costa Rica	2,4	-0,7	Argentina	3,3	0,6
	Venezuela	2,6	-2,9	Uruguay	2,4	1,7
	Brasil	3,8	0,5	Chile	4,5	0,9
	Rep. Dominicana	1,8	0,4			
	Colombia	2,3	0,6			
	Paraguay	1,9	1,0			
Productividad agrícola inferior al promedio regional en 1998 (3 035 dólares)	Panamá	2,0	-0,1	México	0,8	-0,5
	Nicaragua	0,2	-4,3			
	Ecuador	3,0	0,4			
	Guatemala	1,1	-0,1			
	El Salvador	0,5	-1,5			
	Perú	0,4	-1,5			
	Jamaica	0,2	-2,1			
	Honduras	0,6	-0,6			
	Bolivia	1,7	-0,6			
	Haití	-0,9	-1,0			

Fuente: Elaborado por la Unidad de Desarrollo Agrícola de la Cepal, sobre la base del Banco de Datos de Estadísticas Anuales (Badeanu) para el producto interno bruto (PIB), y de antecedentes de la Organización de las Naciones Unidas para la Agricultura y la Alimentación (FAO) en lo referente a la población económicamente activa (PEA).
[a] Tasas estimadas con datos originales para los períodos 1970-1990 y 1990-1998, con base en 1980 y 1995 respectivamente.

Lo más interesante es que en los países de alta productividad se concentran los mayores aumentos de la productividad entre 1970 y 1998, tanto agropecuaria como no agropecuaria. En otras palabras, existe un claro patrón de *divergencia* en la evolución de la productividad laboral de la región. En los países de mayor productividad predominan los factores positivos de convergencia rural-urbana (con la notable excepción de Venezuela y, en menor medida, de Costa Rica). Lo contrario ocurre en los países con menores niveles de productividad, donde la convergencia observada tiene como contrapartida la extensión de la informalidad urbana, tal como se refleja en la disminución de la productividad no agropecuaria (con la excepción de Ecuador). En este grupo se encuentran, además, los países donde existen importantes rezagos en el proceso migratorio interno y en la disminución de la fecundidad en las áreas rurales. Esta interrelación entre productividades relativas y factores demográficos establece, por lo tanto, una fuente de disparidades regionales que no va a desaparecer en los próximos años. Sobre este tema volveremos en la parte C de este capítulo.

Al nivel de productos, los aumentos en rendimientos se concentran en los cultivos más "modernos", especialmente a partir de los años ochenta. Así, por ejemplo, los rendimientos de la soya en América Latina –cultivo poco importante en la región en los años sesenta y cuyos rendimientos se habían mantenido relativamente estancados hasta entonces, quedándose a la zaga de los rendimientos promedio mundiales– despegaron a partir de los años setenta. En cambio, los rendimientos de la yuca y del fríjol, ambos cultivos eminentemente campesinos, aumentaron hasta 1970 y han tendido a quedarse rezagados desde entonces. La diferencia entre los rendimientos de las grandes y pequeñas explotaciones de un mismo producto refleja un patrón de diferenciación similar, como lo ilustra el caso del maíz en México, donde grandes incrementos de productividad en las primeras han estado acompañados por un virtual estancamiento en las segundas. También refleja un patrón territorial para los cultivos en los cuales los aumentos de la productividad están asociados a mecanización, ya que su introducción exige una superficie mínima de ciertas características (tierras planas o lomas suaves) para ser rentable.

Así las cosas, el comportamiento de la productividad confirma las apreciaciones de la sección anterior. Aunque se ha incrementado en el sector agropecuario, se ha mantenido en relación con los patrones históricos anteriores a la liberalización económica. Además, aunque en algunos países hay evidencia de una auténtica convergencia entre la productividad laboral agropecuaria y la no agropecuaria, la heterogeneidad regional, tanto entre países como entre subsectores, sigue siendo el fenómeno prevaleciente.

C. Desarrollo social rural

Desde comienzos de los años ochenta, la población pobre de América Latina se concentra mayoritariamente en las zonas urbanas[14]. Sin embargo, tal como lo indica el

---

14. En Cepal (1997 y 2000b) se encuentran consideraciones adicionales sobre estos y otros temas que se analizan a continuación.

Gráfico 6, la incidencia de la pobreza y, en especial, de la indigencia, siguen siendo muy superiores en las zonas rurales. En los países más pobres y también en otros de mayor desarrollo relativo pero con fuertes disparidades de nivel de vida entre las zonas rurales y urbanas, la población pobre y, sobre todo, la indigente, siguen concentradas mayoritariamente en el campo.

Gráfico 6
AMÉRICA LATINA Y EL CARIBE: POBREZA URBANA, RURAL Y TOTAL 1980-1997
(Porcentaje de hogares)

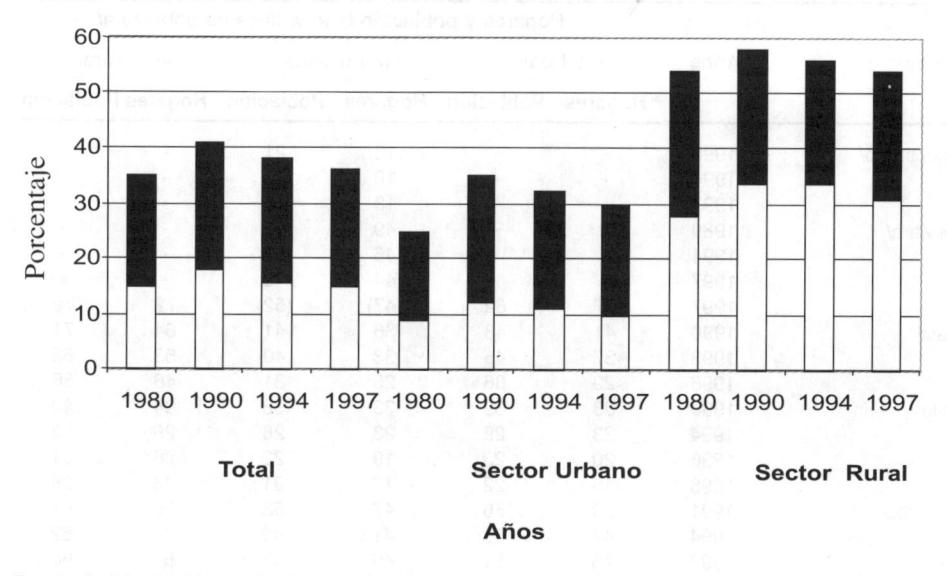

Fuente: Cepal, sobre la base de tabulaciones especiales de las encuestas de hogares de los respectivos países.

En algunos estudios recientes se ha señalado que la pobreza rural es menos sensible que la urbana a las variaciones en la actividad económica, ya que está determinada en mayor grado que ésta por factores estructurales[15]. Los datos disponibles confirman parcialmente esta hipótesis. En efecto, durante la "década perdida", el aumento de la pobreza fue mucho más marcado en las zonas urbanas que en las rurales, pero la diferencia fue más notoria en la población pobre no indigente, ya que el aumento de la pobreza en las zonas rurales se concentró en los grupos indigentes (véanse el Gráfico 6 y el Cuadro 4). Durante la década de 1990, la disminución de la pobreza ha

---

15. Véanse Cepal (1997 y 2000b), de Janvry y Sadoulet (2000) y Morley (1998).

sido, a su vez, más marcada en las zonas urbanas. La mayor variación en las zonas rurales en este caso, en un sentido favorable se concentró nuevamente en la indigencia. Estos patrones indican en efecto que, dentro de un comportamiento mucho más inercial, la pobreza y especialmente la indigencia rural no son insensibles al crecimiento económico.

Cuadro 4
AMÉRICA LATINA (18 PAÍSES): INDICADORES DE POBREZA, 1990-1997
(Porcentajes)

Países	Años	Total país Hogares	Total país Población	Área urbana Hogares	Área urbana Población	Área rural Hogares	Área rural Población
Argentina b/	1990	-	-	16	21	-	-
	1994	-	-	10	13	-	-
	1997	-	-	13	18	-	-
Bolivia c/	1989	-	-	49	53	-	-
	1994	-	-	46	52	-	-
	1997	-	-	44	49	-	-
	1997	57	62	(47)	(52)	72	79
Brasil	1990	41	48	36	41	64	71
	1993	37	45	33	40	53	63
	1996	29	36	25	31	46	56
Chile	1990	33	39	33	38	34	40
	1994	23	29	23	28	26	32
	1996	20	23	19	22	26	31
	1998	18	22	17	21	23	28
Colombia	1991	50	56	47	53	55	61
	1994	47	53	41	45	57	62
	1997	45	51	40	45	54	60
Costa Rica	1990	24	26	22	25	25	27
	1994	21	23	18	21	23	25
	1997	20	23	17	19	23	25
Ecuador	1990	-	-	56	62	-	-
	1994	-	-	52	58	-	-
	1997	-	-	50	56	-	-
El Salvador	1995	48	54	40	46	58	64
	1997	48	56	39	44	62	69
Guatemala	1989	63	69	48	53	72	78
Honduras	1990	75	81	65	70	84	88
	1994	73	78	70	75	76	81
	1997	74	79	67	73	80	84
México	1989	39	48	34	42	49	57
	1994	36	45	29	37	47	57
	1996	43	52	38	45	53	63
	1998	38	47	31	39	49	59
Nicaragua	1997	-	-	66	72	-	-

Cuadro 4 (Cont.)
AMÉRICA LATINA (18 PAÍSES): INDICADORES DE POBREZA, 1990-1997
(Porcentajes)

Países	Años	Total país Hogares	Total país Población	Área urbana Hogares	Área urbana Población	Área rural Hogares	Área rural Población
Panamá	1991	36	43	34	41	43	51
	1994	30	36	25	31	41	49
	1997	27	33	25	30	34	42
Paraguay	1990 d/	-	-	37	42	-	-
	1994	-	-	35	50	-	-
	1996	-	-	34	46	-	-
Perú e/	1995	41	48	33	38	56	65
	1997	37	44	25	30	61	69
República Dominicana	1997	32	37	32	36	34	39
Uruguay	1990	-	-	12	18	-	-
	1994	-	-	6	10	-	-
	1997	-	-	6	10	-	-
Venezuela	1990	34	40	33	39	38	47
	1994	42	49	41	47	48	56
	1997	42	48	-	-	-	-
América Latina f/	1990	41	48	35	41	58	65
	1994	38	46	32	39	56	65
	1997	36	44	30	37	54	63

Fuente: Cepal, sobre la base de tabulaciones especiales de las encuestas de hogares de los respectivos países.
a Incluye a los hogares (personas) en situación de indigencia o de extrema pobreza. **b** Gran Buenos Aires. **c** Ocho capitales departamentales más la ciudad de El Alto. Las cifras entre paréntesis para 1997 corresponden al total del área urbana del país. Área metropolitana de Asunción. **e** Cifras del Instituto Nacional de Estadística e Informática (INEI) de Perú, elaboradas sobre la base de la información de la Encuesta Nacional de Hogares de 1995 y 1997 (IV trimestre). **f** Estimación para 19 países de la región.

Los niveles de pobreza e indigencia rural varían significativamente entre países (véase nuevamente el Cuadro 4). Los países con mayores niveles de pobreza tienden a concentrar una mayor proporción de los pobres en el campo, en particular de población indigente. Las tendencias observadas en estas variables a lo largo de la década de 1990 fueron muy variadas. Los avances más importantes se lograron en tres países con niveles intermedios de pobreza (Brasil, Chile y Panamá), pero en este grupo se concentraron también algunos de los mayores aumentos. Entre los países con mayores niveles de pobreza, Honduras mostró la tendencia más positiva, aunque concentrada en el período 1990-1994. También en contra del patrón medio, la tendencia relativa de la indigencia y de la pobreza no extrema varió mucho entre países.

Los estudios existentes indican que la magnitud de la pobreza rural está asociada a la falta de acceso a capital humano; a las modalidades de inserción en el mercado de trabajo; al deficiente acceso a factores productivos; al aislamiento geográfico, y a factores demográficos. Algunos de estos determinantes tienen marcadas dimensiones étnicas en varios países, que se reflejan en la mayor incidencia de la pobreza, especialmente de la pobreza crítica, en los pueblos indígenas y en las comunidades afroamericanas rurales. La información disponible sugiere, además, que la forma como se asignan los subsidios gubernamentales en las zonas rurales tiene una importancia decisiva. De hecho, en dos de los tres países donde la reducción de la pobreza rural fue mayor en la década de 1990 (Brasil y Chile), dicha reducción estuvo estrechamente asociada a la asignación de transferencias o subsidios monetarios del Estado focalizados en los sectores más pobres de la población (Cepal, 2000b, p. 42; Dias, David, 1999).

Los aumentos que ha experimentado la educación en las zonas rurales, como resultado de décadas de esfuerzos de ampliación de la cobertura, están consignados en el Gráfico 7. En general, los jóvenes rurales de hoy disponen de entre tres y cuatro años más de educación que sus padres. Los avances son, sin embargo, dispares y las diferencias urbano-rurales son significativas en todos los países. Este hecho tiene dos implicaciones importantes. En primer término, dado que entre el 40% y el 60% de los jóvenes y especialmente de las jóvenes rurales migran hacia las ciudades, las diferencias en los niveles educativos ponen en seria desventaja a estos migrantes *en el mundo laboral urbano*. Por otra parte, como la migración tiende a ser selectiva (los más educados migran con mayor frecuencia), la brecha es mayor entre el capital humano de las actividades urbanas y rurales. Este hecho, unido a las dimensiones demográficas a que haremos alusión más adelante, indica que la población rural se seguirá concentrando en grupos de población con niveles de educación relativamente bajos.

Es interesante apreciar que los avances en el frente educativo han tenido su correspondencia en otras esferas del desarrollo social. En particular, el mejoramiento de los niveles de salud de la población rural ha sido un proceso secular, que se ha mantenido aun en períodos de crisis económica, como la década de 1980. Ello ha dado lugar a reducciones significativas en la mortalidad infantil, lo cual está además fuertemente correlacionado con el aumento de la educación de las madres. Nuevamente, sin embargo, las diferencias rural-urbanas siguen siendo significativas.

En cuanto a la inserción laboral, los datos indican que la incidencia de la pobreza tiende a ser mayor entre los productores campesinos, es decir, entre los trabajadores por cuenta propia que no son ni profesionales ni técnicos y que laboran en actividades agropecuarias (véase el Cuadro 5). La incidencia de la pobreza entre los asalariados de establecimientos pequeños y entre los empleados domésticos es también elevada, aunque en varios países algo o sustancialmente inferior a la de los trabajadores independientes. Los menores niveles de pobreza se aprecian entre los asalariados de empresas más grandes y entre los trabajadores del sector público. Las oportunidades de empleo en las empresas más grandes son, por lo tanto, un determinante significativo de los ingresos, y sus crisis pueden desencadenar serios problemas de ajuste de la población rural, como lo ilustra el caso colombiano en la década actual (Ocampo y Perry, 1995).

Gráfico 6
AMÉRICA LATINA: CRECIMIENTO INTERGENERACIONAL DE LA EDUCACIÓN
(Promedio de años de estudio de los jóvenes de 20 a 24 años de edad y de sus padres)

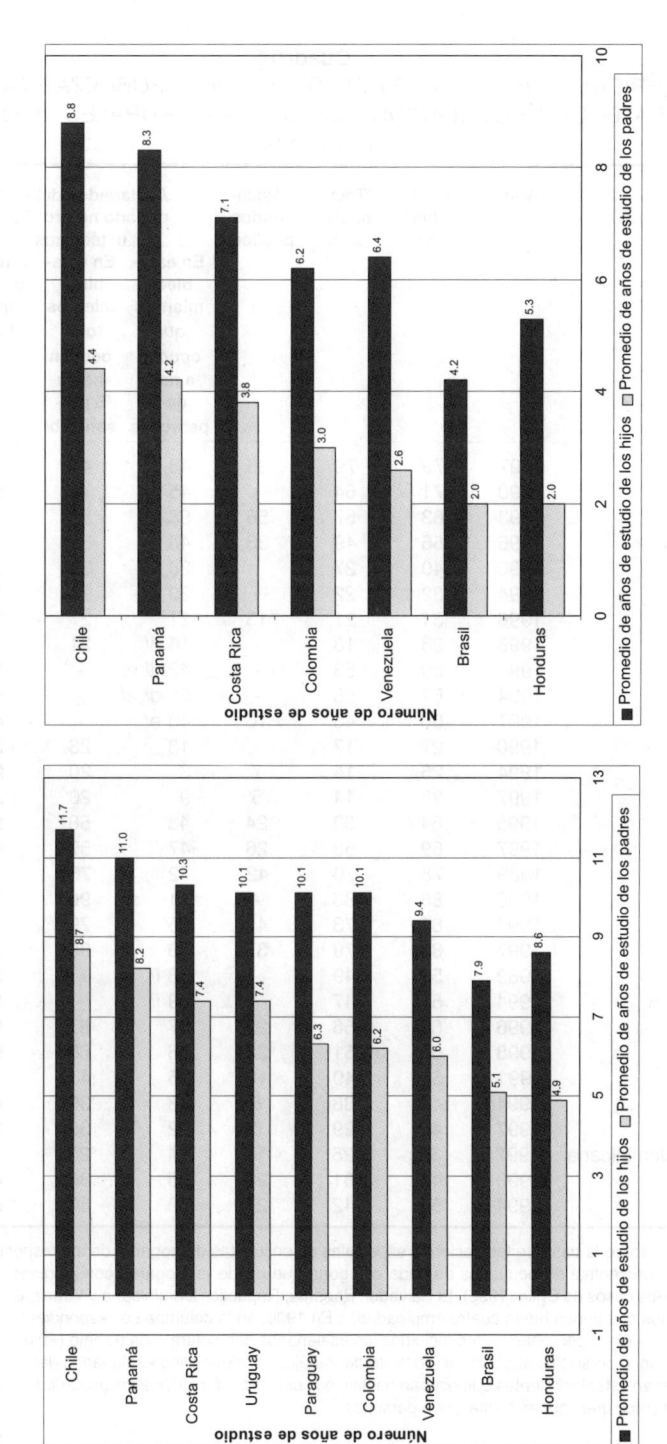

País	Promedio años de estudio de los hijos	Promedio años de estudio de los padres
Chile	11.7	8.7
Panamá	11.0	8.2
Costa Rica	10.3	7.4
Uruguay	10.1	7.4
Paraguay	10.1	6.3
Colombia	10.1	6.2
Venezuela	9.4	6.0
Brasil	7.9	5.1
Honduras	8.6	4.9

País	Promedio años de estudio de los hijos	Promedio años de estudio de los padres
Chile	8.8	4.4
Panamá	8.3	4.2
Costa Rica	7.1	3.8
Colombia	6.2	3.0
Venezuela	6.4	2.6
Brasil	4.2	2.0
Honduras	5.3	2.0

Fuente: Cepal, *Panorama social de América Latina, 1997* (LC/G.1982-P), Santiago de Chile, 1998. Publicación de las Naciones Unidas, N° de venta: S.98.II.G.3.

Cuadro 5
AMÉRICA LATINA (12 PAÍSES): INCIDENCIA DE LA POBREZA EN ALGUNAS CATEGORÍAS OCUPACIONALES[a] DE ZONAS RURALES, 1990–1997
(Porcentajes)

País	Año	Total población	Total población	Asalariados públicos	Asalariados del sector privado no profesionales ni técnicos - En establecimientos que ocupan a más de 5 personas	Asalariados del sector privado no profesionales ni técnicos - En establecimientos que ocupan hasta 5 personas b/	Empleados domésticos	Trabajadores por cuenta propia no profesionales ni técnicos - Total	Trabajadores por cuenta propia no profesionales ni técnicos - En agricultura, silvicultura y pesca
Bolivia	1997	79	79	35	48	41	49	87	89
Brasil c/	1990	71	64	-	45	72	61	70	74
	1993	63	57	56	58	53	53	59	60
	1996	56	49	33	46	35	40	54	56
Chile	1990	40	27	-	28	36	23	22	24
	1994	32	22	-	20	28	13	21	24
	1996	31	21	13	21	27	16	18	21
	1998	28	18	-	16 d/	21	13	17	21
Colombia	1991	60	53	-	42 d/ e/	-	54	67	73
	1994	62	55	-	55 d/ e/	-	57	61	59
	1997	60	48	16	40 e/	-	48	62	67
Costa Rica	1990	27	17	-	13	23	22	24	27
	1994	25	14	7	3	20	23	21	24
	1997	25	14	5	9	20	25	21	24
El Salvador	1995	64	53	24	43	56	50	63	72
	1997	69	58	26	47	57	49	67	79
Guatemala	1989	78	70	42	72	76	61	71	76
Honduras	1990	88	83	-	71	90	72	88	90
	1994	81	73	40	65	79	74	78	81
	1997	84	79	37	75	86	74	83	85
México	1989	57	49	-	53 f/	-	50	47	54
	1994	57	47	-	53 f/	-	53	46	54
	1996	62	56	23	57	67	64	59	68
	1998	58	51	23	48	60	64	55	64
Panamá	1991	51	40	10	25	43	43	52	57
	1994	49	38	6	23	39	40	52	61
	1997	42	29	6	22	39	33	36	42
República Dominicana	1997	39	25	17	14	26	40	30	42
Venezuela	1990	47	31	22	35	36	44	31	36
	1994	56	42	27	50	50	53	42	44

Fuente: Cepal, sobre la base de tabulaciones especiales de encuestas de hogares de los respectivos países.
a Se refiere al porcentaje de ocupados de cada categoría que reside en hogares con ingresos inferiores a la línea de pobreza. **b** En los casos de Chile (1996), El Salvador, Panamá, República Dominicana y Venezuela se consideran sólo los establecimientos que tienen hasta cuatro empleados. **c** En 1990, en la columna correspondiente a establecimientos que ocupan a más de cinco personas fueron incluidos los asalariados con contrato de trabajo («*carteira*»), y en la de los que ocupan hasta cinco personas, aquellos sin contrato de trabajo. **d** Incluye a los asalariados del sector público. **e** Incluye a los asalariados en establecimientos que ocupan hasta cinco personas. **f** Incluye a los asalariados del sector público y a los de establecimientos que ocupan hasta cinco personas.

Los cambios que ha experimentado la estructura productiva del sector (véase nuevamente el Gráfico 1) inciden en las oportunidades laborales. Algunas de las actividades que han enfrentado mayores dificultades en su producción y productividad son de uso intensivo (café) o medianamente intensivo (cereales tradicionales y tubérculos) de mano de obra. Las más dinámicas tienen, por el contrario, intensidades laborales muy diversas: algunas demandan mano de obra en escala importante (hortofruticultura, ganadería de leche y avicultura), pero otras generan muy poco empleo (oleaginosas, cereales modernos y plantaciones forestales). Sin embargo, los cambios tecnológicos pueden significar en muchas de estas actividades un aumento relativo del empleo de mano de obra con mayores conocimientos técnicos. No se puede, por lo tanto, descartar la hipótesis de que los cambios estructurales en curso han provocado una disminución neta de la demanda de mano de obra.

Sobre esta materia, vale la pena anotar que aunque los pequeños productores tienen algunas ventajas comparativas en rubros de uso intensivo de mano de obra que requieren especial cuidado (hortalizas, renglones pecuarios menores), tienen que lidiar con serias dificultades en muchos frentes: altos costos de transacción, falta de infraestructura y servicios en las zonas donde se encuentran, acceso limitado al crédito, ausencia de paquetes tecnológicos apropiados y mercados imperfectos en la fase de comercialización. La producción de los cultivos más dinámicos supone, además, mayores costos por hectárea, por lo cual estas fallas de mercado se tornan aún más importantes[16]. Por este motivo, la posibilidad de articular pequeños productores a estas actividades dinámicas depende en alto grado de acciones públicas orientadas a incentivar que los agronegocios (agroindustria, agroexportadores, cadenas de supermercados y otros) se integren con pequeños productores, lo cual compensaría, al menos en las primeras etapas, los mayores costos que implica operar con ellos (Cepal/FAO, 1998). Las organizaciones de productores pueden desempeñar un papel importante para facilitar las relaciones con los agronegocios. Hay, además, modelos exitosos de diversificación de los productores rurales hacia la comercialización y la agroindustria, especialmente en los países industrializados, aunque también en América Latina (el caso de los cafeteros en Colombia es uno de ellos), pero implican problemas organizacionales complejos e, igualmente, mecanismos de apoyo de terceros o estatales a estos procesos.

En términos de oportunidades laborales, la expansión relativa de las actividades rurales no agrícolas ha recibido una atención creciente por parte de diversos analistas. Esta expansión, conjuntamente con las remesas de ingresos de los migrantes hacia sus hogares de origen, han permitido un aumento significativo de los ingresos no

---

16. Así, por ejemplo, el ingreso neto de una hectárea de chile jalapeño o marigold en El Salvador es 10 veces mayor que el correspondiente a un cultivo de maíz tradicional, pero los costos son también 10 veces más altos.

agrícolas en las zonas rurales. Basándose en los censos de población, se ha estimado que la proporción de la PEA rural empleada en actividades no agrícolas era hacia 1990 de 29%, y había aumentado unos cinco puntos porcentuales, en promedio, en el último período intercensal (alrededor de una década) (Klein, 1992). En los años noventa, la proporción de la población ocupada en actividades no agrícolas ha seguido aumentando en el grueso de los países para los cuales existe información proveniente de encuestas de hogares. De hecho, representaba en 1997 la proporción mayoritaria del empleo femenino en muchos países, pero también el 40% o más del empleo masculino en varios (Costa Rica, México, Panamá y República Dominicana). Los niveles de pobreza de los ocupados en actividades no agrícolas eran, además, sustancialmente inferiores en todos los países a los de los ocupados en actividades agrícolas[17].

No obstante, el acceso a oportunidades laborales no agrícolas depende de los niveles de educación de los trabajadores (especialmente del acceso a la educación secundaria), de la proximidad a los centros urbanos y de la calidad de la infraestructura; en algunos de los países donde dicho empleo ha sido muy dinámico ha estado asociado, además, al desarrollo de actividades de maquila para exportación (México y República Dominicana) (de Janvry y Sadoulet, 2000). De esta manera, la importancia de las actividades no agrícolas está inversamente relacionada con la distancia física de los centros urbanos y con los costos de transacción en los mercados (de trabajo, capital, insumos y productos), tal como lo predicen, por lo demás, las teorías clásicas de localización (Renkow, 1998). Varios estudios de caso indican, además, que las empresas medianas y grandes, incluyendo las agroindustrias, suelen ubicarse en las afueras de las ciudades y no en pleno medio rural.

En términos de acceso a los recursos, las consideraciones anteriores resaltan la importancia que tiene para los habitantes rurales el acceso a una buena infraestructura y a servicios de transporte que los conecten con las zonas urbanas, así como a otros servicios de infraestructura (electricidad, telecomunicaciones), financieros y sociales (educación, salud) en condiciones comparables a las de los habitantes urbanos. En todas estas dimensiones, las diferencias rural-urbanas siguen siendo notorias en América Latina.

Un problema consuetudinario de la región es igualmente la alta concentración de la propiedad de la tierra, que sólo fue modificada marginalmente por los procesos de reforma agraria. Una agregación gruesa, basada en los censos disponibles, indica que en 1990 cerca de 50% de los predios tenían menos de cinco hectáreas[18], pero representaban apenas el 2,0% de la tierra. Esta distribución es sólo ligeramente mejor que aquélla que prevalecía dos décadas antes, cuando dichas proporciones eran de 64% y

---

17. En Cepal (2000b, cap. 1) se examinan las tendencias a lo largo de la década de 1990.
18. Se compara con cinco hectáreas porque el último censo agropecuario de México (1991) no tiene otra subdivisión.

1,8% respectivamente. Los coeficientes de concentración de la propiedad son elevados en todos los países. Los niveles más altos de desigualdad se observan en Chile, México y Paraguay, donde el coeficiente de Gini de la propiedad rural supera el 0,90. Un grupo intermedio, también de alta concentración (coeficiente de Gini entre 0,76 y 0,86), comprende a Argentina, Brasil, Colombia, Costa Rica, El Salvador, Panamá y Venezuela. Los menores niveles de desigualdad en la distribución de la tierra se observan en Honduras y República Dominicana, pero son, en cualquier caso, elevados (0,66 y 0,73 respectivamente, de acuerdo con la información más reciente) (Cepal, 2000b, cap. I).

En términos demográficos, como resultado del impacto acumulado de la migración hacia las ciudades y de la reducción de la fecundidad, la población rural de región ha llegado a un cierto *plateau* en números absolutos. En efecto, según se in ca en el Cuadro 6, la población rural se encuentra desde la década de 1980 en torno a 123 millones de personas y se espera que se mantenga en dicho nivel durante el primer cuarto del siglo XXI. Sin embargo, este promedio esconde situaciones diferentes, asociadas a la etapa de la transición demográfica en la cual se encuentran los diversos países de la región. Así, mientras se esperan todavía aumentos importantes de la población rural en los países centroamericanos y en Haití, Paraguay y Perú, se esperan también reducciones considerables en Argentina, Brasil, Chile, Cuba y Uruguay. El resto de los países experimentará variaciones menos importantes en uno u otro sentido.

En vista de la relación que existe entre productividades relativas rural-urbanas y tendencias de la población rural (véase la sección B), los factores demográficos señalados continuarán siendo un factor de *divergencia* en el grado de desarrollo rural de los distintos países latinoamericanos. Aquellos países que experimentarán reducciones de su población rural tendrán la posibilidad de acelerar la convergencia entre la ciudad y el campo, tanto en términos tecnológicos como de niveles de vida. Por el contrario, aquellos que continúan enfrentando presiones demográficas en las zonas rurales tendrán dificultades considerables para garantizar esos resultados.

El Cuadro 6 ilustra también otro fenómeno demográfico que tendrá un peso relativo creciente en las próximas décadas: el envejecimiento gradual, tanto de la población total como de la población económicamente activa. En efecto, mientras entre 1980 y 1995 la estabilización de la población rural estuvo asociada exclusivamente a la disminución de la población de 0 a 14 años, en el período más reciente ha comenzado a reducirse también la población de entre 15 y 29 años. Esto implica que el crecimiento (cada vez menor) de la población económicamente activa se concentrará en los grupos de edad de 30-49 y 50-64 años, es decir, de grupos poblacionales cuyo capital humano es relativamente bajo.

Cuadro 6
**AMÉRICA LATINA: CAMBIOS EN LAS COHORTES ETARIAS
DE LA POBLACIÓN Y LA PEA [a] RURAL**

	Población rural ambos sexos (Millones)				Tasa de crecimiento (%)		
	1980	1995	2010	2025	1980-1995	1995-2010	2010-2025
Total	122,0	123,5	122,6	122,9	0,08	-0,05	0,02
0-14 años	54,6	49,3	41,5	35,7	-0,68	-1,14	-1,01
15-29 años	31,4	32,2	30,3	27,0	0,18	-0,42	-0,76
30-49 años	21,7	25,7	29,7	31,3	1,15	0,96	0,34
50-64 años	9,3	10,3	13,5	17,7	0,68	1,83	1,79
65 años y más	5,1	5,9	7,5	11,2	1,00	1,56	2,63
	PEA rural a/ (Millones)				Tasa de crecimiento (%)		
Total	42,2	47,4	51,7	55,3	0,78	0,58	0,45
0-14 años	3,5	3,2	2,1	1,4	-0,71	-2,64	-2,85
15-29 años	17,9	19,1	18,4	16,9	0,42	-0,24	-0,57
30-49 años	13,5	17,0	20,6	22,9	1,51	1,29	0,71
50-64 años	5,4	6,1	8,2	11,0	0,88	1,96	1,93
65 años y más	1,9	2,1	2,4	3,2	0,83	0,86	1,91

Fuente: División de Población-Celade de la Cepal, sobre la base de información oficial.
a PEA: población económicamente activa.

D. ELEMENTOS DE UNA ESTRATEGIA DE DESARROLLO RURAL

De las consideraciones expuestas en las secciones anteriores se deriva que cualquier estrategia de desarrollo rural debe estar cimentada en tres pilares diferentes: una política macroeconómica orientada a garantizar un tipo de cambio competitivo y estable; una política sectorial activa, y acciones específicas para superar la pobreza rural. Las propias transformaciones que han experimentado las economías y las sociedades latinoamericanas han introducido, además, un nuevo elemento: la conveniencia de apoyar las políticas públicas para el sector rural en nuevas instituciones y en la participación de nuevos actores.

El primero de los elementos mencionados es evidente a la luz de las controversias sobre el sector agropecuario que reseñamos en la parte A de este capítulo. Según lo indicamos, el gran aporte de la literatura sobre el "sesgo en contra de la agricultura" fue hacer explícito el papel que tienen las políticas macroeconómicas y, en especial, las cambiarias en el desarrollo del sector agropecuario. A la luz de estas consideraciones, el elemento más desafortunado de los procesos de liberalización económica que han tenido lugar en América Latina, ha sido la tendencia a la revaluación real del tipo de cambio que se ha manifestado en el grueso de los países. La política cambiaria no ha cumplido, así, el papel compensatorio que suponía la literatura señalada y, antes bien, ha acentuado los efectos de la liberalización comercial sobre los precios de los bienes comercializables internacionalmente. El resultado de ello ha sido un ajuste más severo del sector agropecuario. A ello se ha sumado el efecto de los bajos precios internacionales de los productos del sector.

La experiencia acumulada, tanto durante la fase de industrialización acelerada como de liberalización económica, indica, por otra parte, que además de una buena macroeconomía, es necesario contar con una política sectorial activa, orientada a mejorar el funcionamiento de los mercados rurales. Las intervenciones públicas se justifican, en efecto, por múltiples características del sector agropecuario:

- La multiplicidad de agentes que toman decisiones: en el sector agropecuario de la región, existen aproximadamente tres millones de patronos y 14 millones de trabajadores por cuenta propia, más de la mitad de estos últimos pobres.
- Los riesgos propios de las actividades agropecuarias: la susceptibilidad a las condiciones climáticas, las características de los ciclos biológicos y la perecibilidad de muchos de los productos introducen riesgos específicos a estas actividades. Este es, en particular, un sector donde el proceso productivo no puede ser interrumpido sin la pérdida total del capital de trabajo, y donde tampoco se puede graduar la producción en el tiempo para responder a variaciones de corto plazo de la demanda. Por este motivo, los mercados son estrictamente "de subasta", salvo que existan acuerdos previos de comercialización. En los productos de rendimiento tardío, los ciclos biológicos introducen además períodos muertos, que implican que la producción sólo puede responder con rezago a un incentivo de precio. Una vez en fase productiva, la inversión en plantaciones de rendimiento tardío es un costo a fondo perdido (*sunk cost*), que introduce una rigidez adicional a la oferta.
- Ciclos marcados de precios: la conjunción de una oferta inflexible en el corto plazo, atada a ciclos biológicos, y la participación de una gran cantidad de productores genera a su vez precios con un fuerte componente estacional y cíclico. Este comportamiento es más marcado cuando existen deficiencias notorias en la infraestructura de almacenamiento y en los mecanismos de financiamiento correspondientes.
- Imperfecciones asociadas a la información, tanto tecnológica como de mercado: la información imperfecta conduce a errores en las decisiones de producción (productos, variedades y cantidades) y establece una dependencia de los productores más pequeños y aislados con respecto a la información que suministran los intermediarios y los agronegocios.
- Las características propias de la tecnología agropecuaria, que exigen que toda nueva variedad vegetal, especie animal o proceso productivo deba ser adaptada a ecosistemas particulares o, incluso, desarrollada específicamente para éstos.
- Las imperfecciones de los servicios financieros: los riesgos mencionados, unidos a la gran cantidad de productores y su dispersión geográfica, hacen que la oferta

de servicios financieros sea de un costo relativamente elevado para los productores, en especial para los pequeños. Incluso esquemas de subsidio (tanto a la oferta como a la demanda), de servicios bancarios y de seguros no garantizan coberturas adecuadas, como lo demuestra, por ejemplo, la experiencia reciente de México.
- La alta concentración que caracteriza a las cadenas de comercialización: en todas ellas, una multiplicidad de productores enfrentan a uno o a unos pocos compradores. Este problema es particularmente serio en zonas aisladas, donde, de hecho, es muy común que existan monopsonios locales. Es también particularmente crítico para los pequeños productores, que suelen carecer de capital de trabajo y de infraestructura de transporte y de comercialización apropiada.
- Las graves deficiencias en materia de servicios de infraestructura que caracterizan a las zonas rurales latinoamericanas.
- Los problemas que plantea la sostenibilidad ambiental: la protección de los ecosistemas plantea, además, nuevas exigencias en materia tecnológica, haciendo aún más "específica" para cada ecosistema la tecnología apropiada.
- Las enormes distorsiones de los mercados internacionales de muchos productos agropecuarios, cuyas principales expresiones son las elevadas barreras proteccionistas y los cuantiosos subsidios que otorgan las naciones industrializadas.

Debido a este cúmulo de imperfecciones, durante la etapa de industrialización acelerada se montó un complejo aparato institucional para apoyar la modernización del sector agropecuario. Según hemos visto, el desmantelamiento de este aparato y la consiguiente inestabilidad institucional han sido perjudiciales para el desarrollo rural, ya que el sector privado no ha sustituido como se esperaba al sector público, o lo ha hecho a costos que han sido elevados para muchos productores. La actual inestabilidad institucional debe ser remplazada, por lo tanto, por una nueva política sectorial, que al tiempo que reconstruya institucionalmente el sector, otorgue una mayor atención a los productores más pobres, que se beneficiaron sólo parcialmente de los instrumentos de modernización establecidos durante la etapa de industrialización acelerada, y a aspectos que fueron relativamente pasados por alto durante dicha etapa, entre los que se destaca la sostenibilidad ambiental.

El área que amerita la intervención del sector público en forma más evidente es, sin duda, la tecnología, en sus múltiples aspectos: generación, adaptación y difusión. En un sentido amplio, dentro de este concepto se incluyen la introducción de nuevos productos, la difusión de técnicas administrativas y gerenciales modernas, las tecnologías para manejo de poscosecha (procesamiento, conservación, almacenamiento y transporte), los instrumentos de control de calidad (entre ellas la normalización y certificación), y los desarrollos tecnológicos necesarios para la adecuada protección de los ecosistemas. El control sanitario es, además, un elemento complementario, que tiene un carácter indiscutible de bien público.

Aunque en el caso de la tecnología las fallas de mercado son particularmente claras, el problema no es menos grave en el mercado crediticio, particularmente en lo que concierne al acceso de los pequeños productores al crédito a costos razonables. La alternativa más conveniente es recurrir a una mezcla de entidades privadas, solidarias y cooperativas apoyadas con mecanismos públicos o mixtos de redescuento, garantías y aseguramiento, y con mecanismos de subsidio explícito a los servicios destinados a los pequeños productores[19]. Sin embargo, la revitalización de las instituciones públicas de crédito rural es una opción que no debe descartarse, aunque es necesario en tal caso fortalecer los mecanismos que impidan un manejo político de sus estrategias crediticias, incluido el recurso periódico a condonaciones abiertas o disfrazadas de las deudas del sector, que llevaron a la crisis de muchas de estas instituciones en el pasado. Por lo demás, esta experiencia indica que, de recurrirse a estas entidades, deben existir reglas explícitas de aseguramiento que sustituyan el recurso a reglas *ad hoc* para enfrentar las crisis sectoriales (por ejemplo, eventos climáticos, coyunturas bajistas de precios u otras).

En el frente de la comercialización, las características del sector obligan a acciones públicas en diferentes ámbitos. Entre ellas se destaca, en primer término, el apoyo a redes de información, especialmente para los productores pequeños o dispersos, a la formación de bolsas agropecuarias, y a sistemas de inteligencia de mercados. En segundo lugar, en materia de estabilización de precios, pueden ser convenientes intervenciones tanto en el comercio exterior (fondos de estabilización o sistemas de franjas de precios) como en el interno (fomento del desarrollo de una infraestructura de almacenamiento y de mecanismos financieros y de seguros para garantizar un manejo apropiado de los inventarios). Las imperfecciones de los mercados internacionales refuerzan la conveniencia de acciones del primer tipo o de otras orientadas a compensar las distorsiones existentes. La integración en marcha en la región indica que dichas reglas deben ser acordadas en el marco de los procesos correspondientes. Por último, las deficiencias de los mercados locales justifican no sólo la canalización de información adecuada en todos los mercados, sino también el apoyo a redes de comercialización de los productores o de entidades públicas que intervengan selectivamente para corregir estos problemas.

Todas estas acciones deben estar complementadas, como es obvio, con el acceso a una infraestructura de transporte y de servicios públicos y sociales adecuada, dentro de una estrategia orientada a "igualar las oportunidades" de los productores rurales con las de aquellos establecidos en zonas urbanas (Cepal, 2000a, cap. 10).

Por otra parte, la política agropecuaria debe abordar, de manera definitiva, los retos del desarrollo sostenible. Esto implica, en primer término, que los problemas

---

19. Véase un análisis más extenso de las cuestiones relativas al crédito para los pequeños productores (entre ellos los rurales) en Cepal (2000b, cap. X).

correspondientes (manejo integrado de ecosistemas, práctica de uso de los suelos y del agua, métodos de control biológico, variedades adecuadas) deben pasar a ocupar un puesto central en la política de desarrollo tecnológico. Indica, en segundo lugar, que la limitación de la expansión de la frontera agraria debe ocupar parte central de la estrategia de desarrollo rural. Y sugiere, finalmente, que es necesario ofrecer a los productores rurales oportunidades asociadas a la generación de servicios ambientales. La promoción del ecoturismo o la protección de los parques naturales son alternativas de este tipo. Las principales están asociadas, sin embargo, a las oportunidades que puedan brindar las negociaciones internacionales relativas al cambio climático, especialmente aquellas asociadas al desarrollo del Protocolo de Kyoto (Cepal, 2000a, cap. 13).

Ante la crisis que han experimentado las instituciones sectoriales, se requieren grandes innovaciones en el frente institucional en todos estos campos, que permitan el uso más eficiente de recursos públicos escasos, procurando *crear* o *completar* mercados. Dentro de una política orientada a fomentar el desarrollo de los mercados, los instrumentos más convenientes de intervención son, como es obvio, aquellos de carácter indirecto, es decir, los subsidios a la demanda. No es evidente, sin embargo, que esta forma de intervención sea una solución universal. Hay, por ejemplo, problemas insalvables de información asimétrica entre quien crea o transfiere el conocimiento y quien lo adquiere, que hacen que este tipo de intervención sea una solución subóptima en el caso de la tecnología, pero igual problema puede presentarse en el crédito o la comercialización. A ello debe agregarse que el esquema de subsidios a la demanda supone la existencia de agentes que respondan a dichos incentivos o, alternativamente, que los servicios que ofrecen no involucren costos superiores a los que los productores puedan o estén dispuestos a asumir. Este supuesto ha sido particularmente difícil de cumplir durante la fase de transición desde un esquema de intervención basado en la oferta pública hacia otro basado en la oferta privada.

El apoyo a la oferta continuará siendo, por lo tanto, un complemento necesario de cualquier sistema de subsidios a la demanda. De hecho, la mejor forma de asignar subsidios públicos puede ser la de subsidiar la *oferta* de servicios a los sectores más pobres, que se seleccionan sobre la base de *criterios de demanda* –es decir, de focalización. Muchas de las nuevas modalidades de apoyo (en asistencia técnica, en financiamiento o en infraestructura para el desarrollo rural) corresponden más a esta modalidad intermedia de "subsidios a la oferta con criterios de demanda" que a esquemas puros de subsidio a la demanda. Aunque la oferta pública puede cumplir un papel importante, los mecanismos de apoyo a la oferta deben involucrar sobre todo en aquellos países donde hay un deterioro significativo del aparato estatal soluciones institucionales nuevas, en particular la creación de *nuevos agentes* que proporcionen servicios a los productores rurales. La promoción del desarrollo de nuevos agentes y de la competencia entre los existentes, dentro de esquemas orientados a crear o completar mercados, debe ser, por lo tanto, la característica distintiva de esta estrategia. Dentro de ella pueden participar agentes públicos de carácter nacional, regional o local, sujetos a sistemas más competitivos en la asignación de recursos y al diseño y seguimiento de criterios de desempeño en su gestión.

El Estado puede, por ejemplo, aumentar la competencia en la provisión de tecnología mediante mecanismos que incentiven la participación de las universidades regionales, en competencia por fondos públicos con los centros tradicionales de investigación agropecuaria o con nuevos centros de investigación o de transferencia de carácter privado (con o sin fines de lucro), mixto o público (de índole regional o local). Puede, además, promover la formación de asociaciones y cooperativas de productores, para que participen más activamente en tareas de desarrollo tecnológico, intermediación financiera o comercialización. Puede, finalmente, apoyar la creación de instituciones innovadoras de todo tipo (por ejemplo, certificadoras de calidad, redes de información, entidades que financien el desarrollo de nuevos productos o mercados).

En el frente social, el análisis de la sección anterior indica que una política para superar la pobreza rural debe estar orientada a fortalecer el acceso de los productores a activos productivos. Esto incluye, en primer término, un mejor acceso a la educación. Sin embargo, dada la emigración continua de la población joven, especialmente la más educada, y dado el envejecimiento previsible de la población rural, un elemento esencial de toda estrategia de desarrollo rural será el diseño de sistemas que permitan mejorar los conocimientos de la *población que ya ha abandonado el sistema escolar*, que le permitan, en particular, tener acceso a conocimientos tecnológicos, en el sentido amplio en que hemos utilizado este término. El desarrollo de métodos que combinen transferencia de tecnología con educación pos-escolar puede ser, por lo tanto, la respuesta adecuada al inmenso reto que significa el envejecimiento de la PEA rural. Una estrategia estrictamente escolar arrojará mayores dividendos en la medida en que tengan éxito políticas orientadas a retener población pobre en el campo; tal como lo hemos señalado, para la parte de la población joven rural que migrará hacia las zonas urbanas ello es, en cualquier caso, un requisito esencial para poder competir *en las ciudades*.

Las políticas orientadas a mejorar los activos productivos de los productores rurales pobres incluyen, en segundo término, acciones orientadas a mejorar el acceso de los campesinos al capital y a la propiedad de la tierra. La primera ha sido ya mencionada como parte de la estrategia sectorial. Sobre la segunda cabe anotar que el nuevo énfasis en el mejor funcionamiento del mercado de tierras y en los programas de titulación y regulación de la propiedad es acertado. También lo es la revitalización de los programas de reforma agraria que ha tenido lugar en algunos países (Brasil, Colombia y, más recientemente, Venezuela). Sin embargo, la manera como se canalicen los subsidios para la compra de tierras debe recibir atención detallada. En particular, el uso de subsidios a la demanda sobre el valor de la propiedad ha mostrado fallas, asociadas a las imperfecciones del mercado de tierras[20], por lo cual su introducción debe llevarse a cabo con cautela o evitarse. De hecho, los sistemas más tradicionales de subsidio a las tasas de interés pueden ser superiores –como lo refleja la experiencia reciente de Brasil y Costa Rica, que utilizan dicho mecanismo– que los subsidios al valor del principal de la tierra, como ha ocurrido en Colombia (Cepal, 2000a, cap. 10). En cualquier caso, el Estado cumple un papel esencial en cualquier mecanismo que utilice activamente el mercado de tierras, como canalizador de subsidios y como intermediario o promotor de agentes que hacen las funciones de intermediarios, ya que una de las características del funcionamiento de los mercados de tierra es que el grueso de las transacciones se hacen dentro de cada estrato (entre compradores de predios grandes o entre compradores de predios pequeños, pero no entre unos y otros), por lo cual no hay un desarrollo adecuado de la función de subdivisión de la propiedad que requieren los procesos de reforma agraria.

La experiencia indica, sin embargo, que el acceso a mayores activos productivos de los productores pobres debe estar acompañado con el desarrollo de proyectos productivos en los cuales dichos activos puedan ser efectivamente utilizados. En efecto, debido a problemas de información, a economías de aglomeración o a problemas de otro tipo, estos proyectos exigen que un agente especializado (un agronegocio, una ONG o una agencia pública) actúe como intermediario o corredor (*broker*) de las iniciativas correspondientes. Por este motivo, un elemento que amerita mayor atención dentro de la política de desarrollo rural es el diseño de mecanismos de subsidio temporal a proyectos productivos de pequeños campesinos en el nivel local, entre ellos proyectos de comercialización, de procesamiento agroindustrial básico y de integración con agroindustrias dinámicas. Las experiencias parecen indicar que no hay modelos únicos. Una de las grandes fallas de las experiencias existentes es su atomización y la ausencia de sistemas de información que permitan compararlas y reproducirlas. El diseño de estos sistemas de información es, por lo tanto, una de las prioridades en este frente.

Debe resaltarse, finalmente, que en este como en otros aspectos de la política de desarrollo rural, la revitalización de la vida local y de la participación ciudadana

---

20. Existen, en particular, asimetrías en la información y en el poder de negociación en los mercados de tierra y también posibilidades de colusión entre comprador y vendedor, por lo cual es posible que la introducción de un esquema de subsidios de este tipo se refleje en aumentos –posiblemente sólo en el papel– del valor de las propiedades. Otra razón puede ser que las tasas de descuento que efectivamente utilizan los campesinos son altas (su horizonte temporal es corto), por lo cual un flujo de subsidios a la tasa de interés del crédito tiene un valor presente muy inferior al del subsidio equivalente sobre el principal de un crédito (estimado con las tasas de interés de mercado). Por este motivo, un campesino puede estar dispuesto a pagar un valor más alto por una propiedad si el subsidio se otorga al principal. Por ello, un sistema de intervención de este tipo puede resultar fiscalmente mucho más costoso que esquemas de subsidio a la tasa de interés o a la compra de la tierra por parte de entidades públicas para su distribución posterior en programas de reforma agraria.

proporciona un contexto privilegiado para articular, de manera novedosa, las acciones dirigidas a las comunidades pobres, e incluso para asumir a nivel local mayores responsabilidades en el frente de la política sectorial propiamente dicha (tecnología, crédito, comercialización e infraestructura) (de Janvry y Sadoulet, 2000). La esencia del nuevo enfoque que subyace bajo estas tendencias es el reconocimiento de dos hechos diferentes. El primero es la ventaja que se deriva de la cercanía del gobierno local y de otras organizaciones locales a los ciudadanos, particularmente en servicios que carecen de economías de escala apreciables. La segunda es el reconocimiento de que las comunidades pueden desarrollar las habilidades necesarias para hacerse protagonistas de su propio desarrollo y que para ello cuentan, además, con una ventaja especial: la posibilidad de emplear más activamente y de acumular, como fruto del desarrollo compartido, "capital social". Los nuevos esquemas descentralizados y participativos no están exentos de problemas, pero su promoción parece un camino más apropiado que el de mantener o fortalecer entidades burocráticas nacionales, muchas de ellas gravemente afectadas por la crisis que ha experimentado el sector público en las últimas décadas. Una y otra son facetas de un nuevo contexto institucional, cuyo desarrollo constituye, sin duda, el gran reto para la política de desarrollo rural en los próximos años.

Bibliografía

Bautista, Romeo M. y Alberto Valdés (1993), (eds.) The Bias Against Agriculture: Trade and Macroeconomic Policies in Developing Countries, San Francisco, California, Centro Internacional para el Desarrollo Económico/Instituto Internacional de Investigaciones sobre Políticas Alimentarias.

Cepal (Comisión Económica para América Latina y el Caribe) (2000a), Equidad, desarrollo y ciudadanía (LC/G.2071(SES.28/3)), Santiago de Chile.

_____ (2000b), *La brecha de la equidad, una segunda evaluación* (LC/G.2096), Santiago de Chile.

_____ (1997), *La brecha de la equidad: América Latina, el Caribe y la Cumbre Social* (LC/G.1954/Rev.1-P), Santiago de Chile. Publicación de las Naciones Unidas, N° de venta: S.97.II.G.11.

_____ (1978), "Veinticinco años en la agricultura de América Latina: rasgos principales (1950-1975)", serie *Cuadernos de la Cepal*, N° 21, Santiago de Chile, Unidad Agrícola Conjunta Cepal/FAO,

Cepal/FAO (Comisión Económica para América Latina y el Caribe/Oficina Regional de la FAO para América Latina y el Caribe) (1998), *Agroindustria y pequeña agricultura: vínculos, potencialidades y oportunidades comerciales* (LC/G.2007-P), Santiago de Chile. Publicación de las Naciones Unidas, N° de venta: S.98.II.G.4.

Cepal/IICA (Comisión Económica para América Latina y el Caribe/Instituto Interamericano de Cooperación para la Agricultura, Centro Regional Sur) (1997), *Panorama de la agricultura de América Latina en las dos últimas décadas* (LC/L.1102), Santiago de Chile.

Cox, Maximiliano y Oscar Cismondi (1998), "Nuevas tendencias de la política agrícola en América Latina y el Caribe: consolidación y cambio", *Debate Agrario*, N° 27, Lima.

De Janvry, Alain y Elisabeth Sadoulet (2000), "Making investment in the rural poor into good business: new perspectives for rural development in Latin America", documento presentado en la Conferencia sobre desarrollo rural y reducción de la pobreza rural en América Latina y el Caribe, desarrollada en la Reunión Anual de la Asamblea de Gobernadores del Banco Interamericano de Desarrollo, New Orleans, marzo.

Dias David, Mauricio (1999), "Previdência rural no Brasil: uma análise de seu impacto e eficácia como instrumento de combate à pobreza rural", documento preparado para el seminario "Experiencias exitosas de combate a la pobreza rural", Organización de las Naciones Unidas para la Agricultura y la Alimentación (FAO)/Comisión Económica para América Latina y el Caribe (Cepal)/Red Internacional de Metodología de Investigación de Sistemas de Producción (Rimisp).

Dirven, Martine (1999), "El papel de los agentes en las políticas agrícolas: intenciones y realidad", *Revista de la Cepal*, N° 68 (LC/G.2039–P), Santiago de Chile, agosto.

_____ (1997), "El empleo agrícola en América Latina y el Caribe: pasado reciente y perspectivas", serie *Desarrollo Productivo*, N° 43, (LC/G.1961), Santiago de Chile, Comisión Económica para América Latina y el Caribe (Cepal).

Echeverría, Rubén (1998), Will competitive funding improve the performance of agricultural research?, *Discussion paper* No. 98-16, La Haya, Servicio Internacional para la Investigación Agrícola Nacional (Isnar).

FAO (Organización de las Naciones Unidas para la Agricultura y la Alimentación) (1987), "Instability in the terms of trade of primary commodities, 1900–1982", FAO *Economic and Social Development Paper*, N° 64, Roma.

Grilli, Enzo R. y Maw Cheng Yang (1988), "Primary commodity prices, manufactured goods prices, and the terms of trade of developing countries: what the long run shows", *The World Bank Economic Review*, N° 1, Vol. 2, enero.

Jaramillo, Carlos Felipe (1998), *Liberalization, Crisis, and Change in Colombian Agriculture*, Westview Press, Boulder, Colorado.

Klein, Emilio (1992), "El empleo rural no agrícola en América Latina", Documento de Trabajo, N° 364, Santiago de Chile, Programa Regional del Empleo para América Latina y el Caribe (Prealc), Organización Internacional del Trabajo (OIT).

Morales, César (1999), "La introducción de mecanismos de mercado en la investigación agropecuaria y su financiamiento; cambios y transformaciones recientes", Serie *Desarrollo Productivo* N° 53(LC/L.1181), Santiago de Chile, Comisión Económica para América Latina y el Caribe (Cepal).

Morley, Samuel A. (1998), "La pobreza en tiempos de recuperación económica y reforma en América Latina: 1985-1995", *Política macroeconómica y pobreza en América Latina y el Caribe*, Enrique Ganuza, Lance Taylor y Samuel Morley (comp.), Programa de las Naciones Unidas para el Desarrollo (PNUD)/Comisión Económica para América Latina y el Caribe (Cepal)/Banco Interamericano de Desarrollo (BID).

Ocampo, José Antonio y Santiago Perry (1995), *El giro de la política agropecuaria*, Santafé de Bogotá, Tercer Mundo/Fondo Nacional de Proyectos de Desarrollo (Fonade)/Departamento Nacional de Planeación.

OCDE (Organización de Cooperación y Desarrollo Económico) (1999), *Agricultural Policies in the OECD Countries*: Monitoring and Evaluation, París.

Ortega, Emiliano (1988), "La agricultura en la óptica de la Cepal", *Revista de la Cepal,* N° 35 (LC/G.1527–P), Santiago de Chile, agosto.

Renkow, Mitch (1998), "Cities, towns, and the rural non-farm economy", documento presentado en el Taller sobre estrategias para estimular el crecimiento del sector rural no agropecuario en los países de desarrollo, organizado por el Instituto Internacional de Investigaciones sobre Políticas Alimentarias (Ifpri), Washington D.C.

Salcedo, Salomón (1999), "Impactos diferenciados de las reformas sobre el agro mexicano: productos, regiones y agentes", serie *Desarrollo Productivo*, N° 57 (LC/L.1193-P), Santiago de Chile, Comisión Económica para América Latina y el Caribe (Cepal). Publicación de las Naciones Unidas, N° de venta: S.99.II.G.19.

Capítulo 2
MODERNIDAD Y HETEROGENEIDAD: ESTILO DE DESARROLLO AGRÍCOLA Y RURAL EN AMÉRICA LATINA Y EL CARIBE

M. Beatriz de A. David*, César Morales**, Mónica Rodríguez***

INTRODUCCIÓN[1]

Este trabajo parte de una tesis fundamental, que a juicio de los autores sintetiza los rasgos principales del desarrollo que ha seguido en los últimos años el sector rural de América Latina y el Caribe. Se postula aquí, en efecto, que las profundas transformaciones que ha experimentado y sigue experimentando el sector agropecuario de la región, a causa de las reformas estructurales aplicadas a partir de la segunda mitad de los años ochenta y a causa de una serie de procesos igualmente profundos que datan de un período anterior, no han hecho desaparecer la heterogeneidad que ha caracterizado históricamente al sector, e incluso han tendido a acentuarla en algunos países y regiones. De esa primera afirmación se deriva una segunda tesis, conforme a la cual será necesario establecer una institucionalidad pública y privada mucho más sólida que la actual para hacer frente a los nuevos y viejos dilemas que este cuadro de heterogeneidad le plantea al desarrollo rural.

Entre los últimos años de la década de 1980 y los primeros de la de 1990, la mayoría de los países de la región iniciaron o intensificaron sus procesos de ajuste y reformas estructurales, que trajeron consigo cambios en la estructura productiva, la productividad, la competitividad y la rentabilidad de las diversas actividades económicas, entre ellas la agropecuaria. Al mismo tiempo, como se dijo recién, se profundizó la heterogeneidad estructural de este sector, medida por las diferencias existentes entre los diversos tipos de agricultores en cuanto a productividad, rentabilidad y

---

* Jefe de la Unidad de Desarrollo Agrícola, División de Desarrollo Productivo y Empresarial de la Cepal; profesora adjunta de la Universidad del Estado de Rio de Janeiro (UERJ).
** Oficial de Asuntos Económicos, Unidad de Desarrollo Agrícola, División de Desarrollo Productivo y Empresarial de la Cepal.
*** Economista e investigadora del Programa de Estudios sobre Agricultura y Desarrollo Sustentable (Progresa) del Núcleo Superior de Estudios Gubernamentales (Nuseg) de la Universidad del Estado de Rio de Janeiro (UERJ).
1. Los autores agradecen a Mauricio Dias, David, Martine Dirven Jorge Katz, Emiliano Ortega, Wilson Peres, Osvaldo Rosales por sus valiosos comentarios sobre una versión anterior de este documento.

acceso a los activos. En efecto, según se pretende mostrar aquí, la apertura económica, la desregulación de los mercados, la reforma de algunas de las instituciones públicas del agro y la eliminación de otras no tuvieron un impacto uniforme sobre los distintos agentes, sino uno diferenciado, como puede advertirse en el precio de los insumos y los productos y en la disponibilidad de servicios y recursos de que han gozado los diversos tipos de agricultores.

La tesis aquí defendida plantea que tales diferencias proceden de un período anterior a las reformas y las políticas de ajuste estructural, aunque se intensificaron con el advenimiento de éstas, especialmente con los cambios institucionales específicos del sector agropecuario. Estos cambios tuvieron como elemento central la retracción del Estado y la tentativa de sustituir las políticas e instituciones gubernamentales por mecanismos de mercado, proceso que afectó a prácticamente todos los elementos determinantes del sector, como la asignación de crédito, los servicios de apoyo a los productores, la política de precios, la distribución de la tierra y otras. Las transformaciones productivas y sociales intensificadas por esos cambios, claramente visibles hoy en el medio rural, corresponden a procesos que vienen desde hace dos o más décadas, como el cambio tecnológico y su impacto en el rendimiento; el aumento de la competencia externa; la reducción de la superficie cultivada; la modificación de la estructura productiva; la disminución del empleo, y el aumento de la concentración de la tierra y de los ingresos.

Debe mencionarse aquí, por otra parte, un fenómeno que guarda directa relación con las reformas: el vigoroso desarrollo de un conjunto de nuevas o antiguas actividades de gran dinamismo –vinculadas, principalmente en los países pequeños, a las cadenas agroindustriales más modernas y a los mercados externos, y a los mercados internos y externos en los países más grandes– ha puesto en peligro la coexistencia misma de estas actividades con las más tradicionales a que se dedican en su mayoría los pequeños agricultores de la región. En efecto, los cambios institucionales, al eliminar las condiciones artificiales que permitían la coexistencia de ambos tipos de actividades, han puesto de manifiesto –y acentuado– la fuerte diferenciación que ya existía, antes de las reformas, entre productores, regiones y productos dinámicos y tradicionales. Hicieron visibles, además, la envergadura de la pobreza y la indigencia rurales y los movimientos migratorios del campo a la ciudad, así como el grado de concentración de la riqueza y el carácter insostenible de la pequeña agricultura tradicional dentro de las nuevas condiciones productivas e institucionales vigentes. De este modo, si bien la pobreza, la indigencia, la migración y la concentración de la riqueza en el campo son problemas que han ocupado desde hace mucho a los gobiernos de la región, en los últimos años han tendido a acentuarse considerablemente.

Sobre la base de estas consideraciones, y desde una perspectiva global, se analizarán aquí las principales transformaciones acontecidas durante la década de 1990 en el sector rural de la región. También se revisarán la evolución de las actividades principales, y las transformaciones más significativas experimentadas por los agentes productivos y por los factores de producción (tierra, capital y trabajo). Un examen de esta índole es especialmente importante para determinar el posible grado de sustentabilidad económica, social y política de largo plazo de la agricultura regional dentro del modelo de desarrollo que se está configurando a partir de la implantación de las reformas estructurales.

Para exponer los cambios que se han verificado en el sector y sus relaciones con el resto de la economía, se dividió el presente capítulo en cuatro secciones. La primera se refiere a las transformaciones en la estructura productiva y a la evolución de la productividad laboral; la segunda, a los cambios en el intercambio mundial de productos agropecuarios y a la inserción en él de los países latinoamericanos y caribeños. En la tercera sección se analizan los movimientos demográficos en el medio rural y el impacto social de las transformaciones productivas (cambios en el nivel de empleo y en la distribución de los ingresos y la tierra), y en la cuarta se destacan los vacíos institucionales –públicos y privados– para hacer frente a los grandes desafíos de los próximos años.

A. Restructuración productiva y productividad laboral

Los procesos de reforma y ajuste ocurridos o intensificados a partir de la segunda mitad de los años ochenta -desregulación de los mercados, apertura económica y retracción del Estado- han cambiado de manera decisiva las condiciones de producción del sector agrícola regional. Uno de los cambios más importantes tiene que ver con la disponibilidad y el costo del crédito para el productor, costo que, contra lo que se esperaba, no ha bajado con la apertura de los mercados financieros nacionales al capital extranjero. De hecho, la necesidad de financiamiento de los Estados y los compromisos con la estabilidad macroeconómica impidieron en muchos países la baja de las tasas de interés. El consiguiente aumento del costo del capital, sumado a la intensificación de la competencia externa derivada de la apertura comercial, a la sobrevaluación de la tasa de cambio, y a la mayor necesidad de recursos para financiar las funciones que antes cubría el Estado (como la investigación y el desarrollo de nuevas tecnologías), determinó una elevación de la tasa mínima de ganancia necesaria para hacer rentable la actividad agropecuaria.

Esto indujo a su vez cambios en la estructura productiva de la agricultura regional, en favor de determinados rubros con mayor elasticidad de la demanda en el ámbito mundial, capaces por eso de experimentar un aumento de la producción y el rendimiento. Así, aunque la tasa de crecimiento anual del sector agropecuario de la región no ha variado mucho en las últimas tres décadas –3,5% en los años setenta, 2,1% en los ochenta y 2,6% entre 1990 y 1998–, ciertos renglones, como frutas, hortalizas, oleaginosas y carne de aves, acompañando las tendencias de la demanda mundial de alimentos, han tenido un crecimiento espectacular, lo que demuestra que la producción agropecuaria de la región ha tendido a concentrarse en los rubros más dinámicos.

En los gráficos 1 y 2 se muestra cómo evolucionó entre las décadas de 1960 y 1990 la demanda mundial (representada por la producción mundial) de los principales productos agropecuarios. Entre los agrícolas, destacan el crecimiento sostenido de las hortalizas, las frutas, las semillas oleaginosas y las tortas y harinas oleaginosas, así como el descenso, especialmente en los años noventa, de la demanda de cereales, raíces y tubérculos y fibras vegetales. En lo que se refiere a productos pecuarios, lo más importante parece ser el fuerte crecimiento de la demanda de carne de aves, cuya producción mundial ha superado en los últimos años la de carne vacuna. Como se aprecia en los gráficos 3 y 4, la producción agropecuaria de América Latina y el Caribe ha acompañado las principales tendencias de la demanda mundial, con crecimiento sostenido de la producción de frutas y hortalizas y con una producción de carne de ave que tiende a superar la de carne vacuna. Además, la producción regional de semillas, tortas y harinas oleaginosas se ha expandido a una tasa anual muy superior a la de la demanda mundial, lo cual hace ver que la región se está especializando en estos rubros y aumentando su participación en el correspondiente mercado mundial.

En aquellos casos en que la tendencia de la producción regional difiere considerablemente del comportamiento de la demanda mundial, la disparidad parece obedecer a la dinámica propia de la demanda regional. Aspectos como hábitos culturales y nacionales de consumo y diferencias en la distribución de la renta entre la región y el resto del mundo y dentro de la propia región suelen afectar los patrones de consumo alimentario, diferenciando las tendencias de crecimiento de los productos consumidos en la región de las del resto del mundo. En efecto, al estudiar los resultados por país, se advierte la importancia que corresponde sea a la demanda interna, sea a la demanda externa, en el incremento de la productividad agrícola. El predominio de una u otra (o la presencia de ambas simultáneamente) en cuanto eje central del efecto dinamizador sobre la agricultura, así como la magnitud de este efecto, varían bastante de un país a otro. En Brasil, por ejemplo, la demanda interna es el principal factor de crecimiento de la producción, probablemente a causa del tamaño de su mercado interno, mientras que en Argentina, Chile y Costa Rica el papel central recae en la demanda externa. México ilustra una tercera situación, en que ambos factores operan con agentes diferentes y en espacios geográficos distintos[2].

---

2. En efecto, en Brasil el maíz, el arroz, los fríjoles, el algodón y la soya, los cuatro primeros productos de consumo interno, presentaron los mayores crecimientos de productividad, y la ganadería la mayor expansión en superficie. En Argentina, los mayores aumentos de productividad se registraron en cereales, frutas, hortalizas y legumbres, y la mayor expansión de superficie, en las oleaginosas. En Chile, los aumentos más importantes en superficie y productividad se dieron en la horticultura, la fruticultura y la producción forestal, todas actividades de exportación. A ello se agregaron algunos rubros industriales como remolacha azucarera, cebada, lácteos, aves y

Gráfico 1
CRECIMIENTO DE LA DEMANDA MUNDIAL DE PRODUCTOS AGRÍCOLAS PRIMARIOS Y DERIVADOS 1960-1999. Escala logarítmica

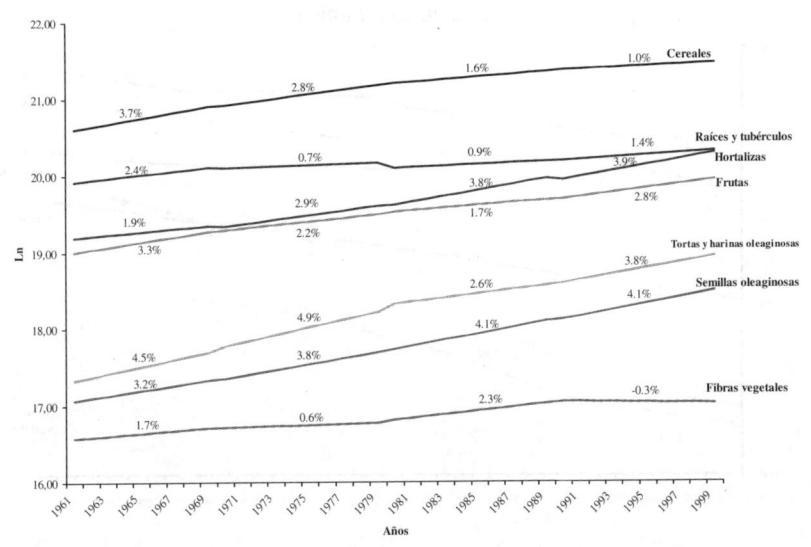

Fuente: Elaborado sobre la base de datos de comercio internacional (Comerplan) de la Unidad de Desarrollo Agrícola de Cepal.

Gráfico 2
CRECIMIENTO DE LA DEMANDA MUNDIAL DE PRODUCTOS PECUARIOS PRIMARIOS Y DERIVADOS 1960-1999. Escala logarítmica

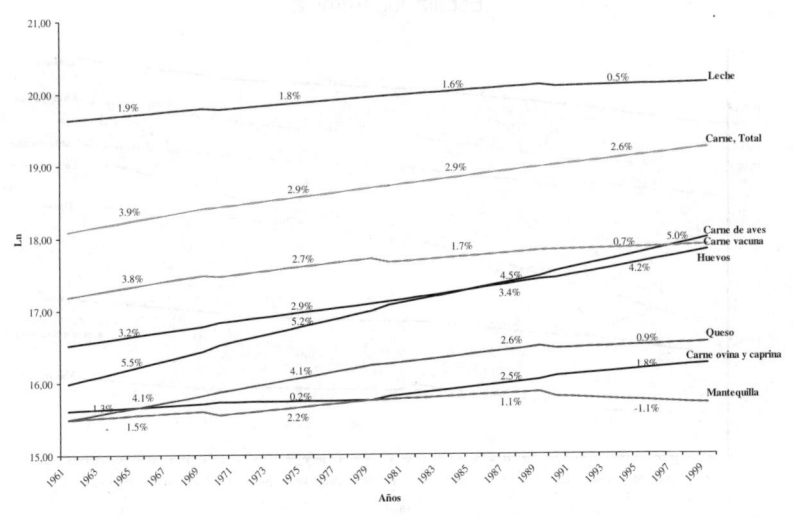

Fuente: Elaborado sobre la base de datos de comercio internacional (Comerplan) de la Unidad de Desarrollo Agrícola de Cepal.

Gráfico 3
CRECIMIENTO DE LA PRODUCCIÓN DE AMÉRICA LATINA Y EL CARIBE
PRODUCTOS AGRÍCOLAS PRIMARIOS Y DERIVADOS 1960-1999
Escala logarítmica

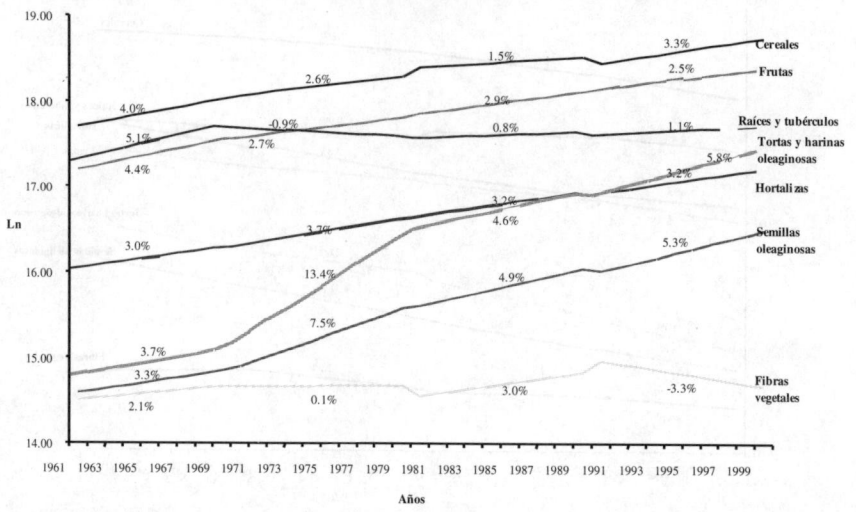

Fuente: Elaborado por los autores sobre la base de datos de la Organización de las Naciones Unidas para la Agricultura y la Alimentación (FAO).

Gráfico 4
CRECIMIENTO DE LA PRODUCCIÓN DE AMÉRICA LATINA Y EL CARIBE
PRODUCTOS PECUARIOS PRIMARIOS Y DERIVADOS 1960-1999
Escala logarítmica

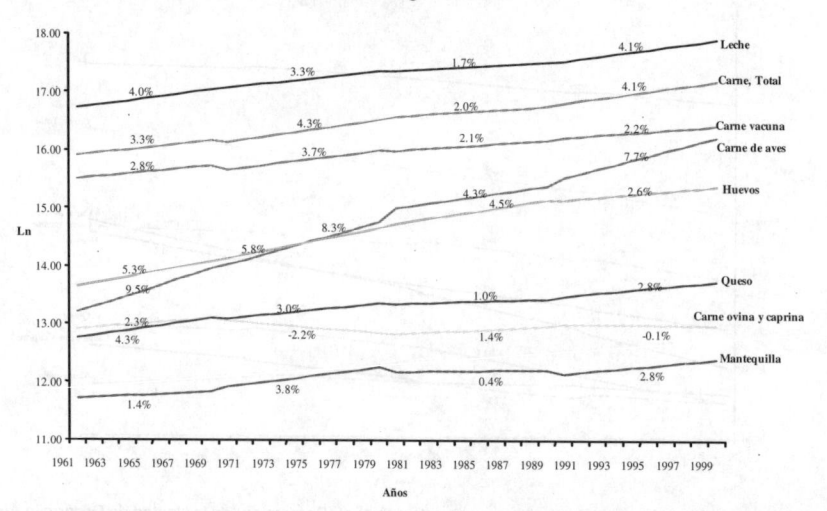

Fuente: Elaborado por los autores sobre la base de datos de la Organización de las Naciones Unidas para la Agricultura y la Alimentación (FAO).

La creciente diferenciación entre, por una parte, los productores, subsectores y regiones de cada país que lograron entrar en la nueva dinámica de la actividad agropecuaria y, por otra parte, aquellos productores, subsectores y regiones que se vieron excluidos de ese proceso, parece ser uno de los hechos más importantes del período posterior a las reformas. Por ejemplo, la eliminación de incentivos estatales para el desarrollo de la actividad agrícola en regiones y productos menos competitivos pero fundamentales para el combate de la migración y de la pobreza rural, determinó una redistribución de la producción dentro de cada país según sus respectivas ventajas comparativas naturales. Ello provocó una mayor diferenciación entre las regiones y los productores, de tal manera que tenemos ahora unos medianamente desarrollados frente a otros muy atrasados, lo cual tiene importantes consecuencias sobre la distribución de la riqueza, la magnitud de la pobreza y la migración en el medio rural.

El crecimiento de la producción agropecuaria, por su parte, también exhibe claras diferencias entre los países y los productos. En efecto, aunque el sector agropecuario de la región en su conjunto creció a una tasa anual cercana a 3% en los años noventa, en muchos países la tasa se situó muy por debajo de ese promedio (véase el Cuadro 1). Eso significa que el crecimiento se ha concentrado en unos pocos países muy dinámicos, especialmente Argentina, Chile y Uruguay[3].

Algo parecido ocurrió con los productos, en el sentido de que el crecimiento dinámico se restringió a unos pocos rubros, como oleaginosas, frutas, hortalizas, productos pecuarios y productos forestales (véase el Cuadro 2). El comportamiento diferencial de las distintas actividades obedeció a los cambios en los regímenes competitivos y tecnológicos sectoriales, así como a la variación de la demanda y de los precios en el mercado mundial, de acuerdo con su elasticidad.

En lo que se refiere al desempeño individual de los países en los rubros más dinámicos, Argentina, Bolivia, Brasil y Paraguay lideraron el crecimiento en las oleaginosas, gracias a la expansión de la producción de la soja[4], seguidos de Honduras, Guatemala y Costa Rica con la palma africana. En frutas y hortalizas, México, Chile[5], Argentina, Brasil y Costa Rica (en ese orden) explican la mayor parte de la

---

cerdos. En Costa Rica fueron las exportaciones agropecuarias las que aumentaron significativamente su contribución a las exportaciones totales, pasando de 55% en 1980 a 73% en la actualidad. Finalmente, en México, los rubros dinámicos fueron la avicultura, las frutas y las hortalizas, mientras que los cultivos industriales se estancaron y la ganadería y las oleaginosas retrocedieron.

3. Nicaragua y Perú, a pesar de sus altas tasas de crecimiento en los años noventa, no parecen estar bien representados por estos cambios en la oferta, pero tuvieron un muy mal desempeño anterior o situaciones de conflicto que perjudicaron su desempeño productivo.

4. En Argentina y Brasil, detrás de la expansión de las oleaginosas, y específicamente de la soja, está presente el gran esfuerzo desplegado por el Instituto Nacional de Tecnología Agropecuaria (INTA), de Argentina, y la Empresa Brasileña de Investigación Agropecuaria (Embrapa).

5. El caso de las frutas en Chile es un ejemplo de especialización y expansión fomentadas por el sector privado, a partir de un programa público de largo alcance.

expansión observada. En los bosques plantados, los mayores avances corresponden a Chile, Argentina, Uruguay y Honduras. La ganadería, por su parte, mostró también un notable crecimiento, con una gran expansión de la superficie en Brasil, México y Chile, hecho que, unido a la introducción de cambios tecnológicos significativos, permitió que la actividad creciera incluso más rápidamente que la agricultura.

Cuadro 1
AMÉRICA LATINA Y EL CARIBE: CRECIMIENTO DE LA AGRICULTURA, SILVICULTURA, CAZA Y PESCA, 1970-1998[a]
(Porcentaje promedio anual)

	1970-1979	1980-1989	1990-1998
Nicaragua	-0,1	-0,7	4,5
Chile	2,2	5,7	4,4
Uruguay	0,6	0,2	4,3
Perú	-0,6	2,2	4,3
Argentina	2,1	1,6	4,0
República Dominicana	3,4	0,4	3,6
Bolivia	4,1	1,9	3,0
Costa Rica	2,6	3,1	3,0
Guatemala	4,7	1,3	2,8
Brasil	4,7	2,5	2,8
América Latina	**3,5**	**2,1**	**2,6**
Ecuador	3,0	4,2	2,6
Honduras	2,7	2,7	2,4
Paraguay	6,7	4,0	2,4
Panamá	1,3	2,5	2,1
Colombia	4,4	3,0	1,3
México	3,4	1,1	1,3
Venezuela	2,9	2,0	1,2
El Salvador	2,4	-1,4	0,8
Trinidad y Tobago	-3,0	0,1	-1,9
Haití	1,5	-0,2	-3,5

Fuente: Elaborado por la Unidad de Desarrollo Agrícola de la Cepal, sobre la base de antecedentes de la División de Estadística y Proyecciones Económicas.
[a] Los países aparecen ordenados según el comportamiento del período 1990-1998.

Desde el punto de vista de la producción agropecuaria, los países de América Latina y el Caribe se distinguen entre sí por la preponderancia que tienen en ellos los cultivos tradicionales –destinados al mercado interno o al externo– o los no tradicionales, más dinámicos y con mayor inserción en el mercado internacional. La trayectoria descendente del precio internacional de algunos productos, especialmente los más tradicionales de la región, como trigo, café, azúcar, algodón y banano, afectó negativamente a muchos países exportadores y fue por eso responsable del mal desempeño general de su producción agrícola. Por otra parte, los rubros que presentaron las mayores tasas de crecimiento de la región en los años noventa corresponden justamente a los productores más modernos y capitalizados, mientras que los cultivos en manos de los pequeños agricultores mostraron un estancamiento o un retroceso en cuanto a superficie sembrada. Ese es probablemente uno de los motivos por los cuales, según se desprende de los últimos censos agropecuarios de Brasil, Chile y Uruguay, así como de estudios sobre los sectores rurales de Argentina, Bolivia, Colombia y México, hubo una fuerte caída en el número de explotaciones pequeñas en los últimos 10 o 20 años, hecho que se intensificó notablemente en los años noventa.

Cuadro 2
AMÉRICA LATINA Y EL CARIBE: EVOLUCIÓN DE LA PRODUCCIÓN AGROPECUARIA, 1975-1999
(Índice 1970-1975 = 100)

	1975-1980	1980-1985	1985-1990	1990-1995	1995-1999
Cereales	114	137	143	152	176
Pecuarios	127	149	163	196	242
Oleaginosas	189	262	336	398	501
Raíces y tubérculos	96	93	98	99	105
Hortalizas	120	140	164	182	211
Frutas	116	135	156	181	202
Café verde	102	129	136	133	129
Caña de azúcar	149	149	174	178	197

Fuente: Elaborado por la Unidad de Desarrollo Agrícola de la Cepal, sobre la base de Organización de las Naciones Unidas para la Agricultura y la Alimentación (FAO), *Anuario FAO de producción*, Roma.

En el mismo sentido de diferenciación, la reducción de los subsidios otorgados a la producción, al crédito y a la comercialización como resultado de la ampliación de las reformas, dio origen a otro tipo de divergencias entre los países. En efecto, algunos lograron aplicar con éxito políticas compensatorias para minimizar la caída de precio de los productos agrícolas y la reducción de los subsidios, entre ellos Argentina, Chile y Costa Rica. Otros, como Bolivia y Brasil, lograron recuperar su agricultura mediante estímulos por el lado de la demanda. Colombia y México, por el contrario, estuvieron estancados con respecto a lo que había sido su desempeño anterior a las reformas.

Otro de los rasgos sobresalientes del actual proceso de restructuración es la creciente influencia de los grandes productores multinacionales de insumos básicos, como agroquímicos y semillas, los cuales, por medio de la entrega de paquetes tecnológicos, determinan de modo cada vez más directo las formas de subcontratación y la distribución temporal de las tareas productivas –preparación de suelos, siembra, cosecha y otras– con que operan amplios sectores de agricultores primarios. Debido a esto, se da el fenómeno paradójico de que agricultores de distintos países, por esa común vinculación, aplican procedimientos cada vez más parecidos entre sí, al tiempo que, dentro de un mismo país, se verifica una diferenciación igualmente creciente entre los agricultores que tienen acceso a los paquetes tecnológicos de las transnacionales y los que no lo tienen.

Los cambios en las condiciones productivas se manifiestan también en un aumento de la mecanización y del uso de insumos químicos, como fertilizantes y pesticidas, esto último gracias sobre todo a la disminución de los aranceles para la importación de estos insumos o de las materias primas necesarias para elaborarlos en el propio país. La presencia de estos dos factores ha permitido que en muchos países de la región aumente notoriamente la productividad agrícola y que algunos sectores hayan dado un verdadero salto tecnológico hacia una agricultura más intensiva. Este proceso, que se ha hecho sentir con fuerza desde los años sesenta, se ha concentrado en el último tiempo en los rubros más dinámicos, que en general corresponden a las unidades más modernas, más capitalizadas y con mejores tierras.

Si se toma el producto agropecuario por persona económicamente activa en el sector como indicador indirecto de la productividad del trabajo agrícola, puede concluirse que entre 1990 y 1998 esta última aumentó en el conjunto de la región alrededor de 20% en términos reales, al pasar de 2.002 a 2.393 dólares (valores constantes de 1990). Ello equivale a un promedio anual de crecimiento de aproximadamente 2,6%, muy superior al 0,5% anual que obtuvieron los demás sectores, hecho que muestra que la productividad del trabajo agrícola aumentó mucho más que la de las restantes actividades. Los mayores incrementos de este parámetro tuvieron lugar en Argentina, Brasil, Chile y Costa Rica, y las situaciones más negativas en El Salvador y Haití[6].

Cabe indicar aquí que entre 1990 y 1998 hubo bastante disparidad en la evolución de la productividad laboral no agrícola y de la productividad laboral agrícola, que se advierte tanto al comparar los distintos países con la media de la región, como si se pretende ver si hubo o no convergencia entre ambos indicadores a lo largo del tiempo. En 1998, la productividad laboral alcanzó un promedio de aproximadamente 2.400 dólares en el sector agrícola[7] y de 8.100 dólares en el agregado no agrícola, cifras a partir de las cuales podemos clasificar a los países en tres grupos (véanse los cuadros 3, 3a y 4), a saber, **grupo I**: México, Uruguay, Chile, Argentina, Barbados y Trinidad y Tobago, en los que la productividad laboral agrícola y la no agrícola está

---

6. Productividades calculadas utilizando la población económicamente activa (PEA) y el producto interno bruto (PIB) del sector, según datos de la FAO y de la Cepal.
7. Dada la gran heterogeneidad existente en la agricultura, este promedio es el resultado de situaciones muy disímiles. En efecto, es posible encontrar productividades muy elevadas en las actividades de punta y cifras muy por debajo de 2.400 dólares en los sectores más atrasados.

por sobre el promedio regional; **grupo II:** Brasil, Venezuela, Costa Rica, Paraguay, Guyana y Nicaragua, en que la productividad laboral agrícola está por sobre el promedio regional pero la no agrícola está por debajo de éste, y **grupo III**: Jamaica, República Dominicana, Honduras, Ecuador, Perú, Guatemala, Colombia, Bolivia, Panamá, El Salvador y Haití, en que la productividad agrícola y la no agrícola están por debajo del promedio regional.

Cuadro 3
AMÉRICA LATINA Y EL CARIBE: EVOLUCIÓN DE LA PRODUCTIVIDAD DE LA MANO DE OBRA, AGRÍCOLA Y NO AGRÍCOLA, 1990 – 1998[a]
(Promedio anual, porcentajes)

	Crecimiento de la productividad			Dinámica del crecimiento
	Agrícola	No agrícola	Diferencia	Agrícola / no agrícola
Alta convergencia				
Nicaragua	3,5	-3,8	7,3	Grupo II
Jamaica	2,6	-2,0	4,6	Grupo III
Guyana	7,5	3,6	3,9	Grupo II
Honduras	2,0	-1,8	3,9	Grupo III
Convergencia media				
Brasil	3,8	0,2	3,6	Grupo II
República Dominicana	4,4	0,9	3,6	Grupo III
Ecuador	2,2	-0,8	3,0	Grupo III
Barbados	2,2	-0,3	2,5	Grupo I
Venezuela	2,1	-0,2	2,3	Grupo II
Costa Rica	2,1	-0,1	2,2	Grupo II
México	1,2	-0,9	2,2	Grupo I
Baja convergencia				
Trinidad y Tobago	1,7	0,0	1,7	Grupo I
Paraguay	0,6	-1,0	1,6	Grupo II
Perú	3,2	1,7	1,5	Grupo III
Colombia	2,5	1,1	1,4	Grupo III
Uruguay	3,8	2,6	1,3	Grupo I
Guatemala	0,5	-0,4	0,9	Grupo III
Bolivia	1,5	1,0	0,6	Grupo III
Divergencia				
Panamá	1,3	1,4	-0,1	Grupo III
El Salvador	-0,3	0,2	-0,5	Grupo III
Argentina	2,3	3,0	-0,7	Grupo I
Chile	3,9	4,6	-0,7	Grupo I
Haití	-7,0	-5,6	-1,4	Grupo III

Fuente: Elaborado por la Unidad de Desarrollo Agrícola de la Cepal, sobre la base del Banco de Datos de Estadísticas Anuales (Badeanu) de la Cepal para el PIB, y de la Organización de las Naciones Unidas para la Agricultura y la Alimentación (FAO) para la PEA.
a: Los países aparecen ordenados según la magnitud de la diferencia de productividad.
Nota: Grupo I: productividad agrícola y no agrícola por sobre el promedio regional. **Grupo II**: productividad agrícola por sobre el promedio regional y no agrícola por debajo del promedio regional. **Grupo III**: productividad agrícola y no agrícola por debajo del promedio regional.

Cuadro 3a
AMÉRICA LATINA Y EL CARIBE: PRODUCTIVIDAD DE LA MANO DE OBRA AGRÍCOLA Y NO AGRÍCOLA Y SU CRECIMIENTO ANUAL, 1990-1998[a]
(Dólares de 1990 y porcentajes)

	Agrícola		No agrícola	
	1998 Dólares	1990-1998 % anual	1998 Dólares	1990-1998 % anual
Argentina	10.164	2,3	15.462	3,0
Barbados	12.943	2,2	13.159	-0,3
Trinidad y Tobago	2.749	1,7	11.510	0,0
México	2.419	1,2	10.464	-0,9
Chile	3.713	3,9	10.006	4,6
Uruguay	7.575	3,8	8.810	2.6
Panamá	2.361	1,3	7.844	1.4
Brasil	2.672	3,8	7.804	0.2
Perú	1.286	3,2	7.624	1.7
Venezuela	3.512	2,1	6.799	-0.2
Costa Rica	3.675	2,1	5.380	-0.1
Guatemala	1.106	0,5	4.080	-0.4
Ecuador	1.552	2,2	3.955	-0.8
Jamaica	1.050	2,6	3.590	-2.0
Paraguay	2.528	0,6	3.580	-1.0
El Salvador	1.137	-0,3	3.495	0.2
Bolivia	691	1,5	3.490	1.0
República Dominicana	2.291	4,4	2.742	0.9
Honduras	1.160	2,0	2.349	-1.8
Colombia	2.072	2,5	2.072	1.1
Nicaragua	2.459	3,5	1.190	-3.8
Guyana	3.877	7,5	1.131	3.6
Haití	191	-7,0	819	-5.6
América Latina y el Caribe	2.414	2,4	8.172	0.5

Fuente: Elaborado por la Unidad de Desarrollo Agrícola de la Cepal, sobre la base del Banco de Datos de Estadísticas Anuales (Badeanu) de la Cepal para el PIB, y de la Organización de las Naciones Unidas para la Agricultura y la Alimentación (FAO) para la PEA.
a Los países aparecen ordenados según la magnitud de la productividad no agrícola.

No es posible identificar en los años noventa un patrón definido que permita establecer una relación unívoca entre el nivel de la productividad y la convergencia de la productividad agrícola y la no agrícola. De hecho, la convergencia de una y otra no siempre se dio en países que estuvieran por encima del promedio de la productividad regional. Así, por ejemplo, hubo un alto grado de convergencia entre la productividad agrícola y la no agrícola en países del grupo III, donde la productividad agrícola y la no agrícola están por debajo del promedio regional, tal como se había previsto en diversos trabajos (entre ellos, Barro y Sala-i-Marti, 1991). Por otra parte, hubo un grado intermedio de convergencia en países como Barbados y México, que tienen índices de productividad superiores al promedio. Finalmente, se observó una divergencia entre la productividad de uno y otro sector en Argentina y Chile, donde ambos indicadores están por encima del promedio regional, y también en Panamá, El Salvador y Haití, donde ambos indicadores están por debajo de la media regional.

Cuadro 4
AMÉRICA LATINA Y EL CARIBE: PRODUCTIVIDAD DE LA MANO DE OBRA AGRÍCOLA Y NO AGRÍCOLA POR PAÍSES CON RESPECTO AL PROMEDIO REGIONAL, 1998 [a][b]
(Dólares de 1990)

Grupo I
Agrícola y no agrícola por sobre el promedio regional

	Agrícola	No agrícola
Argentina	10.164	15.462
Barbados [c]	12.943	13.159
Chile	3.713	10.006
México	2.419	10.464
Trinidad y Tobago[c]	2.749	11.510
Uruguay	7.575	8.810

Grupo III Agrícola y no agrícola por debajo del promedio regional			**Grupo II** Agrícola por sobre el promedio regional y no agrícola por debajo del promedio regional		
	Agrícola	No agrícola		Agrícola	No agrícola
Bolivia	691	3.490	Brasil	2.672	7.804
Colombia	2.072	3.391	Costa Rica	3.675	5.380
Ecuador	1.552	3.955	Guyana [c]	3.877	1.131
El Salvador	1.137	3.495	Nicaragua	2.459	1.190
Guatemala	1.106	4.080	Paraguay	2.528	3.580
Haití	191	819	Venezuela	3.512	6.799
Honduras	1.160	2.349			
Jamaica [c]	1.050	3.590			
Panamá	2.361	7.844			
Perú	1.286	7.624			
Rep. Dominicana	2.291	2.742			

Fuente: Elaborado por la Unidad de Desarrollo Agrícola de la Cepal, sobre la base del Banco de Datos de Estadísticas Anuales (Badeanu) de la Cepal para el PIB, y de la Organización de las Naciones Unidas para la Agricultura y la Alimentación (FAO) para la PEA.
[a] En 1998, la productividad laboral agrícola de la región registró un promedio de 2.414 dólares, y la no agrícola uno de 8.172 dólares (dólares de 1990).
[b] Los países aparecen ordenados según la magnitud de la productividad agrícola.
[c] Datos sólo hasta 1997.

Así, como se vio en los diversos subsectores agropecuarios, en la última década tuvo lugar una diferenciación creciente, en cuanto a condiciones productivas y nivel de productividad, entre productores, regiones y productos dinámicos y productores, regiones y productos estancados, aunque se puede argumentar que esta diferenciación no es un hecho nuevo, sino la intensificación de tendencias que estaban presentes en períodos anteriores. En efecto, ya antes de las reformas la política agrícola latinoamericana y caribeña privilegiaba en general a los grandes productores (a ellos se destinaba, por ejemplo, el grueso del crédito agrícola), que operaban por lo demás en las zonas de productividad más elevada y dedicadas a los cultivos más dinámicos, destinados en su mayor parte a la exportación. El apoyo a estos sectores respondía también a una decisión estratégica, toda vez que los productos agrícolas exportables eran componentes esenciales de la balanza comercial y las divisas por ellos generadas eran necesarias para el pago de la deuda externa.

Hay, no obstante, una diferencia esencial entre ambos períodos. La diferencia radica en que, antes de las reformas, el Estado también hacía esfuerzos por mejorar las condiciones productivas de la agricultura destinada al mercado interno, que estaba compuesta básicamente por productores medianos y pequeños, a los cuales las políticas públicas garantizaban las condiciones para coexistir con los grandes agricultores. También esto último tenía consecuencias estratégicas, pues tal política velaba por el abastecimiento interno de los países y por el mantenimiento del precio interno de los productos básicos en un nivel que permitiera el desarrollo industrial y mantuviera a raya la inflación. Una de las ideas centrales de los gobiernos era que la agricultura debía abastecer a los centros urbanos de productos básicos baratos y de mano de obra, lo cual habría de fomentar a su vez, sin ejercer grandes presiones inflacionarias, el rápido desarrollo de las ciudades y la industria. El incremento de la producción de bienes agrícolas básicos era al mismo tiempo un instrumento utilizado por los gobiernos para combatir el hambre y garantizar la alimentación de los más pobres. Por esas razones, la política agrícola aplicada por los países de la región antes de las reformas consideraba a la mediana y pequeña agricultura como sectores estratégicos, que debían ser favorecidos con líneas especiales de crédito (muchas veces con tasas de interés subsidiadas), políticas de precios mínimos y adquisiciones gubernamentales.

Conforme el proceso de industrialización y, posteriormente, la retracción del Estado y la emergencia de las reformas estructurales, fueron determinando el abandono de esos objetivos estratégicos, el sector agrícola quedó desprovisto de las condiciones artificiales que habían guiado su desarrollo, y pasó a depender únicamente de su propio desempeño frente a una nueva realidad: la competencia interna e internacional. Las diferencias de productividad, de costos, de márgenes de ganancia y oportunidades (acceso a mercados, crédito, potencial de crecimiento) que se habían acumulado a lo largo de décadas en favor de los sectores más dinámicos y capitalizados, pero que estaban encubiertas por la protección que brindaba el Estado a los sectores tradicionales, comenzaron a hacerse sentir en forma cada vez más fuerte, así como las ventajas competitivas de los productores extranjeros frente a los nacionales[8].

---

8. Esas ventajas se tornaron aún más significativas debido a la protección y los subsidios que los países productores (especialmente los Estados Unidos y los países europeos) brindan a los exportadores de rubros agropecuarios.

Es importante destacar una vez más que tales tendencias son anteriores al proceso de reformas estructurales, pues están asociadas al debilitamiento de las funciones de la agricultura como instrumento de fomento del desarrollo urbano-industrial, de combate de la inflación y de promoción del bienestar social. En el primer caso, a medida que el sector industrial se fue tornando capaz de generar una dinámica interna propia de acumulación y crecimiento, la relación entre desarrollo urbano-industrial y desarrollo agrícola se fue volviendo cada vez más débil. En el segundo caso, la apertura comercial, que en la mayor parte de los países antecedió a las reformas de corte más institucional, propició la sustitución de la producción interna subsidiada por productos importados sin aranceles como mecanismo de contención de los precios internos. En el tercer caso, a partir del momento en que el Estado comenzó a abandonar paulatinamente el bienestar social de los más pobres como objetivo de sus políticas, la producción de bienes agrícolas básicos para el mercado interno perdió una de sus funciones estratégicas.

Todo lo anterior confirma nuestra tesis inicial, en el sentido de que la heterogeneidad que ha caracterizado históricamente al sector ha tendido a acentuarse con el advenimiento de las reformas. En efecto, las tendencias hacia la diferenciación se intensificaron con ello y, a fines de los años noventa, se consolidaron aquellas transformaciones del sector agrícola más directamente asociadas a cambios profundos en los patrones de comercio mundial, la generación y difusión de tecnología y el nuevo papel desempeñado por las instituciones del agro. Se fortalecieron así múltiples nuevos actores –como grandes cadenas multinacionales de la industria agroalimentaria y de la comercialización– y salieron del mercado empresas tradicionales y familiares, en el marco de una profunda transformación del régimen competitivo sectorial (Tejo, 1999).

B. Los cambios en el comercio internacional

Las reformas estructurales, y especialmente la apertura económica, afectaron de manera importante la inserción de los países de la región en el mercado internacional y dieron paso a un nuevo escenario en los mercados internos. Los productores nacionales debieron enfrentar la competencia de productos extranjeros, muchas veces fuertemente subvencionados en su país de origen, como ocurre con los provenientes de los Estados Unidos y de la Unión Europea. A partir de fines de los años ochenta, y principalmente en la década de 1990, como clara manifestación de la nueva dinámica vigente, aumentaron notoriamente las importaciones de productos agrícolas y alimentos, que pasaron a competir con los productos nacionales por el mercado local. Esta nueva dinámica planteaba la necesidad de especializar la producción nacional en aquellos rubros en que se contara con claras ventajas comparativas, dejando a los proveedores extranjeros la función de abastecer el mercado local de los productos restantes. Ello resultó en general beneficioso para los consumidores, pero no dejó de tener al mismo tiempo repercusiones negativas sobre algunos subsectores agrícolas, en especial para los agricultores que carecían de ventajas comparativas y que no estaban en condiciones de competir con los productores extranjeros. Más aún, muchos sostienen que, en virtud de lo anterior y de lo que se argumentó en la sección previa, la lucha contra la inflación comenzó a darse en muchos países de la región fundamentalmente a costa de su sector agrícola. Debe tenerse en cuenta, además, que en las importaciones de bienes agrícolas el *dumping* y la competencia desleal no eran prácticas infrecuentes, cuyas consecuencias se hacían sentir tanto en la competencia internacional como en la interna. De esa manera, para compensar las pérdidas que por esos diversos motivos sufría el agro, en varios países de la región se adoptaron medidas para corregir las distorsiones de precio causadas por el *dumping* o la competencia desleal, entre las cuales se pueden mencionar las bandas de precios y las sobretasas arancelarias, que de todos modos no parecieron suficientes para contener el fuerte crecimiento de las importaciones agrícolas.

En el Cuadro 5, donde se muestran los principales cambios del comercio internacional de productos agrícolas de la región entre 1970 y 1997, se pueden advertir los efectos de la apertura comercial sobre las importaciones correspondientes. El cálculo del índice de Laspeyres[9] para el precio y el quantum permite descomponer el aumento de los valores importados y exportados y verificar cuál fue el efecto dominante en ese incremento, esto es, la expansión real del volumen o el aumento de precio de los productos agrícolas comercializados. En el caso de las importaciones, está muy claro que el efecto dominante en la región, responsable del aumento espectacular de los valores importados en los años noventa, fue el incremento del volumen, aunque en varios países los precios también experimentaron un alza notoria. En Argentina, Chile, Colombia y Paraguay, el incremento de las cantidades importadas fue particularmente elevado en 1997 con relación al promedio de los años 1989, 1990 y 1991, que

---

9. El índice de Laspeyres calcula la variación del precio de las exportaciones o importaciones de un conjunto de productos en años diferentes (para lo cual se considera como fija la cantidad del año base). Se calcula de la siguiente forma:

$$L = \frac{\Sigma P \text{ año de comparación} \cdot Q \text{ año base}}{\Sigma P \text{ año base} \cdot Q \text{ año base}}$$

Este índice también puede utilizarse para medir variaciones de la cantidad exportada o importada de un conjunto de productos, para lo cual se considera como fijo el precio del año base:

$$L = \frac{\Sigma P \text{ año base} \cdot Q \text{ año de comparación}}{\Sigma P \text{ año base} \cdot Q \text{ año base}}$$

Donde P = precio por unidad de producto y Q = cantidad.

tomamos como base en este ejercicio, si bien al parecer éstos fueron años excepcionales, en el sentido de que las importaciones agrícolas de tales países fueron particularmente bajas, pues incluso perdieron participación en las importaciones totales en comparación con los valores alcanzados en los años ochenta (véase el Cuadro 6). En Brasil, Costa Rica, Ecuador, Perú y Uruguay el factor predominante también fue el volumen, aunque el aumento no fue tan intenso como en los países anteriores. En México y Venezuela, los precios y el volumen importado registraron aumentos del mismo orden en los años noventa, es decir, no hubo un factor predominante en el crecimiento de las importaciones. Finalmente, Bolivia es el único país donde el precio de las importaciones agrícolas aumentó más que el volumen, lo cual refleja probablemente un incremento de las compras externas de productos con mayor valor agregado.

Por otra parte, en los años noventa también se elevó en general el valor de las exportaciones agrícolas de la región, aumento que obedeció más al incremento de las cantidades que de los precios, aunque no debe desdeñarse el efecto de estos últimos, sobre todo en las exportaciones de Brasil, Chile, México y Perú. Ello indica que en estos países hay un esfuerzo por especializarse en la exportación de productos dinámicos, con demanda creciente en el mercado mundial, cuyos precios, por lo tanto, no se vieron tan afectados por la caída generalizada de los precios internacionales como los de los productos agrícolas tradicionales.

Cuadro 5
ÍNDICE DE LASPEYRES PARA LAS EXPORTACIONES E IMPORTACIONES DE PRODUCTOS AGRÍCOLAS DE AMÉRICA LATINA, 1970-1997
(Promedio 1989, 1990 y 1991 = 100)

	Precio de las importaciones				Cantidad de las importaciones				Precio de las exportaciones				Cantidad de las exportaciones			
Países/Años	1970	1980	1990	1997	1970	1980	1990	1997	1970	1980	1990	1997	1970	1980	1990	1997
Argentina	42	122	95	90	106	199	79	661	41	119	100	113	57	73	107	165
Bolivia	59	116	98	155	60	107	79	97	52	176	103	118	15	36	118	229
Brasil	25	68	98	112	44	141	86	215	67	145	93	122	38	82	103	166
Chile	43	87	100	95	108	244	89	338	32	78	101	128	11	47	102	164
Colombia	75	144	100	135	32	111	106	391	58	164	95	121	47	81	103	130
Costa Rica	56	149	100	110	41	60	95	182	40	119	94	114	56	66	101	146
Ecuador	59	122	98	139	23	80	95	170	37	124	95	109	58	61	100	205
México	43	84	98	125	10	83	108	125	41	128	107	131	66	53	96	164
Paraguay	14	52	105	146	106	146	82	539	56	101	95	62	10	30	114	145
Perú	50	110	106	134	43	84	105	163	25	133	86	159	270	83	98	163
Uruguay	45	147	107	148	76	93	84	243	54	153	105	97	44	46	103	188
Venezuela	44	133	94	126	47	136	92	127	30	152	105	109	65	22	114	196

Fuente: Elaborado por los autores, sobre la base de antecedentes de la Organización de las Naciones Unidas para la Agricultura y la Alimentación (FAO).

Cuadro 6
AMÉRICA LATINA: PARTICIPACIÓN DE LOS PRODUCTOS
AGRÍCOLAS EN EL COMERCIO INTERNACIONAL TOTAL, 1970-1998
(Porcentajes)

	Exportaciones				Importaciones			
	1970	1980	1990	1997	1970	1980	1990	1998
Argentina	84,52	68,80	56,48	46,64	7,46	6,47	5,56	5,28
Bolivia	6,35	9,87	20,52	36,26	21,14	18,20	11,60	9,28
Brasil	71,06	46,30	27,90	31,00	10,37	9,90	10,10	9,55
Chile	3,25	8,54	14,00	14,92	17,63	15,85	5,21	7,36
Colombia	81,24	77,18	35,39	34,94	10,72	11,46	6,58	12,05
Costa Rica	78,87	65,83	59,19	54,48	11,04	9,40	8,62	7,59
Ecuador	79,51	25,14	29,09	36,92	9,89	8,07	9,11	12,64
México	54,19	11,98	10,90	9,64	9,56	16,23	15,32	10,26
Paraguay	64,99	74,28	84,12	66,89	19,17	15,47	8,97	31,64
Perú	16,94	8,24	7,42	10,84	20,19	20,37	18,36	17,71
Uruguay	71,72	47,98	46,83	63,73	13,64	9,16	8,61	11,79
Venezuela	1,38	0,40	1,76	2,33	12,12	16,08	12,11	11,22

Fuente: Elaborado por la División de Desarrollo Agrícola de la Cepal, sobre la base de antecedentes de la Organización de las Naciones Unidas para la Agricultura y la Alimentación (FAO).

Por otra parte, las nuevas tendencias de la demanda mundial de alimentos afectaron las formas de producir, procesar y comercializar internacionalmente los productos agrícolas y alimenticios. Así, durante la década de 1990, los países que ajustaron sus exportaciones hacia productos agrícolas de alta calidad, de origen reconocido, diferenciados, embalados, congelados, preprocesados (sin cáscara, cortados), y en consonancia con las normas internacionales de sanidad, ampliaron su participación en el mercado internacional. Bolivia, Brasil, Chile y Perú están entre los países que mejor aprovecharon las oportunidades abiertas por las nuevas tendencias de la demanda mundial de alimentos para exportar productos de mayor valor agregado. Como se sabe, entre los productos con una demanda mundial claramente creciente, en los cuales precisamente se están especializando estos países, figuran las oleaginosas, las hortalizas y las frutas. Todo ello ha redundado en un cambio en la composición de las exportaciones, dada la mayor participación de los productos no tradicionales, lo cual tuvo a su vez como consecuencia un considerable aumento de los precios recibidos por estos países en los años noventa, tal como lo demostró el cálculo del índice de Laspeyres.

En los gráficos 5 y 6 se presenta un indicador llamado adaptación a la demanda mundial[10], que en este caso permite determinar el grado de especialización alcanzado entre 1961 y 1998 por los países de América Latina en la producción de una amplia

---

10. Este indicador (Ai) se calcula de la siguiente manera:
$A_i = \Sigma_k c'_{ik} * d_k$

gama de bienes agropecuarios[11]. El indicador ofrece una visión nueva acerca del proceso de especialización productiva, porque además de determinar el aporte de los rubros agropecuarios a la pauta comercial del país respectivo, considera la tendencia de la demanda mundial de esos rubros. Un valor positivo del indicador significa que el país se está especializando en productos con demanda mundial creciente o que está reduciendo su participación en mercados poco dinámicos. A la inversa, los valores negativos indican una especialización en productos con demanda decreciente, una dependencia externa en rubros dinámicos, o ambas cosas a la vez. Un valor muy elevado del indicador significa que el país se está especializando en productos dinámicos, pero habla al mismo tiempo de un efecto negativo, pues indica que la pauta de exportaciones del país está formada básicamente de productos agropecuarios.

Para facilitar la visualización de los resultados, los países fueron clasificados en dos grupos. El grupo 1 (véase el Gráfico 5) abarca los países del Mercado Común del Sur (Mercosur): Argentina, Brasil, Paraguay y Uruguay, más Chile y Bolivia; el grupo 2 (véase el Gráfico 6) está formado por Colombia, Ecuador, Perú, Venezuela –es decir, los países del Pacto Andino, con excepción de Bolivia– y México.

Según se desprende de los valores del indicador de adaptación a la demanda mundial, los países del primer grupo tendieron en los años noventa a especializarse en productos con demanda mundial creciente, incluso aquellos países que en las décadas anteriores eran fuertemente dependientes de las importaciones de los rubros más dinámicos, como Bolivia y Brasil. Destaca aquí el elevado valor del indicador para

Donde
c'_{ik} = contribución corregida al saldo de los productos agropecuarios = $p'_{ik} - (g'_{ik} * p'_i)$
d_k = tasa de crecimiento de la demanda mundial del producto k
p'_{ik} = participación corregida del saldo comercial en el promedio de las transacciones = $100*((X'_{ik}-M'_{ik})/(1/2(X_i+M_i)))$
p_i = participación del saldo comercial de los productos agropecuarios en el promedio de las transacciones = $100 * ((X_i - M_i)/(1/2 (X_i + M_i)))$
g'_{ik} = participación corregida del comercio del producto k en el comercio total del país i = $(X'_{ik}+M'_{ik})/(X_i+M_i)$
X'_{ik} = exportaciones corregidas del producto o sector k del país o grupo i
M'_{ik} = importaciones corregidas del producto o sector k del país o grupo i
X_i = exportaciones totales del país o grupo i
M_i = importaciones totales del país o grupo i
Factor de corrección de las exportaciones e importaciones del producto k: $(W_k(r)/W(r))/(W_k(n)/(W(n))$
Donde
$W_k(r)$ = comercio mundial del producto k en el año de referencia (1990, en el presente trabajo)
$W(r)$ = comercio mundial total en el año de referencia
$W_k(n)$ = comercio mundial del producto k en los otros años
W_n = comercio mundial total en los otros años
Para mayores detalles, véase Lafay y Herzog (1989).

11. Comprende los siguientes rubros: cereales, fibras vegetales, semillas oleaginosas, frutas y hortalizas, raíces y tubérculos, tortas y harinas oleaginosas, carne de aves, carne de ovinos, carne vacuna, huevos, leche, mantequilla, quesos y café. Las exportaciones de estos productos representan más del 70% de las exportaciones agropecuarias de América Latina y casi 20% de las exportaciones totales de la región.

Paraguay, debido a la alta participación de las oleaginosas –cuya demanda mundial ha estado en continuo crecimiento– en las exportaciones agropecuarias (49%) y en las exportaciones totales (44%) del país. También contribuyó a este desempeño de Paraguay la reducción que han experimentado últimamente sus exportaciones de algodón, vinculada a la tendencia decreciente que exhibió la demanda mundial de fibras vegetales en los años noventa. En el caso de Uruguay, la reducción de los valores del indicador en las décadas de 1980 y 1990 con respecto al período anterior, se explica por la caída del dinamismo de la demanda mundial de carne vacuna y cereales, principales productos de exportación uruguayos, y también por la mayor dependencia externa de Uruguay en frutas y hortalizas. Bolivia y Brasil lograron recuperarse en los años noventa gracias a un esfuerzo de especialización de sus exportaciones agropecuarias en semillas, tortas y harinas oleaginosas, y también porque disminuyó su dependencia externa en lo relativo a cereales, dada la reducción de la demanda mundial de estos productos en los últimos años. El desempeño brasileño no fue mejor, sin embargo, porque el país sigue siendo muy dependiente de las importaciones de frutas y hortalizas. Chile, por su parte, ha registrado desde hace tiempo ya, en forma sostenida, un indicador positivo, merced a su desempeño en frutas y hortalizas, rubros sumamente dinámicos en el mercado internacional, aunque pueden anotarse como puntos débiles de Chile su dependencia externa en lo que respecta a cereales, oleaginosas y carne vacuna. Finalmente, Argentina presentó el peor desempeño del grupo 1 durante el período, debido a que su posición en el mercado hortofrutícola es ambigua: por una parte, es un gran exportador de frutas temperadas, cítricos y jugos de frutas; por otra, en el último tiempo ha aumentado significativamente sus importaciones de frutas tropicales y algunas hortalizas (especialmente preparadas o congeladas). También ha contribuido a este mal desempeño su dependencia externa en carne de aves –uno de los rubros agropecuarios que mostró mayor aumento de la demanda mundial en los años noventa–, al tiempo que su condición de exportador neto de tortas y harinas oleaginosas no permitió que el indicador tuviera valores negativos.

En el grupo 2, al contrario del grupo 1, no es posible identificar una tendencia general de especialización, dado que los resultados obtenidos para el indicador de adaptación a la demanda mundial fueron muy dispersos entre los países. En efecto, mientras Perú y México presentaron en los años noventa desempeños semejantes, alcanzando valores positivos pero bajos del indicador, Venezuela y Colombia aparecen con desempeños negativos y Ecuador se destaca por el elevado valor del indicador, con un comportamiento semejante al de Paraguay en el grupo 1. Fue la especialización en frutas y hortalizas el hecho responsable del desempeño ecuatoriano, dado que las exportaciones de dicho rubro corresponden a 73% de las exportaciones agropecuarias y 32% de las exportaciones totales del país, compensando la dependencia externa de Ecuador en cereales y tortas y harinas oleaginosas. En el caso de

Perú y México, la recuperación en los años noventa, relativamente a las décadas anteriores, es debida a la especialización en frutas y hortalizas, rubro altamente dinámico, y a la reducción de la demanda mundial de los cereales, productos en los cuales esos países son muy dependientes de las importaciones. De hecho, el buen desempeño peruano y mexicano en el mercado internacional de frutas y hortalizas también es suficiente para compensar su dependencia externa en las oleaginosas. Venezuela, aunque sea bien sucedida en su especialización reciente en semillas oleaginosas (principalmente semillas de ajonjolí), es históricamente dependiente de las importaciones de torta de soja y cereales, hecho que ha determinado su mal desempeño en toda la serie de años analizados. Por su turno, Colombia ha presentado el peor desempeño de toda América Latina, pues es una economía altamente especializada en la producción y la exportación de café, producto que ha presentado un bajo dinamismo en el mercado internacional, y, al mismo tiempo, es muy dependiente de las importaciones de cereales, semillas, tortas y harinas oleaginosas[12].

Gráfico 5
ADAPTACIÓN A LA DEMANDA MUNDIAL DE PRODUCTOS AGROPECUARIOS
AMÉRICA LATINA - GRUPO 1 - 1961/1998

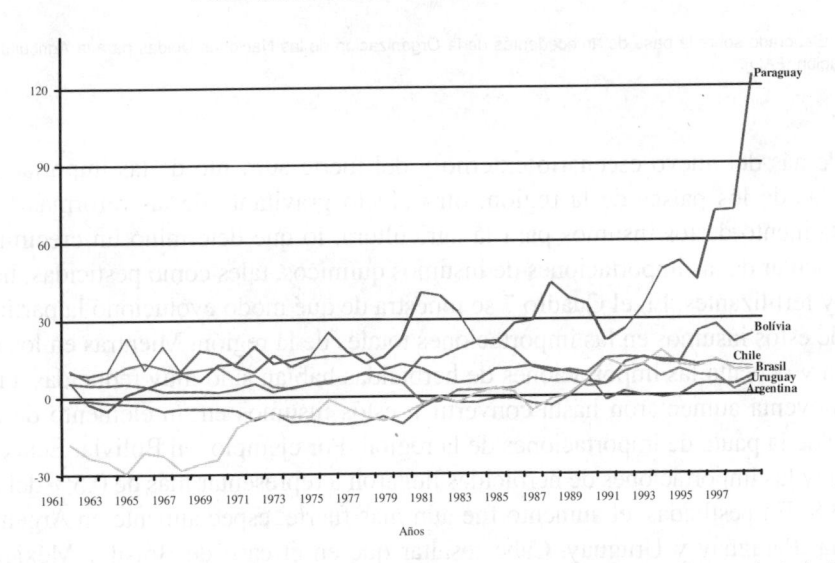

Fuente: Elaborado, sobre la base de antecedentes de la Organización de las Naciones Unidas para la Agricultura y la Alimentación (FAO).

---

12. La introducción de las flores entre los rubros seleccionados para el cálculo del indicador de adaptación a la demanda mundial probablemente habría mejorado el desempeño colombiano, así como el ecuatoriano. Sin embargo, el criterio de selección de los rubros fue su importancia para el comercio internacional latinoamericano en su conjunto, por lo cual, dada la posición todavía secundaria de las flores en la región, no fueron seleccionados.

Gráfico 6
ADAPTACIÓN A LA DEMANDA MUNDIAL DE PRODUCTOS AGROPECUARIOS
AMÉRICA LATINA - GRUPO 2 - 1961/1998

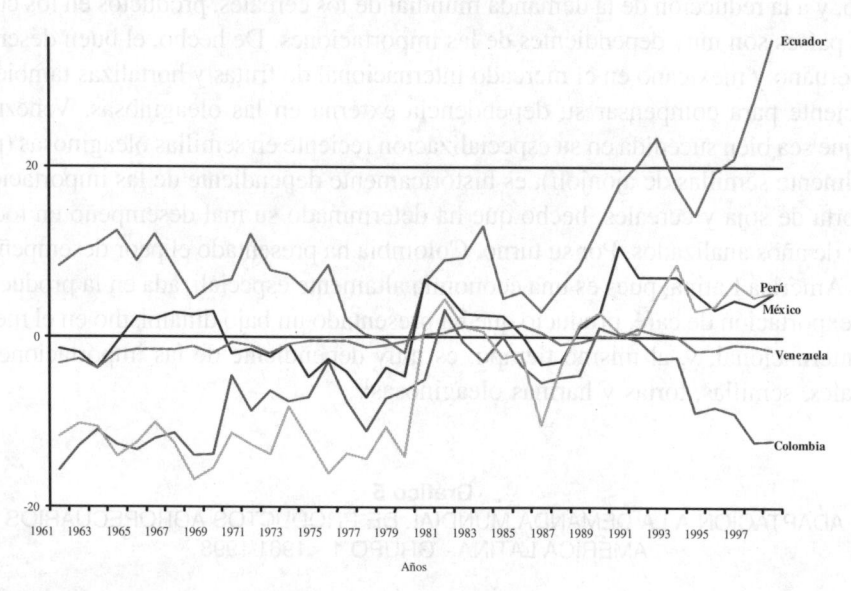

Fuente: Elaborado sobre la base de antecedentes de la Organización de las Naciones Unidas para la Agricultura y la Alimentación (FAO).

Además del nuevo escenario externo y del fuerte aumento de las importaciones agrícolas de los países de la región, otro efecto gravitante de las reformas fue el abaratamiento de los insumos para la agricultura, lo que determinó un crecimiento espectacular de las importaciones de insumos químicos, tales como pesticidas, herbicidas y fertilizantes. En el Cuadro 7 se muestra de qué modo evolucionó la participación de estos insumos en las importaciones totales de la región. Mientras en los años setenta y ochenta las importaciones de herbicidas habían sido muy reducidas, en los años noventa aumentaron hasta convertir a estos insumos en un elemento de peso dentro de la pauta de importaciones de la región. Por ejemplo, en Bolivia, Ecuador y Uruguay las importaciones de herbicidas llegaron a representar más de 0,5% del total en 1998. En pesticidas, el aumento fue aún más fuerte, especialmente en Argentina, Bolivia, Paraguay y Uruguay. Cabe resaltar que en el caso de Brasil y México, la participación relativamente baja de las importaciones de pesticidas oculta el significativo crecimiento de los valores absolutos de tal comercio. En Brasil, por ejemplo, el valor de las importaciones de herbicidas pasó de 15 millones de dólares a más de 150 millones de dólares entre 1990 y 1998, y las importaciones de pesticidas, de 41.6 millones a casi 285 millones de dólares en el mismo período. Las importaciones mexicanas también tuvieron un crecimiento espectacular en ese lapso, al pasar de 15.4 millones a 110 millones de dólares en el caso de los herbicidas, y de 45.7 millones a 245 millones de dólares en el caso de los pesticidas.

Cuadro 7
AMÉRICA LATINA: PARTICIPACIÓN DE LAS IMPORTACIONES DE HERBICIDAS Y PESTICIDAS EN LAS IMPORTACIONES TOTALES, 1970-1997
(Porcentajes)

Países/Años	Herbicidas			Pesticidas			
	1980	1990	1997	1970	1980	1990	1997
Argentina	-	1,07	0,64	0,34	0,41	1,67	1,03
Bolivia	-	-	0,94	0,32	0,80	0,90	1,60
Brasil	-	0,07	0,17	0,66	0,12	0,19	0,34
Chile	-	0,26	0,22	0,49	0,39	0,70	0,57
Colombia	0,10	0,29	0,12	0,18	0,42	0,72	0,53
Costa Rica	-	0,61	-	1,72	2,32	2,19	1,83
Ecuador	-	0,92	0,71	1,09	0,80	2,06	1,54
México	-	0,05	0,15	0,16	0,10	0,14	0,33
Paraguay	-	0,66	-	0,91	0,97	1,63	2,28
Perú	-	0,05	0,08	0,68	0,56	0,42	0,52
Uruguay	-	0,36	0,88	0,65	0,48	0,88	1,73
Venezuela	-	0,02	0,12	0,13	0,10	0,11	0,26

Fuente: Elaborado por la División de Desarrollo Agrícola de la Cepal, sobre la base de antecedentes de la Organización de las Naciones Unidas para la Agricultura y la Alimentación (FAO).

Para cerrar esta sección referida a los cambios en el comercio internacional de productos agrícolas, conviene decir dos palabras acerca de las tareas que la región tiene por delante en el plano de las negociaciones multilaterales. Como se dijo al comienzo, algunos países, especialmente miembros de la Unión Europea, siguen protegiendo con fuertes subsidios a los productores nacionales de ciertos rubros, lo que provoca serias distorsiones en el mercado internacional. Los principales países exportadores de la región han procurado poner remedio a esta situación, a veces con éxito, en las diversas rondas de negociación multilateral, en las cuales se discuten aspectos como acuerdos de integración regional, tarifas de importación, medidas paratarifarias y subsidios. Por ejemplo, en el curso de la Ronda Uruguay del Acuerdo General sobre Aranceles Aduaneros y Comercio (GATT), celebrada entre 1986 y 1993, los principales países exportadores de productos agrícolas, entre ellos Argentina, Brasil y los Estados Unidos, formalizaron sus críticas contra la Política Agrícola Común (PAC) de la Unión Europea y lograron que ésta modificara en algo su política. La reforma consistió, en esencia, en sustituir los programas de sostenimiento de los precios agrícolas por pagos a los productores condicionados a la reducción de la superficie sembrada, y en rebajar los aranceles a la importación y los subsidios otorgados a la exportación de bienes agrícolas. No obstante, el problema del acceso a los mercados de los países desarrollados sigue en el orden del día, como lo demuestra el fracaso de la llamada "Ronda del Milenio". En las negociaciones que tengan lugar en lo venidero, la principal tarea de los países de América Latina será defender los intereses de la región en cuanto importante proveedor mundial de productos agrícolas. Para ello es crucial, primero que nada, definir aquellas áreas en que pueda haber convergencia de intereses entre los distintos agentes y países de la región. También es fundamental contar con equipos profesionales capacitados para intervenir en las negociaciones, así como el trabajo de los gobiernos y sus instituciones, función que, sin embargo, se ha visto considerablemente debilitada por la actual retracción del Estado, hecho que ha comprometido seriamente el desempeño de los países de la región en las conversaciones internacionales.

C. Cambios demográficos e impacto social
DE LAS TRANSFORMACIONES PRODUCTIVAS

Las transformaciones en las condiciones productivas y en el comercio agropecuario internacional promovidas o intensificadas por las reformas estructurales no han sido socialmente neutras; por el contrario, han traído consigo importantes cambios en el empleo y en la distribución de la tierra y de la renta en el medio rural. En conjunto con las transformaciones demográficas, en parte determinadas por las condiciones económicas y productivas del sector agropecuario, en parte determinantes de éstas, tales cambios pueden explicar en buena medida la dinámica reciente del escenario rural latinoamericano.

Desde el punto de vista demográfico, se confirma y acentúa la tendencia a la urbanización que se ha observado desde hace varias décadas. La población urbana de la región, que en 1970 representaba 57% de la población total, pasó a representar 65% en 1980, para llegar a 75% en la actualidad (véase el Cuadro 8). Por su parte, la población rural ha crecido lentamente en valores absolutos, hecho que está asociado a la migración del campo a la ciudad (de enorme magnitud en las décadas pasadas), a cambios tecnológicos ahorradores de trabajo, y a transformaciones de la estructura productiva, con una disminución de la superficie cultivada y una importante expansión de actividades que hacen uso poco intensivo de mano de obra, como la ganadería, el cultivo de oleaginosas y los bosques plantados. Sin embargo, las cifras relativas al aumento de la población urbana y al correlativo estancamiento o reducción de la población rural deben tomarse con alguna cautela, pues en muchos países tales valores están en cierto modo alterados por el hecho de que los censos consideran como urbanos a pequeños pueblos que, no obstante, tienen por eje económico fundamental las actividades agropecuarias y agroindustriales y los servicios asociados.

Cuadro 8
AMÉRICA LATINA: POBLACIÓN TOTAL, URBANA Y RURAL Y PORCENTAJE
DE POBLACIÓN URBANA POR PAÍSES, 1970-2025
(Miles de personas a mitad de año)

Países y área	1970	1980	1990	1995	2000	2005
Población total	276.147	351.678	429.775	468.889	507.932	546.385
Población urbana	158.558	229.537	305.252	343.909	380.274	418.119
Población rural	117.589	122.140	124.524	124.980	127.658	128.266
Porcentaje urbano	57,00	65,00	71,00	73,00	75,00	77,00

Fuente: Proyecciones del Centro Latinoamericano y Caribeño de Demografía (Celade).

Otros fenómenos demográficos importantes que han estado ocurriendo en la mayor parte de los países de la región son el envejecimiento y la masculinización de la población rural, a pesar de que en algunos países ha aumentado la participación de las mujeres como jefas de explotaciones agrícolas. Ambos fenómenos están vinculados a la modalidad más común de migración hacia la ciudad, a saber, la de las mujeres y de los más jóvenes, que tienen mayores posibilidades de encontrar trabajo en las ciudades.

Como consecuencia de todo lo anterior, la población económicamente activa (PEA) rural ha aumentado a un ritmo muy inferior al de la PEA urbana. No obstante, como se puede apreciar en el Cuadro 9, el comportamiento de la PEA rural ha sido muy diversificado en los distintos países. En Brasil, por ejemplo, la PEA rural prácticamente se ha estancado desde los años ochenta, mientras que, según se estima, en Argentina, Cuba y Uruguay experimentará una reducción en términos absolutos en los próximos años. En los demás países, la tendencia es al crecimiento de la PEA rural, especialmente en Colombia, Perú y en los países de Centroamérica.

Por otra parte, la PEA agrícola de la región en su conjunto, prácticamente detenida en 44 millones de personas en el período 1980-2000, registró de todos modos una levísima disminución (véase el Cuadro 10). Sin embargo, también aquí hay grandes diferencias entre los países: en Brasil la PEA agrícola cayó fuertemente; en Argentina, Colombia, Nicaragua y Uruguay tuvo una pequeña baja, mientras que en los restantes países se estancó o incluso creció. Ahora bien, dado que la PEA total de la región aumentó considerablemente en las últimas décadas, el leve descenso de la PEA del sector implica que su participación en la PEA total disminuyó de manera significativa. Por otra parte, el pequeño aumento de la PEA rural y la disminución de la PEA agrícola sugieren un incremento de las diversas actividades de comercio, servicios y transporte vinculadas a la agricultura. Esto parece ser una consecuencia directa de las transformaciones en las condiciones productivas y en los patrones de consumo de los productos agropecuarios, fenómenos que han llevado, por ejemplo, al aumento de la demanda de servicios de almacenamiento, selección y empaque, el incremento del comercio de insumos y el crecimiento de diversos servicios y actividades en la zona rural no relacionados con la agricultura (turismo y construcción, entre otros).

Cuadro 9
AMÉRICA LATINA Y EL CARIBE: POBLACIÓN ECONÓMICAMENTE
ACTIVA RURAL POR PAÍSES, *1980–2005*
(Miles de personas)

Años	1980	1985	1990	1995	2000	2005
Argentina	1.686	1.704	1.702	1.648	1.599	1.559
Bolivia	971	1.004	1.063	1.091	1.124	1.167
Brasil	16.289	16.531	16.513	16.504	16.460	16.373
Chile	745	791	841	855	862	870
Colombia	3 369	3.674	3.907	4.035	4.176	4.308
Costa Rica	436	510	583	682	778	863
Cuba	948	980	1.004	979	924	876
Ecuador	1.218	1.371	1.531	1.655	1.769	1.870
El Salvador	786	763	786	877	965	1.044
Guatemala	1.138	1.307	1.512	1.775	2.100	2.501
Haití	1.832	1.771	1.890	2.020	2.175	2.332
Honduras	680	790	909	1.027	1.151	1.278
México	7.047	7.577	8.031	8.540	8.923	9.263
Nicaragua	456	536	601	700	808	935
Panamá	281	325	368	406	442	475
Paraguay	558	601	640	684	742	798
Perú	2.169	2.405	2.595	2.734	2.977	3.241
República Dominicana	987	1.115	1.263	1.346	1.419	1.487
Uruguay	182	160	146	135	125	117
Venezuela	892	914	943	982	1.021	1.057
América Latina y el Caribe	42.670	44.830	46.828	48.675	50.539	52.414

Fuente: Estimaciones y proyecciones del Centro Latinoamericano y Caribeño de Demografía (Celade).

La distribución de la PEA rural según el tipo de inserción laboral (véase el Cuadro 11) permite calificar mejor los cambios anteriormente descritos. Los principales aumentos en la PEA rural ocurrieron en la categoría de trabajadores por cuenta propia y familiares no remunerados, mientras que las mayores reducciones tuvieron lugar entre los asalariados, aunque en algunos países la PEA rural experimentó cambios en el sentido inverso o no varió significativamente (véase el Cuadro 12). Entre los países que cuentan con información al respecto, destaca el caso de Brasil, donde la caída de la participación de los asalariados en la PEA rural y el aumento concomitante de la participación de los trabajadores por cuenta propia y familiares no remunerados fueron los más acentuados de la región. Un aumento semejante de la participación de los trabajadores por cuenta propia, aunque en menor proporción, tuvo lugar en Colombia, El Salvador y República Dominicana, lo que parece corresponder a una tendencia hacia una mayor informalidad de las relaciones de trabajo. En Costa Rica, Honduras, México, Panamá y Venezuela, en cambio, se dio la tendencia inversa, esto es, una disminución de los trabajadores por cuenta propia, sin que ello se haya reflejado necesariamente en una mayor proporción de los trabajadores asalariados.

Cuadro 10
AMÉRICA LATINA Y EL CARIBE: ESTIMACIONES DE LA PEA AGRÍCOLA, 1980-2000
(Miles de personas)

País/año	1980	1990	2000
Argentina	1.384	1.482	1.463
Bolivia	1.063	1.225	1.468
Brasil	17.485	15.237	13.195
Chile	800	938	979
Colombia	3.776	3.696	3.745
Costa Rica	277	302	328
Cuba	879	870	785
Ecuador	1.013	1.201	1.279
El Salvador	697	709	785
Guatemala	1.257	1.569	1.909
Haití	1.797	1.970	2.214
Honduras	684	694	773
México	7.995	8.531	8.742
Nicaragua	395	394	395
Panamá	197	243	245
Paraguay	514	595	713
Perú	2.183	2.604	2.934
República Dominicana	682	711	624
Uruguay	192	193	190
Venezuela	751	874	801
Otros	669	640	638
América Latina y el Caribe	**44.690**	**44.678**	**44.205**

Fuente: Organización de las Naciones Unidas para la Agricultura y la Alimentación (FAO), Faostat Database, Roma, sobre la base de encuestas de hogares y censos.

Por otra parte, la tendencia a la reducción general del empleo en el sector agropecuario parece estar directamente vinculada a los cambios productivos y tecnológicos antes indicados, uno de cuyos efectos más importantes fue que la productividad del trabajo, medida como el producto agropecuario por persona ocupada, creciera más rápidamente que la productividad de la tierra. De ese modo, la tendencia al aumento acelerado de la productividad del trabajo y los cambios en la estructura productiva, conjuntamente con la relativa estabilidad de la frontera agrícola, incidieron en una caída del empleo. En efecto, la expansión de la ganadería y de la industria forestal, a expensas de otras actividades de uso más intensivo de mano de obra, implicó una reducción en la generación de empleo, mientras que el incremento de rubros como la hortofruticultura y la avicultura, que teóricamente podría haber compensado ese efecto depresor sobre el empleo, tuvo exactamente el resultado opuesto, porque la agricultura de contrato, modalidad conforme a la cual se realizan en general estas últimas actividades, exige un mayor nivel de capitalización de los agricultores y, por lo tanto, reduce el empleo. En conjunto, los antecedentes disponibles dejan ver que los cambios estructurales en curso están provocando una disminución neta de la demanda de mano de obra en el sector agropecuario, fenómeno que de todos modos tiende a ser menos intenso que el experimentado por el sector industrial en diversos países.

Cuadro 11
AMÉRICA LATINA Y EL CARIBE (12 PAÍSES): DISTRIBUCIÓN DE LA POBLACIÓN ECONÓMICAMENTE ACTIVA OCUPADA, SEGÚN INSERCIÓN LABORAL, ZONAS RURALES, 1990–1997
(Porcentajes)

País	Año	Total	Empleadores	Asalariados Total [a]	Trabajadores por cuenta propia y familiares no remunerados Total	Agricultura
Bolivia	1997	100,0	3,3	8,9	87,8	79,9
Brasil [b]	1990	100,0	3,0	44,3	52,7	44,3
	1996	100,0	1,8	34,3	63,8	57,2
Chile	1990	100,0	2,8	64,8	32,4	25,1
	1996	100,0	2,4	64,2	33,3	26,6
Colombia	1994	100,0	4,5	54,2	41,3	22,4
	1997	100,0	4,2	50,6	45,1	25,0
Costa Rica	1990	100,0	5,1	66,2	28,7	16,8
	1997	100,0	7,1	67,8	25,2	11,3
EL Salvador	1995	100,0	6,0	49,6	44,3	26,8
	1997	100,0	4,0	50,9	45,1	28,1
Guatemala	1986	100,0	0,5	39,8	59,7	46,4
	1989	100,0	0,5	38,3	61,2	47,9
Honduras	1990	100,0	0,5	34,9	64,6	47,6
	1997	100,0	2,6	34,8	62,6	41,6
México	1989	100,0	2,5	50,2	47,3	34,5
	1996	100,0	5,1	48,1	46,7	28,6
Panamá	1991	100,0	2,9	39,1	58,0	45,5
	1997	100,0	2,2	46,1	51,6	33,4
Rep. Dominicana	1992	100,0	4,0	52,4	43,7	21,6
	1997	100,0	3,4	45,6	51,0	28,5
Venezuela	1990	100,0	6,9	46,6	46,5	33,3
	1994	100,0	7,6	47,4	44,8	29,7

Fuente: Cepal, *Panorama social de América Latina, 1998* (LC/G.2050-P), Santiago de Chile, 1999. Publicación de las Naciones Unidas, N° de venta S.99.II.G.4, sobre la base de tabulaciones especiales de encuestas de hogares de los respectivos países.
[a] Incluye a los empleados domésticos. En los casos de Chile y México (excepto 1996 en ambos países), incluye a los asalariados del sector público.
[b] Los datos de las encuestas de hogares rurales de Brasil no incluyen la región norte.

Cuadro 12
AMÉRICA LATINA Y EL CARIBE: CAMBIOS RELATIVOS EN LA IMPORTANCIA DE LOS ASALARIADOS AGRÍCOLAS Y LOS TRABAJADORES NO REMUNERADOS Y POR CUENTA PROPIA, 1990-1997

	Asalariados	
Aumentan	**Disminuyen**	**Quedan igual**
Venezuela	Brasil (++)	Chile
	México (+)	Colombia
	Panamá (+)	Costa Rica
	República Dominicana	El Salvador
		Guatemala
		Honduras
	Cuenta propia	
Aumentan	**Disminuyen**	**Quedan igual**
Brasil (++)	Costa Rica (++)	Chile
Colombia (++)	Honduras (++)	Guatemala
El Salvador (+)	México (++)	
República Dominicana (+)	Panamá (++)	
	Venezuela (+)	

Fuente: Organización de las Naciones Unidas para la Agricultura y la Alimentación (FAO), Faostat Database, Roma.

Algunas de las consecuencias más negativas de los cambios estructurales ocurridos en el sector agropecuario, entre los cuales se destacan la mayor diferenciación en las condiciones productivas de los pequeños y los grandes productores y la caída del empleo, han sido el aumento de la pobreza y la profundización de la desigualdad en el medio rural. Pese a que en 1997, por primera vez en la historia de la región, los pobres urbanos superaron en número a los pobres rurales[13], en términos relativos la pobreza sigue incidiendo con mayor fuerza en el medio rural (véase el Cuadro 13). En efecto, en 1997, el 54% de los hogares del medio rural eran pobres, contra 30% en el medio urbano. En términos del número de pobres, la proporción llega al 63% del total de la población rural. Además, la zona rural concentra una mayor proporción de hogares indigentes: 31%, contra 10% en la zona urbana.

Según datos de la FAO, alrededor de 66% de los pobres del campo –esto es, 47 millones de personas– son pequeños productores; 30% son pobladores rurales sin tierra, y el 4% restante corresponde a indígenas y otros grupos. De acuerdo con diversas fuentes, al menos 40% de los pequeños productores son minifundistas, con muy poco o nulo acceso al crédito, a la compra de tierras y a los servicios de asistencia técnica y de apoyo al sector agropecuario. Dado lo escaso de sus recursos, se trata de un grupo que difícilmente podrá salir de la pobreza con la sola ayuda de programas

---

13. En 1997, los pobres rurales sumaban 74 millones y los pobres urbanos cerca de 135 millones.

de desarrollo agropecuario. De hecho, a pesar de la enorme cantidad de recursos invertidos para combatirla, la pobreza persiste en el medio rural, lo cual muestra que el problema es mucho más complejo de lo que se pensaba y que los programas aplicados para erradicarla han sido poco eficaces, o bien, si lo han sido, han resultado de todos modos insuficientes para la magnitud real de la pobreza, que, como sería forzoso concluir, parece mucho mayor y más inaccesible a estos programas de lo que se había supuesto. Por otra parte, el hecho de que la mayor parte de los pobres e indigentes sean pequeños campesinos con poca tierra y sin capital, marginados del crédito y de los servicios de apoyo, indica que difícilmente podría solucionarse el problema por medio del desarrollo productivo, a no ser que se levantaran las restricciones antes aludidas, esto es, el acceso a la tierra, al crédito, al capital y a los servicios de apoyo[14].

Cuadro 13
AMÉRICA LATINA Y EL CARIBE: MAGNITUD DE LA POBREZA E INDIGENCIA,
1980-1999 a/
(Porcentaje de hogares)

	Pobres b/			Indigentes c/		
	Total	Urbana	Rural	Total	Urbana	Rural
1980	35	25	54	15	9	28
1990	41	35	58	18	12	34
1994	38	32	56	16	11	34
1997	36	30	54	15	10	31
1999 d/	38	32	56	16	11	33

Fuente: Cepal, Panorama social de América Latina, 1998 (LC/G.2050-P), Santiago de Chile, 1999, cap. I, p. 18. Publicación de las Naciones Unidas, No. de venta: S.99.II.G.4.
a/ Estimación correspondiente a 19 países de la región.
b/ Porcentaje de hogares con ingresos inferiores a la línea de pobreza. Incluye a los hogares que se encuentran en situación de indigencia.
c/ Porcentaje de hogares con ingresos inferiores a la línea de indigencia.
d/ Estimación basada en los cambios observados en los indicadores macroeconómicos estrechamente vinculados a las variaciones de la magnitud de la pobreza.

Al examinar la evolución de la pobreza rural en las diferentes categorías ocupacionales entre 1990 y 1997, se aprecia que ésta se concentró en la categoría de trabajadores por cuenta propia y de familiares no remunerados. No obstante, hay situaciones muy diversas: mientras en Brasil, por ejemplo, hubo un claro aumento de la proporción de pobres en esta categoría, en Chile evolucionó en el sentido contrario.

---

14. En lo relativo a los parámetros de ingreso, educación, transporte y otros, Dirven (1999) plantea la idea de umbrales mínimos necesarios para la inserción productiva en el mercado.

Cuadro 14
AMÉRICA LATINA (12 PAÍSES): INCIDENCIA DE LA POBREZA EN ALGUNAS CATEGORÍAS OCUPACIONALES a/, ZONAS RURALES, AÑOS NOVENTA
(Porcentajes)

País	Año	Total población	Total ocupados	Asalariados del sector público	Asalariados sector privado no profesionales ni técnicos Establecimientos con +5 personas	1 a 5 personas	Empleados domésticos	Trabajadores por cuenta propia no profesionales ni técnicos Total	Agric. silvic. y pesca
Bolivia	1997	79	79	35	48	41	49	87	89
Brasil b/	1990	71	64	-	45	72	61	70	74
	1993	63	57	56	58	53	53	59	60
	1996	56	49	33	46	35	40	54	56
Chile	1990	40	26	-	31c/	-	23	22	24
	1994	31	22	-	20	28	13	21	24
	1996	31	21	13	21	27	16	18	20
	1998	28	18	-	-	21	13	17	21
Colombia	1991	60	23	-	16d/	-	54	67	73
	1994	62	55	-	42 d/ e/	-	57	61	59
	1997	60	48	16	55d/	-	48	62	67
Costa Rica	1990	27	17	-	40e/	-	22	24	27
	1994	25	14	7	13	23	23	21	24
	1997	25	14	5	3	20	25	21	24
El Salvador	1995	64	53	24	9	20	50	63	72
	1997	69	58	26	43	56	49	67	79
Guatemala	1989	78	70	-	47	56	64	71	76
Honduras	1990	88	83	-	72	74	72	88	90
	1994	81	73	40	71	90	74	78	81
	1997	84	79	37	65	79	74	83	85
México	1989	57	49	-	75	86	50	47	54
	1994	57	47	-	53f/	-	53	46	54
	1996	62	56	23	53df/	-	64	59	68
Panamá	1991	51	40	-	57	67	43	52	57
	1994	49	38	6	24	43	40	52	61
	1997	42	29	6	23	39	33	36	42
Rep. Dominicana	1997	39	25	17	22	39	40	30	42
Venezuela	1990	47	31	-	14	26	44	32	37
	1994	56	42	27	35	37	53	42	44
					50	50			

Fuente: Cepal, *Panorama social de América Latina, 1998* (LC/G.2050-P), Santiago de Chile, 1999. Publicación de las Naciones Unidas, Nº de venta: S.99.II.G.4, sobre la base de tabulaciones especiales de las encuestas de hogares de los respectivos países.
a/ Se refiere al porcentaje de ocupados de cada categoría que residen en hogares con ingresos inferiores a la línea de pobreza. b/ Para 1990, en la columna correspondiente a establecimientos que ocupan a más de cinco personas se incluyó a los asalariados con contrato de trabajo, y en la columna correspondiente a los que ocupan hasta cinco personas se incluyó a aquellos sin contrato de trabajo. c/ Se refiere al total de los asalariados. d/ Incluye a los asalariados del sector público. e/ Incluye a los asalariados de establecimientos que ocupan hasta cinco personas. f/ Incluye a los asalariados del sector público y a los de establecimientos que ocupan hasta cinco personas.

Por otra parte, en la mayoría de los países los asalariados pobres se concentraron en las explotaciones que emplean menos de cinco personas, salvo en Brasil, donde la concentración se dio en los establecimientos con más de cinco (véase el Cuadro 14). Cabe destacar también el caso de Colombia, donde la pobreza rural se incrementó de manera importante entre los trabajadores por cuenta propia y disminuyó levemente en la población total. La situación más negativa es la de México, donde la pobreza se incrementó en todas las categorías ocupacionales, tanto en el ámbito nacional como en lo específicamente referido al trabajo agrícola.

En cuanto al aumento de la desigualdad en el medio rural, dos hechos importantes lo caracterizan: la mayor desigualdad en la distribución del ingreso rural, y el aumento de la concentración de la tierra. En el primer caso, el aumento de la desigualdad se refleja en un incremento de los ingresos de los empleadores, de los asalariados o de ambas categorías, acompañado de una reducción o de un aumento de menor proporción de los ingresos de los trabajadores por cuenta propia (véase el Cuadro 15). En efecto, según se desprende de la información disponible por categorías ocupacionales, los ingresos medios de los trabajadores por cuenta propia que componen la PEA ocupada experimentaron bajas considerables de 1990 en adelante.

Expresados los ingresos como múltiplos de las respectivas líneas de pobreza, se observa, además, que en la mayoría de los países de la región hubo un aumento del ingreso promedio de los hogares rurales en los últimos años, aunque en Costa Rica, Honduras, México y Venezuela la variable experimentó importantes caídas. En estos países, la reducción generalizada de los ingresos de todas las categorías laborales de la PEA ocupada en el medio rural ha redundado en un aumento de la distancia entre los ingresos urbanos y los rurales, dado que los primeros tendieron a mantenerse o elevarse.

Cuando se consideran los datos por categorías ocupacionales, se aprecian situaciones bastante distintas entre los países: en Brasil, por ejemplo, mientras la situación de los empleadores mejoró sustancialmente entre 1990 y 1996, los trabajadores por cuenta propia vieron reducir sus ingresos, que pasaron de un valor equivalente a 1.2 veces la línea de pobreza a un valor igual a esta línea. Lo mismo ocurrió en Colombia, donde mejoró considerablemente la situación de los empleadores, pero empeoró la de los trabajadores por cuenta propia. En Chile hubo un aumento generalizado de los ingresos de todas las categorías de la PEA del medio rural, si bien el crecimiento fue más acelerado entre los empleadores y los trabajadores por cuenta propia. En México cayeron todas las categorías, pero en especial la de trabajadores por cuenta propia, cuyos ingresos medios se redujeron de 3.1 a 1.3 veces la línea de pobreza.

Cuadro 15
AMÉRICA LATINA Y EL CARIBE (12 PAÍSES): INGRESOS MEDIOS DE LA PEA OCUPADA SEGÚN INSERCIÓN LABORAL EN ZONAS RURALES
(Múltiplos de las respectivas líneas de pobreza *per cápita*)

País	Año	Total	Empleadores	Asalariados Total a/	Cuenta propia y Fam. no remunerados Total b/	Agricultura
Bolivia	1997	1.3	10.5	3.5	0.8	0.6
Brasil	1979	2.1	10.9	2.3	1.5	1.3
	1990	2.0	8.8	2.1	1.5	1.2
	1993	1.8	11.6	2.2	1.5	1.3
	1996	2.0	12.7	2.7	1.2	1.0
Chile	1990	4.6	26.4	3.3	3.1	3.0
	1996	4.2	24.0	3.5	4.0	3.5
	1998	5.3	32.8	3.9	6.3	5.3
Colombia	1981	5.9	16.6	5.1	7.1	6.9
	1991	3.1	10.7	2.9	2.3	1.7
	1994	2.5	5.8	2.8	1.9	2.3
	1997	2.7	7.0	3.1	1.8	1.8
Costa Rica	1990	5.1	9.9	5.2	4.0	3.9
	1994	5.8	11.7	5.4	5.4	6.3
	1997	5.6	9.3	5.5	4.7	4.9
El Salvador	1995	2.4	5.5	2.7	1.7	1.4
	1997	2.4	4.3	3.1	1.5	1.1
Guatemala	1986	2.4	16.4	2.1	2.2	2.1
	1989	2.5	21.2	2.3	2.4	2.1
Honduras	1990	1.7	13.8	2.2	1.3	1.3
	1994	2.0	8.6	2.1	1.8	1.8
	1997	1.7	9.0	1.6	1.4	1.5
México	1984	3.5	7.8	3.5	2.9	2.5
	1989	3.2	9.7	2.9	3.1	3.1
	1994	2.7	9.7	2.6	2.2	1.8
	1996	2.3	7.1	2.4	1.6	1.3
Panamá	1979	3.6	4.0	5.6	2.3	2.0
	1991	3.4	10.8	5.2	1.9	1.9
	1994	3.5	13.8	4.1	2.2	1.6
	1997	4.0	16.4	4.5	3.1	2.3
Rep. Dominicana	1997	4.3	6.6	4.3	4.2	3.4
Venezuela	1981	6.1	11.0	7.4	3.9	3.3
	1990	3.8	9.5	3.3	3.5	2.9
	1994	3.4	7.2	2.9	3.4	3.2

Fuente: Elaborado por la División de Desarrollo Social de la Cepal, sobre la base de Cepal, *Panorama social de América Latina, 1998* (LC/G.2050-P), Santiago de Chile, 1999. Publicación de las Naciones Unidas, N° de venta S.99.II.64, y sobre la base de tabulaciones especiales de las encuestas de hogares de los respectivos países.
a/ Incluye a los empleados domésticos. En los casos de Argentina, Brasil, Chile y México se incluye a los asalariados del sector público.
b/ Incluye a asalariados de todas las ramas de actividad.

En cuanto a la otra dimensión de la desigualdad en el medio rural, es decir, la concentración de la tierra, hay que destacar en primer lugar que América Latina y el Caribe han presentado a lo largo de la historia los índices de concentración de la tierra más elevados del mundo. A diferencia de otras regiones, la estructura de tenencia y propiedad de la tierra es todavía una cuestión pendiente en la mayoría de los países de la región, pese a que en varios de ellos se llevaron a cabo, en los años sesenta y comienzos de los setenta, procesos de reforma agraria de distinto grado de profundidad, con el propósito de crear una estructura más equitativa de tenencia y propiedad. La fuerte oposición suscitada por la reforma agraria entre los latifundistas terminó por neutralizar su efecto e incluso por dar paso a procesos de contrarreforma. Aunque en Brasil, Costa Rica, Colombia (en menor grado) y más recientemente en Venezuela se ha insistido en el último tiempo en la reforma de la propiedad y la tenencia, no hay en la actualidad otros procesos de importancia en los restantes países, en muchos de los cuales se ha optado más bien por modificar el acceso a la tierra por medio de los mecanismos del mercado –por ejemplo, mediante programas de compra de tierras en beneficio de los pequeños campesinos–, en clara consonancia con el modelo económico hoy imperante.

El problema que presentan estas y otras iniciativas análogas, como los programas de distribución de tierras, las medidas para desregular el mercado correspondiente y los programas especiales de crédito[15], es que, dado el afán de no promover transacciones con los latifundios, han tenido a la larga un impacto muy reducido sobre la concentración de la tierra, según dejan ver las últimas informaciones disponibles. En el Cuadro 16 se presentan los coeficientes de Gini para la tierra correspondientes a 17 países respecto de los cuales se dispone de información censal agropecuaria. Como puede apreciarse allí, el elevado grado de concentración se mantuvo en algunos países e incluso aumentó en otros durante el período 1969-1997. Según los valores alcanzados por los índices de concentración de la tierra, es posible distinguir tres grupos de países: el primero está integrado por Chile, México y Paraguay, cuyos índices superan el valor de 0,90. El segundo, por Argentina, Brasil, Costa Rica, El Salvador, Panamá, Perú y Venezuela, cuyos índices se sitúan entre 0,80 y 0,90. El tercer grupo está formado por Colombia, Jamaica, Puerto Rico, República Dominicana y Uruguay, con índices de entre 0,70 y 0,80, y por Honduras, con un índice de 0,66.

---

15. Al respecto se pueden mencionar los siguientes casos: Brasil tiene un fuerte programa de reforma agraria y un programa de crédito para los pequeños productores; Colombia y Costa Rica han puesto en marcha también programas especiales de crédito para los pequeños productores, mientras que Chile, El Salvador, México, Perú y otros países han adoptado medidas para desregular el mercado de tierras.

Cuadro 16
AMÉRICA LATINA Y EL CARIBE: ÍNDICES DE CONCENTRACIÓN DE LA TIERRA, 1969-1997

	Década de 1970	Década de 1980	Década de 1990
Argentina	...	0,83 (88)	...
Brasil	0,84 (70)	0,85 (85)	0,81 (96)
Chile	0,92 (75)	...	0,92 (97)
Colombia	0,86 (71)	0,79 (88)	0,79. (97)
Costa Rica	0,81 (73)	0,80 (84)	...
Ecuador	0,81 (74)	...	...
El Salvador	0,80 (71)	...	...
Honduras	0,71 (74)	...	0,66 (93)
Jamaica	0,79 (69)	...	...
México	0,93 (70)	...	...
Panamá	0,77 (71)	0,83 (80)	0,85 (90)
Paraguay	...	0,93 (81)	0,93 (91)
Perú	0,88 (72)	...	0,86 (94)
Puerto Rico	0,76 (70)	0,77 (87)	...
República Dominicana	0,78 (70)	0,73 (81)	...
Uruguay	0,81 (70)	0,80 (80)	0,76 (90)
Venezuela	0,90 (70)	0,89 (85)	...

Fuente: Elaborado por la Unidad de Desarrollo Agrícola de la Cepal, sobre la base de censos agropecuarios y encuestas agrícolas.
a/ Cálculo realizado sobre la base de la metodología desarrollada en María Beatriz David y otros, "Demandas de políticas de desenvolvimiento rural en Brasil", 1999, inédito. El índice varía entre 0 y 1: cuanto más cerca está de 1, mayor es la desigualdad; cuanto más cerca está de 0, más se aproxima a la igualdad perfecta.

En la actualidad, la concentración de la propiedad de la tierra es preocupación de los gobiernos y de la sociedad civil, observándose en diversos países de la región un aumento de la actividad de los movimientos de los trabajadores rurales sin tierra y una intensificación de la ocupación de terrenos. Los gobiernos, por su parte, han puesto en práctica diversas políticas para modificar la desigual estructura de propiedad y distribución. Como se dijo recién, algunos han hecho hincapié en los mecanismos de mercado, con políticas centradas en programas de levantamiento de catastros, de regularización y de titulación y registro de tierras, mientras que en otros países se han combinado los mecanismos de mercado (compra de tierras, con incentivos para la transferencia de la propiedad) con políticas de reforma agraria propiamente tal.

Así ocurrió, por ejemplo, en Colombia, donde la Ley 160 de 1994, con el propósito de impulsar la redistribución de la tierra y promover el acceso de los campesinos a ella, estableció un crédito subsidiado para incentivar a éstos a comprar tierras, poniendo énfasis en la negociación directa entre terratenientes y campesinos (Vargas, 2000). Por otra parte, se procuró acelerar la adjudicación de tierras baldías a los colonos. Estas políticas, sin embargo, no han tenido el éxito esperado, entre otras razones porque muchos de los títulos otorgados no se han inscrito debidamente en los registros de propiedad, lo cual mantiene a los predios asignados en situación legal indefinida, y también porque en muchos casos el crédito subsidiado dio origen a especulaciones con la tierra.

Brasil es uno de los países donde se combinan ambos enfoques, reforma agraria y préstamos subvencionados para la compra de tierras (cédula de la tierra), pero no es posible aún evaluar los resultados de este último procedimiento debido a lo reciente de su implantación. Con todo, ha habido tiempo suficiente como para que diversos sectores lo critiquen, especialmente porque, según sostienen, la tasa de interés para los préstamos es incompatible con la rentabilidad actual de la agricultura[16]. Según puede desprenderse de la experiencia de los países que han puesto en práctica estos programas, los campesinos tienen mayores posibilidades de conseguir tierras de mejor calidad cuando se benefician de una tasa de interés subsidiada. Cabe agregar aquí que el problema de los campesinos está lejos de quedar resuelto con el mero acceso a la tierra, porque todavía es preciso que cuenten con el capital necesario para invertir en infraestructura y para explotar, conforme a la tecnología actual, las tierras adquiridas[17].

En Costa Rica los procesos de reforma agraria iniciados en 1962 han modificado de manera importante la estructura de tenencia y propiedad de la tierra. Aun cuando la distribución de la tierra ha sido a lo largo de la historia de Costa Rica mucho más equitativa que en los restantes países de la región, quedan todavía numerosos problemas por resolver. Las principales líneas de acción seguidas en el país fueron, en una primera etapa, la colonización de grandes zonas, y después la adquisición y distribución de tierras, la titulación y el apoyo a la consolidación de los asentamientos campesinos. Se estima que los diferentes programas dedicados a atender el problema de la tierra han afectado hasta la fecha a un total de 1.980.449 hectáreas, lo que representa más de la tercera parte del territorio nacional.

Según muestra la experiencia de la última década, las transacciones de tierra por intermedio del mercado suelen encontrar diversos obstáculos. De los principales, el primero es la persistencia de mercados de crédito imperfectos; el segundo, la imposibilidad de los campesinos más pobres de contar con los recursos necesarios para comprar la tierra, hechos que han movido a algunos gobiernos, como ya se dijo, a establecer programas especiales de crédito subsidiado para los campesinos, subvención que a veces llega hasta el 75% del préstamo. Por otra parte, poquísimos son los países de la región que disponen de un sistema ágil, confiable y funcional de información catastral, que permita a los usuarios contar con la información económica y jurídica que se requiere para participar en el mercado (Tejada y Peralta, 1999). No

---

16. Esta tasa es muy elevada por ser una variable de la política macroeconómica, que refleja el nivel de endeudamiento del gobierno y de sus diversas reparticiones.
17. Así lo confirman, una vez más, los estudios realizados por la Cepal acerca de los mercados de tierras rurales en Brasil (Dias G. en Río Grande do Norte y Progesa en Pernambuco).

obstante, hay al respecto un tercer problema de envergadura. En efecto, las características de la tierra como reserva de valor, activo fijo y factor de producción establecen una diferencia fundamental con los mercados de bienes producidos masivamente. Esto hace que los mercados de tierra sean, por regla general, extremadamente imperfectos y segmentados, con costos de transacción elevados y en gran medida fijos (Muñoz, 1999), factor que torna aún más difícil el funcionamiento del mercado como mecanismo de asignación de tierras.

Como consecuencia de todo lo anterior, prevalece en la región una distribución desigual de la tierra y de los ingresos a ella asociados, y está abierto el debate para la búsqueda de nuevas soluciones dentro del contexto económico, político y social actualmente imperante.

D. Agentes e instituciones

Otro de los rasgos fundamentales del proceso de reformas estructurales ha sido la redefinición del papel que debe corresponder al Estado y sus instituciones en el fomento del desarrollo económico. De una posición fuertemente intervencionista en las décadas pasadas, el Estado ha pasado a desempeñar un papel cada vez más secundario, coadyuvante, en la escena económica, debido al estrechamiento del radio de acción de sus políticas e instituciones. Esta tendencia, que como es bien sabido ha afectado en mayor o menor grado a todas las economías latinoamericanas, se ha traducido en cambios que se refieren a la totalidad del sistema económico, esto es, a lo que podemos llamar el ambiente político-institucional-regulador en que se relacionan los diferentes agentes económicos entre sí.

Ello no impide, sin embargo, que las reformas se hayan traducido también en cambios institucionales específicos de cada sector, derivados de las transformaciones acontecidas en las políticas sectoriales y en la composición y poder de los agentes e instituciones más estrechamente ligados al respectivo sector. Ahora bien, en conjunto con los cambios del sistema económico en su totalidad, las transformaciones institucionales específicas terminaron no pocas veces por modificar la estructura misma del sector. Así, por ejemplo, ciertos cambios institucionales dentro de un sector dado favorecieron a determinados grupos de agentes, lo cual dio origen con el tiempo a una nueva jerarquía de fuerzas en el sector, en el sentido de que los grupos favorecidos pasaron a ser dominantes. Ello permitió, a su vez, generar un proceso de destrucción de los agentes más débiles, con el subsecuente fortalecimiento de los primeros (concentración) o la creación de nuevos agentes, proceso que tiende a transformar radicalmente la estructura misma del sector.

En el caso de la actividad agropecuaria, como ya se mostró en este capítulo, los cambios en curso en el ambiente político-institucional-regulador de los países de la región, sumados a las transformaciones sectoriales específicas, han determinado una verdadera restructuración de las condiciones productivas del agro. Los cambios, sin embargo, no se detuvieron allí, pues, como también se dijo ya, se han manifestado asimismo en otras dimensiones, no directamente productivas, como las negociaciones internacionales, la competencia extranjera, el empleo, el acceso a la tierra, los niveles de pobreza y la distribución de los ingresos y de la tierra. En consecuencia, resta estudiar aquí la naturaleza de los cambios institucionales en el nivel del sistema económico y del propio sector agropecuario.

Como tendencias generales más importantes de estos cambios institucionales, tanto en el nivel general como en el específico, es posible destacar la retracción de las funciones del Estado y el intento de llenar los vacíos dejados por esa retracción con los mecanismos de mercado. Como es bien sabido, está lejos de haber terminado el debate acerca de la capacidad del mercado de cumplir una serie de funciones antes desempeñadas por el Estado, así como acerca de las consecuencias derivadas de tal sustitución. No obstante, si hemos de atenernos a lo que dicen los datos, parece forzoso concluir que, por lo menos en lo que se refiere a la actividad agropecuaria, los mecanismos de mercado han resultado hasta ahora insuficientes para mejorar la situación general del sector, si se consideran no sólo los indicadores productivos, sino también los sociales. Peor aún: los cambios institucionales del presente período no han hecho más que intensificar la diferenciación que existía en la etapa anterior a las reformas entre diversos tipos de productores agropecuarios diferenciación que, como se vio, fue promovida por las propias políticas sectoriales de esa etapa, suscitando una desigualdad sin precedentes y de consecuencias incalculables en la agricultura latinoamericana y caribeña.

En efecto, como resultado de las reformas estructurales y de las políticas de ajuste, en casi todos los países de la región los servicios públicos relacionados con el sector agropecuario se debilitaron radicalmente o simplemente desaparecieron. Los que quedaron, a su vez, han sido objeto de profundas reformas. Lo más gravitante en una primera fase fue la virtual desaparición de los programas especiales de crédito para el sector, así como de los programas destinados a atender a los agricultores más pequeños. No debe olvidarse, por lo demás, que también formaban parte de los programas estatales para el sector agropecuario servicios tales como educación, salud, vivienda e infraestructura, que en conjunto incidían positivamente en las condiciones de vida del medio rural. La sustitución de la mayor parte de estos programas por mecanismos de mercado, al dejar prácticamente en la indefensión a los agentes desde ya más débiles, hizo aún mayores las diferencias productivas preexistentes, derivadas de las respectivas ventajas comparativas, entre grandes y pequeños agricultores, y entre regiones y productos dinámicos y estancados. A causa de esa misma sustitución, los programas de promoción del bienestar de la población rural han quedado confinados en las pocas instituciones, estatales o privadas, que quedaron en pie para defender las condiciones de vida de los campesinos pobres.

En lo que se refiere al comercio internacional, como se vio, la apertura económica promovida por las reformas estructurales supuso una gran reducción de las medidas proteccionistas que impedían la entrada de productos agrícolas a los países latinoamericanos y caribeños. Además, debido a la virtual eliminación de los mecanismos estatales de fomento de las exportaciones y a la adopción, en muchos países, de una tasa de cambio sobrevaluada como mecanismo para contener la inflación, la balanza comercial agropecuaria de la región, que hasta entonces había mostrado una tendencia al superávit, cambió de signo y tendió a ser cada vez más deficitaria. A fin de contrarrestar esta tendencia, los gobiernos hicieron especial hincapié en el fomento de las exportaciones no tradicionales, mediante la adopción de medidas especiales tales como exenciones tributarias, reintegro de derechos aduaneros (*drawback*) y certificados de abono tributario, y prestaron apoyo también para el mejoramiento de la competitividad, el desarrollo de nuevos productos y la investigación de nuevos mercados, esto último por lo general en conjunto con instituciones privadas de investigación agropecuaria.

El problema es que los rubros más dinámicos, en especial la mayoría de los productos no tradicionales de exportación proceden de unidades productivas grandes y modernas, con amplia dotación de recursos y las mejores tierras, bajo la dirección de empresarios dinámicos e innovadores. El hecho de que los mecanismos y políticas estatales de apoyo a la producción y a las exportaciones agropecuarias estén dirigidos principalmente hacia estos productos y agricultores fortalece aún más su posición de privilegio frente a una pequeña agricultura desamparada y en acusado repliegue. De hecho, los censos agropecuarios de Brasil, Chile y Uruguay muestran que la reducción de la superficie cultivada ha ido acompañada de la desaparición de gran número de unidades pequeñas, tendencia que podría estimarse positiva si hubiera una alternativa productiva o de empleo para estos agricultores, cosa que, como bien sabemos, no ocurre. En Colombia, en cambio, la tendencia parece ser la inversa, ya que han disminuido las propiedades de mayor tamaño, probablemente como resultado de los fenómenos de violencia vividos por ese país (véase el Cuadro 17).

Si bien el presente estudio versa sobre la diferenciación entre agricultores pobres y ricos, es quizá pertinente introducir aquí una digresión sobre una serie de fenómenos que marchan en la dirección de ensanchar las diferencias de todo tipo, pero especialmente tecnológicas, entre países ricos y pobres, porque esto último puede tener claras repercusiones sobre lo primero, en el sentido de que los sectores agropecuarios hoy relativamente rezagados de la región, al no poder entrar en contacto con las nuevas tecnologías, pueden quedar por ello definitivamente al margen del desenvolvimiento de las corrientes más dinámicas de la economía mundial.

Cuadro 17
BRASIL, CHILE, COLOMBIA Y URUGUAY: ÍNDICE DE VARIACIÓN DEL NÚMERO DE EXPLOTACIONES SEGÚN EL TAMAÑO

Índice 1976=100 Estratos (hectáreas)	CHILE 1976-1996	BRASIL 1976-1996
Menos de 10	98	78
De 10 a < 100	126	89
De 100 a < 1000	98	91
De 1.000 a < 2.000	106	98
De 2.000 y más	133	103
Índice 1970-1971=100 Estratos (hectáreas)	**URUGUAY 1970-1990**	**COLOMBIA 1971-1988**
Menos de 10	65	109
De 10 a < 100	82	165
De 100 a < 1.000	112	168 a/
De 1.000 y más	94	72 b/

Fuente: Elaborado por la Unidad de Desarrollo Agrícola de la Cepal, sobre la base de censos agropecuarios.
a/ Corresponde a predios de 100 a 499 hectáreas.
b/ Corresponde a predios de 500 hectáreas y más.

Se trata de lo siguiente: las profundas transformaciones ocurridas en las dos últimas décadas en el mundo, plantean una serie de nuevos y enormes desafíos a los países de la región, especialmente en el ámbito tecnológico y de comercio internacional. Frente a un Estado disminuido y a veces en franca retirada, el sector privado no logra ocupar aún los espacios dejados por aquél ni adquirir todo el protagonismo que se le adjudica en el nuevo modelo de desarrollo. Las nuevas regulaciones del comercio internacional, que de un modo u otro afectan a los productores agrícolas, obligan a disponer de una gran capacidad negociadora apoyada en sólidos equipos técnicos, labor que hasta hace poco habían liderado los ministerios de relaciones exteriores, de economía y agricultura y otros organismos públicos especializados. Bajo el nuevo modelo de desarrollo, el contar con equipos idóneos está lejos de ser un asunto trivial, ya que los resultados productivos y comerciales que puedan alcanzar los países de la región dependen en buena medida de que logren insertarse ventajosamente en el escenario internacional. La realidad muestra que negociaciones tales como las de la Ronda Uruguay han resultado complejas y difíciles, incluso para los pocos países de América Latina y el Caribe que disponen de equipos técnicos calificados y de organizaciones privadas fuertes. Las negociaciones que se avecinan, y que afectarán directamente al sector agrícola, son de enorme trascendencia para la inserción internacional de los países, y la región no cuenta todavía con la competencia necesaria para enfrentarlas adecuadamente. La reducción y el desmantelamiento de los ministerios y organismos públicos especializados y la aún incipiente capacidad de las organizaciones privadas, plantean serias dudas acerca de la calidad de la inserción futura de la región.

De igual modo, en lo que se refiere al plano tecnológico, las reformas del sistema de innovación agrícola y la privatización de gran parte de las actividades de esta área abren otro conjunto de interrogantes de gran importancia, pues no está determinado aún hasta dónde el sistema de innovación tecnológica surgido de las reformas será capaz de responder a las demandas derivadas del enorme aumento del comercio internacional y de los nuevos patrones mundiales de consumo de alimentos. Por ser éstas demandas que se expresan en el mercado, seguramente habrán de inducir algún tipo de respuesta del sistema de innovación tecnológica, respuestas que de todos modos dependerán de la apropiabilidad de las innovaciones, del plazo en que éstas se desarrollen y de las imperfecciones del mercado respectivo.

Por no depender directamente del mercado, distinto es el caso de otro tipo de demandas tecnológicas, vinculadas esta vez a la protección de los recursos naturales, el medio ambiente y la diversidad biológica, así como a las necesidades específicas de los pequeños productores pobres (Morales, 1999). En lo que se refiere a la protección del medio ambiente y de la biodiversidad, la revolución científica desencadenada por el vertiginoso desarrollo de las biotecnologías y de la ingeniería genética agrega un ingrediente de enorme importancia a los desafíos de América Latina y el Caribe. En efecto, la región posee la mayor diversidad biológica del planeta: en una hectárea de bosque tropical húmedo hay más especies que en toda Europa. Por ello, la región es una fuente estratégica de genes para el desarrollo de los nuevos productos y procesos de producción que pueden surgir de esta verdadera revolución científica y tecnológica promovida por la biotecnología. Sin embargo, a pesar de ser poseedora de los "ladrillos" básicos para la ingeniería correspondiente, la región, salvo excepciones, no dispone de la capacidad ni del conocimiento necesarios para aprovecharlos en su beneficio. En qué medida el sistema de innovación pueda acompañar estas transformaciones y, desde una perspectiva de desarrollo nacional, dar respuestas adecuadas y consistentes a los problemas de la agricultura de los países de la región, es una cuestión crucial de dilucidar.

Hasta ahora no ha sido posible establecer un acuerdo internacional que implique una compensación justa por el aprovechamiento de la diversidad biológica. Resulta paradójico que los países de la región deban pagar por acceder a nuevas variedades obtenidas muchas veces a partir de genes de su propia flora nativa, sin haber recibido ningún tipo de compensación por ello. Por otra parte, dado que aquí se hallan envueltos componentes de carácter tecnológico cada vez más avanzados, junto con complejos aspectos jurídicos y comerciales, estamos ante un problema nada fácil de abordar, y que tampoco puede ser encarado en forma separada por el sector público y el privado, menos aún cuando frente a los países de la región se encuentran empresas que están entre las más poderosas del mundo y que controlan la producción de semillas y de gran parte de los insumos químicos.

Para dar una idea de la magnitud del problema que la región tiene por delante en este plano, basta señalar que en 1998 el comercio total mundial de semillas (transgénicas, híbridas mejoradas y otras) alcanzó un valor cercano a 23.000 millones de dólares, monto dentro del cual correspondió un total de 300 millones de dólares a las variedades transgénicas. No obstante, según diversas proyecciones, ya en el año 2005 el mercado mundial de variedades transgénicas llegará a un valor de aproximadamente 6.000 millones de dólares anuales, lo que habla por sí solo de la velocidad con que se está desarrollando esta industria. Por otra parte, el uso más frecuente de variedades híbridas y transgénicas va asociado a un mayor consumo de fertilizantes y agroquímicos, por lo que cabe también esperar un significativo incremento del comercio mundial de estos insumos.

A lo anterior hay que agregar otro problema de enorme importancia para el cual la región parece poco preparada, a saber, los peligros para la salud humana y el medio ambiente que pueden encerrar estos nuevos productos e insumos agropecuarios, problema que, por su complejidad, requiere capacidades que trascienden con mucho a las del sector público o del sector privado por separado. En este sentido, es interesante constatar la demanda expresada por agentes del sector privado respecto de la necesidad de contar con equipos de estudios especializados en el sector público que permitan anticiparse a estas situaciones.

Terminada esta digresión, podemos volver ahora de modo más específico a la línea definida por nuestra tesis inicial. En el ámbito de las relaciones entre agricultores y grandes empresas ligadas al sector –trátese de productoras de semillas y agroquímicos, de agroindustrias alimentarias o de cadenas de supermercados– también se verificó, en el período que siguió a las reformas, una intensificación de una tendencia anterior, esto es, el aumento del poder de presión de tales empresas frente a los productores agrícolas. Detrás de ese aumento hay un proceso intenso de fusiones y adquisiciones entre los grandes grupos transnacionales productores de semillas, agroquímicos y alimentos, empresas biotecnológicas y de química fina y las grandes cadenas internacionales de supermercados. Tales procesos han dado lugar a cambios en la estructura de mercado de esas industrias, con una fuerte tendencia a la concentración y a la internacionalización de la producción, e incluso de las decisiones productivas directamente concernientes a la agricultura. De hecho, como se dijo al comienzo de este capítulo, las formas de subcontratación y la distribución temporal de las tareas productivas –preparación de suelos, siembra, cosecha y otras– con que operan los productores primarios están cada vez más directamente determinados por las decisiones de los grandes productores multinacionales de agroquímicos, semillas y alimentos y las grandes cadenas de supermercados. Ello tiene, desde luego, una serie de consecuencias para los productores y consumidores por ejemplo, en lo relativo al control de calidad y a la estandarización de la producción y del consumo, al tiempo que abre nuevos espacios para la apropiación del excedente a lo largo de una cadena mucho más compleja que en el pasado.

Por tales razones, al analizar la respuesta de los agentes ante los estímulos de política, es necesario considerar que quienes toman las decisiones productivas en el agro latinoamericano y caribeño son unos tres millones de patronos (o empleadores a lo largo del año) y unos 15 millones de trabajadores por cuenta propia, más de la mitad de los cuales son pobres. El promedio de escolaridad de los mayores de 40 años –que son los que realmente suelen tomar tales decisiones– es en general inferior a seis años en todos los países de la región. El hecho de que se trate de decisiones complejas en torno a qué producir, cómo hacerlo y cómo comercializar en un mundo de cambios sumamente rápidos, teniendo como competidores o compradores a empresas grandes que cuentan con una sofisticada trama de técnicos y profesionales para tomar las mismas decisiones, pone de manifiesto la marcada fragilidad empresarial que es propia de este amplio segmento de productores agrícolas (Dirven, 1999)[18].

Por otra parte, como se indicó más arriba, se han reducido o desaparecido muchas de las instituciones de apoyo a los pequeños y medianos productores, y otras han experimentado profundas transformaciones. Es el caso de las instituciones públicas especializadas en investigación agropecuaria, cuyo importante papel de épocas pasadas ha ido transfiriéndose al sector privado, tanto en lo referente a las tareas de extensión agrícola como de investigación y desarrollo de semillas, agroquímicos y hasta métodos, cultivos y formas de organización de la producción. Hoy en día, las tareas de extensión están en gran medida a cargo de equipos técnicos de las propias agroindustrias o de las empresas que venden semillas y agroquímicos. Se han reducido o incluso eliminado los programas de investigación y extensión relacionados con los cultivos menos comerciales, que usualmente favorecían a los productores más pequeños, generalmente los más pobres. Ello ha provocado, en una nueva confirmación de nuestra tesis inicial, una intensificación de las diferencias entre las zonas más desarrolladas y las más pobres, en las que se concentran por lo demás los productores de menores recursos e ingresos.

A eso se agrega el debilitamiento de las organizaciones gremiales, las cooperativas y asociaciones que agrupaban a los agricultores, en particular a los pequeños campesinos sin ventajas comparativas. En efecto, estas organizaciones, que habían

---

18. La Organización de Cooperación y Desarrollo Económicos (OCDE) considera que la combinación de habilidades específicas del sector agropecuario y a veces de la zona particular donde está ubicado el predio (conocimientos agronómicos y de funcionamiento de los mercados para decidir qué producir y con qué tecnología hacerlo) exige tanta o mayor calificación como cualquier empresa de otra índole (contabilidad de costos, análisis de inversiones y planificación financiera). Ello demuestra que, a diferencia de lo que muchas veces se supone, la actividad agropecuaria debe verse como un sector de altos requerimientos en términos de capital humano (OCDE, 1994, pp. 33-38).

alcanzado un grado importante de desarrollo en las décadas pasadas, se han reducido y han perdido su poder de negociación y reivindicación y en algunos casos prácticamente han desaparecido en el curso de los procesos de ajuste y de aplicación de las reformas estructurales. Esto es especialmente válido en lo que concierne a las cooperativas de transformación y de comercialización de bienes agrícolas. Con ello se ha afectado negativamente la capacidad negociadora de estos productores frente al poder monopsónico de las grandes cadenas agroindustriales y de supermercados.

Así, dados los cambios institucionales antes descritos, es evidente la fragilidad de los pequeños productores agrícolas de la región frente al nuevo escenario interno e internacional, que privilegia al sector privado y los mecanismos de mercado como determinantes de la orientación y la dinámica del sector. De hecho, la fuerte reducción del número de pequeñas explotaciones agrícolas en muchos países latinoamericanos pone de manifiesto la escasa resistencia que esos productores pudieron oponer a las nuevas condiciones, debilidad que venía a su vez determinada por las políticas sectoriales que se habían aplicado antes del proceso de reformas. En suma, como hemos ya planteado, la diferenciación actual entre productores dinámicos y rezagados nace de una diferenciación anterior. De ello se desprende que la tarea actual consiste no tanto en promover la equidad, sino en desarrollar mecanismos, en el ámbito del nuevo cuadro institucional, capaces de garantizar la viabilidad de la pequeña agricultura y su coexistencia con los productores más dinámicos. De otro modo, las condiciones de vida de vastos sectores del agro podrían deteriorarse hasta un punto difícil de prever.

Consideraciones finales

Tres grandes líneas temáticas parecen resumir los problemas más importantes que sigue presentando el sector rural de la región, problemas que, pese a todos los intentos, no lograron ser resueltos en los años noventa y que seguramente serán objeto de debate en el futuro inmediato. Se trata de:

- la dependencia tecnológica, especialmente de los pequeños agricultores, frente a los grandes grupos empresariales ligados al sector agroalimentario;
- la inserción internacional de los países de la región, dadas las transformaciones en el mercado mundial de productos agrícolas y las nuevas reglas que nacen de las negociaciones comerciales multilaterales, y
- el financiamiento de largo plazo del sector, tanto el necesario para enfrentar las nuevas exigencias tecnológicas como el destinado a inversiones de contenido social, como crédito para la pequeña agricultura, compra de tierras para la reforma agraria y otros aspectos análogos.

En lo que se refiere al primer punto, los cambios tecnológicos en curso, basados primordialmente en el desarrollo de la biotecnología, plantean los problemas de reglamentar los derechos de propiedad y de proteger el medio ambiente, los recursos naturales y la diversidad biológica. En ese contexto, las principales preguntas son: ¿Cuáles son las consecuencias de esta revolución en términos de acceso a las innovaciones y en términos de dependencia con respecto a las empresas que las generan? ¿Podrán los países latinoamericanos y caribeños, poseedores de la mayor diversidad biológica del planeta, desarrollar instrumentos para reglamentar las actividades que las grandes empresas multinacionales están realizando en sus territorios y para preservar de esa manera sus recursos naturales? ¿Cómo capacitar a la región para que pueda exigir la participación que le corresponde en las innovaciones tecnológicas creadas sobre la base de su propia diversidad biológica?

En cuanto al segundo punto, las nuevas tendencias del mercado mundial de productos agropecuarios están modificando el concepto de competitividad internacional hasta ahora vigente, pues en lo venidero ésta va a depender cada vez más de la capacidad de los países de diferenciar productos, de agregarles valor, pero principalmente de su eficacia para conquistar mercados potenciales. En este nuevo panorama parece debilitarse aún más la noción tradicional de competitividad, fundada en ventajas comparativas naturales o en diferencias estacionales de producción entre continentes, rasgos en los cuales precisamente se ha basado a lo largo de la historia la competitividad de América Latina en el plano de la producción agrícola. Así, dados estos cambios en el escenario internacional, se plantea la necesidad urgente de realizar inversiones en la región para estudiar los nuevos mercados y desarrollar productos que se ajusten a las demandas del mercado mundial. Por otra parte, en lo que se refiere a las relaciones comerciales con los países desarrollados, debe ser motivo de preocupación el que los países de América Latina y el Caribe no cuenten todavía con una estrategia individual o colectiva para hacer valer sus intereses en las rondas internacionales de negociaciones agrícolas. En contraste, los Estados Unidos y los países de la Unión Europea, es decir, los principales países desarrollados, sí disponen de estrategias específicas y cuentan además con su inmenso poder político y económico para imponer sus intereses.

Finalmente, el problema del financiamiento de largo plazo del sector, cuestión clave para su desarrollo, dista mucho de estar resuelto. Menos aún cuando las instituciones nacionales que tuvieron la responsabilidad de allegar fondos al sector han sido desmanteladas casi en su totalidad, y las funciones respectivas han sido traspasadas al mercado de capitales y al sistema financiero nacional e internacional, que por lo general no están diseñados para atender las necesidades propias del agro, particularmente de la pequeña agricultura. Entre los factores que impiden que este mercado disponga de recursos para el sector, están las condiciones en que normalmente operan los sistemas financieros nacionales, donde muchas veces las tasas de interés reflejan el estado de las cuentas públicas y no el costo real del dinero para las actividades productivas. En cuanto a las posibles fuentes de financiamiento, es bien sabido que las relaciones entre el sector financiero y el agrícola cambiaron notoriamente en los años noventa en virtud de la apertura comercial y el fin de los incentivos económicos. Como resultado de ello, han cobrado particular vigor en los últimos años otras fuentes de financiamiento, como el mercado externo de crédito, o el crédito proveniente de los exportadores o las agroindustrias, lo cual no ha dejado de traer consigo nuevas dependencias y vulnerabilidades. Medir la capacidad y las necesidades de financiamiento de los distintos tipos de productores, definir las formas que está asumiendo el financiamiento de la producción rural (por la vía del sistema financiero o de otras fuentes), y determinar los costos financieros que puede soportar el sector dados los actuales niveles de rentabilidad, son algunas de las incógnitas que persisten.

Así, para trazar la estrategia que habrá de seguirse en cada uno de estos tres planos, será necesario comprender previamente cuáles serán la trayectoria y la configuración del sector en el largo plazo. Debe tenerse en cuenta, sin embargo, que seguirán haciéndose sentir, en forma paralela, el problema de la generación de empleo y de otros problemas que, estando presentes desde antes de las reformas, se han visto agravadas por estas últimas, como la concentración de la propiedad, la desigualdad y la exclusión social y productiva de un gran número de pequeños productores.

En todos estos problemas es posible percibir, como factor común, la ausencia cada vez notoria de una institucionalidad que pueda encauzar los intereses del sector y orientarlo en cuanto al camino a seguir, dados los cambios que están ocurriendo o que están por venir. Así, se torna clara la urgencia de elaborar un marco institucional-regulador que colme las lagunas dejadas por el empequeñecimiento del Estado y la destrucción de gran parte de sus instituciones de bienestar público. Estos dos últimos fenómenos estuvieron acompañados de la eliminación o de la drástica reducción de los instrumentos de política sectorial, como los precios de garantía, el crédito y la asistencia técnica. Hoy, en el contexto de las políticas de estabilización y de intervención mínima del Estado, la política comercial quedó básicamente como el único mecanismo de sustentación y estímulo de las actividades productivas, y además ha sido manejada de modo de favorecer a los productores y productos más dinámicos, promoviendo una intensificación de la heterogeneidad dentro del sector agropecuario. Este hecho, probablemente la consecuencia más negativa del actual modelo de desarrollo, indica al mismo tiempo cuál es la principal tarea política de América Latina y el Caribe con respecto al agro. Como hemos dicho ya, es una tarea que nunca ha dejado de estar presente en la región, sólo que ahora las reformas de las últimas décadas la han vuelto mucho más ardua y más urgente de acometer.

Bibliografía

Barro, Robert y Xavier Sala-i-Marti (1991), "Convergence Across States and Regions", Brookings Papers on Economic Activity, N° 1.

BID (Banco Interamericano de Desarrollo) (1998), *América Latina frente a la desigualdad, Progreso económico y social en América Latina. Informe del Progreso Económico y Social en América Latina 1998-1999*, Washington, D.C.

Bradford, Kent J. (1999), "Sistemas de entrega para la biotecnología vegetal", *Agronomía y forestal UC*, año 1, N° 4, Santiago de Chile, Facultad de Agronomía e Ingeniería Forestal, Pontificia Universidad Católica de Chile.

Cepal (Comisión Económica para América Latina y el Caribe) (1999) *Panorama social de América Latina, 1998* (LC/G.2050-P), Santiago de Chile. Publicación de las Naciones Unidas, N° de venta: S.99.II.G.4.

David, María Beatriz de A., Philippe Waniez, Violette Brustlein, Enali M. de Biaggi, Paula de Andrade Rollo y Monica dos Santos Rodrigues, (1999a), *Transformaciones recientes en el sector agropecuario brasileño: lo que muestran los censos*, serie Libros de la Cepal, N° 53 (LC/G.2064-P), Santiago de Chile, Comisión Económica para América Latina y el Caribe (Cepal). Publicación de las Naciones Unidas, N° de venta: S.99.II.G.48.

─────, Martine Dirven y Frank Vogelgesang (1999b), "The Impact of the New Economic Model on Latin America's Agriculture", *World Development,* Volume 28, Number 9, September 2000.

─────, (1999c), "Demandas por políticas de desenvolvimiento rural en Brasil", *Reforma Agrária e Desenvolvimento Sustentável,* Ministério do Desenvolvimento Agrário, Núcleo de Éstudos Agrários e Desenvolvimento (NEAD), Brasilia, 2000.

Dirven, Martine (1999), "El papel de los agentes en las políticas agrícolas: intenciones y realidad", *Revista de la Cepal*, N° 68 (LC/G.2039-P), Santiago de Chile, agosto.

Hayenga, Marvin (1998), "Structural change in the biotech seed and chemical industrial complex", *AgBioForum*, Vol. 1, N° 2, Columbia, Universidad de Missouri (http://www.agbioforum.missouri.edu). Citado en Kent J. Bradford, "Semillas: sistemas de entrega para la biotecnología vegetal", *Agronomía y Forestal UC*, año 1, N° 4, Santiago de Chile, Facultad de Agronomía e Ingeniería Forestal, Pontificia Universidad Católica de Chile, 1999.

Lafay, Gérard y Herzog, Colette (1989). "Commerce international: la fin des avantages acquis", París, Economica.

Morales, César (1999), "La introducción de mecanismos de mercado en la investigación agropecuaria y su financiamiento; cambios y transformaciones recientes", serie *Desarrollo productivo*, N° 53 (LC/L.1181), Santiago de Chile, Comisión Económica para América Latina y el Caribe (Cepal).

Muñoz, J. (1999), "Los mercados de tierras rurales en Bolivia", serie *Desarrollo productivo*, N° 61 (LC/L.1258-P), Santiago de Chile, Comisión Económica para América Latina y el Caribe (Cepal). Publicación de las Naciones Unidas, N° de venta: S.99.II.G.32.

Ocampo, José Antonio (2000), "Agricultura y desarrollo rural en América Latina: tendencias, estrategias, hipótesis", *El impacto de las reformas estructurales y las políticas macroeconómicas sobre el sector agropecuario de América Latina*, Santiago de Chile, Comisión Económica para América Latina y el Caribe (Cepal), en preparación.

OCDE (Organización de Cooperación y Desarrollo Económicos) (1994), *Farm Employment and Economic Adjustment in OECD Countries*, París.

Tejada, A. y S. Peralta (1999), "Mercados de tierras rurales en la República Dominicana", serie *Desarrollo productivo*, N° 77 (LC/L.1367-P), Santiago de Chile, Comisión Económica para América Latina y el Caribe (Cepal), en prensa.

Tejo, Pedro (1999), "Los cambios del agro chileno en las últimas décadas vistos por los censos", Santiago de Chile, inédito.
Vargas, R. (2000), "Colombia: el programa de desarrollo integral campesino del Fondo Dri", documento presentado al seminario "Experiencias exitosas de combate a la pobreza rural en América Latina", convocado por la Organización de las Naciones Unidas para la Agricultura y la Alimentación (FAO), la Comisión Económica para América Latina y el Caribe (Cepal) y la Red Internacional de Metodología de Investigación de Sistemas de Producción (Rimisp), Santiago de Chile, 27 y 28 de enero del 2000.

Capítulo 3
EL MODELO AGRÍCOLA DE AMÉRICA LATINA EN LAS ÚLTIMAS DÉCADAS (SÍNTESIS)

Pedro Tejo*

Resumen

Este artículo fue concebido con el fin de aglutinar en una visión de conjunto el contenido de siete estudios, referidos a otros tantos países de América Latina, sobre los impactos que tuvieron en la agricultura las reformas aplicadas en la región durante los años ochenta y noventa.

Se puede decir que a partir de estas reformas, la agricultura de la región se desenvolvió en un contexto institucional de menor respaldo público que en el pasado, reducción que estuvo basada en dos argumentos: la gran distorsión que existía en los precios vinculados al sector, y el fuerte déficit fiscal que implicaban los aportes estatales a la agricultura.

La política para el sector debió ser redefinida. Entre los países en estudio hubo en tal sentido una gran diversidad de experiencias. En unos fue necesario ser muy pragmáticos y dejar de lado la ortodoxia. En otros las políticas se aplicaron en forma gradual. Y en otros se puso el acento en el desarrollo de mecanismos que compensaran los efectos de la política global que se seguía para toda la economía.

Este artículo concluye que el cambio dio lugar a nuevas formas de heterogeneidad, que los estudios detectan al analizar el tipo de productor existente en la región así como las características que pasaron a predominar en la estructura de la producción. Y concluye finalmente que el desempeño del sector no fue igual en todos los países de la región. En algunos crecieron notoriamente la producción y el comercio; a otros las reformas les permitieron recuperarse de un estancamiento crónico, mientras que otros tuvieron un desempeño claramente negativo.

---

* Oficial de Asuntos Económicos, Unidad de Desarrollo Agrícola, División de Desarrollo Productivo y Empresarial de la Cepal.

Introducción

La Unidad de Desarrollo Agrícola de la Cepal encomendó la realización de siete estudios tendientes a conocer el impacto de las reformas en la agricultura de la región, referidos respectivamente a Argentina, Bolivia, Brasil, Chile, Colombia, Costa Rica y México, cuyos resultados permiten delinear algunas pautas generales.

En los años ochenta y noventa se introdujeron en los países de la región profundas reformas económicas. A partir de ellas, la agricultura se desenvolvió en un contexto institucional de menor respaldo público, cambio que, a nuestro juicio, fue el eje de toda la reforma y que de hecho resultó crucial para el desempeño del sector. En efecto, significó reducir los subsidios, que constituían una fracción importante de las ganancias del sector. Para aplicar tales medidas, fue necesario modificar las instituciones públicas y sus mecanismos de financiamiento. Para justificar este cambio en el papel del Estado, se acudió a dos argumentos: la gran distorsión que existía en los precios vinculados al sector, y el fuerte déficit fiscal que implicaban los subsidios a la agricultura.

Ello significó que se pusiera en marcha un proceso de readaptación de la agricultura. Los estudios de los países muestran que hubo agentes económicos que lo lograron, mientras una inmensa mayoría quedaba marginada del proceso, aunque en distinto grado.

Las medidas adoptadas repercutieron en tres ámbitos: i) en la revalorización de los insumos, la producción y los servicios que actuaban como soportes de ésta, con la intención de alinearlos con los precios internacionales a medida que se ponía en obra la apertura comercial; ii) en la búsqueda de una mayor participación del sector privado, en la medida en que el Estado le dejaba un campo de acción más amplio, como de hecho ocurrió en un plano tan decisivo para el sector como el de la investigación y la innovación tecnológica, y iii) en el fortalecimiento del mercado, particularmente el de tierras y aguas, y en el consiguiente fortalecimiento de la propiedad privada.

Surgieron así problemas en toda la región. La apertura le ocasionó al sector problemas de rentabilidad que obligaron a las autoridades a retroceder en la política comercial o a crear paliativos *ad hoc*, como las bandas de precio. La imperfección de los mercados se hizo sentir en la falta de información, al tiempo que la insuficiente infraestructura distorsionaba el funcionamiento armónico de los distintos mercados. En la comercialización, por ejemplo, no se crearon canales alternos para remplazar la acción del Estado a la velocidad requerida. Faltaron las señales adecuadas y oportunas.

Más tarde, ello hizo necesario redefinir las políticas económicas adoptadas en un primer momento. Hubo aquí, sin embargo, una gran diversidad. Para la supervivencia del sector fue necesario ser muy pragmáticos, dejando de lado en muchos momentos la ortodoxia. Se debió recurrir a las regulaciones como forma de hacer participar al Estado de todas maneras como agente insustituible en determinados campos y en determinados momentos, especialmente durante las crisis que vivió el sector. Hubo que aplicar gradualmente las políticas, para minimizar así los impactos no deseados. También fue preciso desarrollar abiertamente políticas compensatorias –por ejemplo, ayuda para la reconversión productiva– cuando la dotación de factores productivos no dejaba otra opción.

El principal efecto de las reformas fue la acentuación de la heterogeneidad del sector, en lo que se refiere tanto al tipo de productor como a las características que pasaron a predominar en la estructura de la producción.

Los distintos tipos de productores están ahora más condicionados que en el pasado por el acceso que logran o no a los mercados distribuidos a lo largo de toda la cadena que va desde la producción a la distribución. De ese condicionamiento surgieron nuevas formas de gestión que cambiaron la escala operativa de la producción. El predio dejó de ser la unidad de producción, y pasó a ser remplazado de manera creciente por un conglomerado que reúne a propietarios, administradores e inversionistas en torno a una única explotación. Aparecieron nuevas formas de articulación entre los agentes, entre los mercados, y entre los agentes y el mercado. La producción se diversificó: surgieron productos no tradicionales y retrocedieron al mismo tiempo los tradicionales. En algunos países estos procesos fueron marginales y en otros sustantivos, pero siempre comprometieron el crecimiento y la composición de la producción agrícola.

El desempeño del sector no fue homogéneo en los distintos países de la región: en algunos crecieron notoriamente la producción y el comercio; a otros las reformas les permitieron recuperarse de un estancamiento crónico, mientras que otros tuvieron un desempeño negativo.

La desigualdad de condiciones entre los agentes les impidió enfrentar de igual forma las nuevas reglas del juego. Se estaba a un lado de la balanza si la nueva relación entre precios recibidos y pagados resultaba favorable y si a ello se agregaban mejoras en el rendimiento de la fuerza de trabajo y de la tierra, fenómenos estos que, juntos o separados, permitieron compensar la reducción de los subsidios. En caso contrario, se estaba al otro lado de la balanza, el menos favorable para la rentabilidad del sector. El lado predominante determinó el resultado final, aunque ello no niega la existencia de éxitos o fracasos parciales, que los estudios se encargan de detallar. En los resultados comerciales, por lo general positivos, las diferencias derivaron del distinto grado de inserción que se logró en los mercados internacionales, aunque a esos resultados positivos hay que restarles los perjuicios que significó para la producción interna el quedar desprotegida en escenarios internacionales no siempre neutrales.

El presente documento está dividido en tres secciones. La primera aborda el diseño y la aplicación de la política económica en la agricultura latinoamericana, detallando las medidas específicas para el sector, las definiciones y redefiniciones que experimentó la política, y el modo en que las transformaciones macroeconómicas repercutieron en el comportamiento microeconómico del sector. En la segunda se examinan las nuevas formas de heterogeneidad que aparecieron en el medio rural después de las reformas, marcadas por la distinta capacidad de respuesta de los agentes, el funcionamiento no siempre perfecto de los mercados, y los distintos tipos de productores que surgieron como resultado de este proceso. En la tercera se hace una evaluación del sector centrada en dos parámetros: la dirección en que se movió la rentabilidad, y los efectos que tuvo la política en la competitividad de la agricultura de los siete países estudiados.

A. Diseño y aplicación de la política

La agricultura de la región experimentó notables cambios en el curso de los años ochenta y noventa. Su comportamiento dependió de las definiciones más globales que se adoptaron en la economía, pero también de ciertas particularidades que permiten hablar de una política sectorial.

Ésta adquirió su particularidad a partir de lo que era la realidad específica del agro antes de las reformas, en la cual el apoyo del Estado resultaba esencial para el desarrollo del sector, realidad que cambió al reducirse el respaldo estatal. Hubo, sin embargo, gran diversidad en la aplicación de las políticas, con experiencias que van desde la ortodoxia al pragmatismo, otras en que las reformas se implantaron de modo gradual, y otras, por último, que pusieron especial cuidado en tratar de compensar el efecto de las reformas.

Vistas estas transformaciones macroeconómicas desde una perspectiva microeconómica, se aprecia que hubo un real proceso de adaptación entre las unidades productivas. Debieron reaccionar a los nuevos estímulos que representaban los mercados y sustituir el soporte de los subsidios por el aprovechamiento de mejores precios, por el aumento de la productividad, o por una mejor combinación de ambos. Estos factores delinearon la viabilidad o inviabilidad de los distintos agentes, y contribuyeron a marcar las grandes diferencias que subsisten en el sector.

En suma, las reformas adoptaron diversos estilos y pasaron por distintos filtros, lo cual impide decir que haya un proceso único y de fácil evaluación. Hubo éxitos y fracasos y, al mismo tiempo, un rico abanico de experiencias y enseñanzas.

1. Las políticas hacia el sector

Como ya se dijo, antes de las reformas la política económica se expresaba esencialmente en el aporte que el Estado hacía al sector. Con las reformas, hubo un evidente retiro del Estado y el sector debió ajustarse a tasas de interés real positivas, a la alineación de los precios internos con los internacionales, y a la búsqueda de nuevas formas de financiamiento para las actividades de investigación e innovación tecnológica. Asimismo, debió acomodarse a las nuevas condiciones de funcionamiento de los mercados de insumos y de comercialización donde antes había estado presente el Estado para asegurar la rentabilidad del sector y a las del mercado de factores, especialmente con relación a la tierra y el agua.

Como se indicó también, las reformas tuvieron dos objetivos fundamentales: el primero, específico del sector, consistía en corregir la fuerte distorsión de los precios agrícolas; el segundo, más general, apuntaba a reducir el importante déficit fiscal que ello ocasionaba, con las consiguientes presiones inflacionarias sobre la economía. Ambos objetivos se cumplieron, pero con distintas historias en los diferentes países de la región.

a) *La situación antes de las reformas*

La situación que prevalecía en el sector agrícola antes de las reformas se caracterizaba por la fuerte ayuda que recibía del Estado en la producción y comercialización. En los años setenta, por ejemplo, el Estado cubría la demanda interna de insumos agrícolas, como fertilizantes, tractores, equipos mecánicos y otros. Bajo el esquema de incentivos fiscales, el principal aporte estaba constituido por el crédito rural a tasas subsidiadas. En la comercialización, el Estado aportaba con programas de sustentación de precios mínimos. El Estado intervenía no sólo en el desarrollo del propio sector, sino también en su entorno, con el respaldo otorgado al desarrollo de la infraestructura y la innovación tecnológica. También facilitó en algunos países la expansión de la frontera agrícola en zonas muy productivas, como ocurrió en el centro-oeste y el centro de Brasil.

A fines de los años ochenta y después de serias crisis de crecimiento, en la mayoría de los países de la región se puso fin a ese modelo intervencionista. Prevalecía una seria distorsión de los precios, reflejada en especulación y en monedas subvaluadas, con un tipo de cambio en los mercados paralelos que no reflejaba el valor que fijaba el banco central, a lo que se sumaba un gran déficit fiscal en un contexto inflacionario y a veces hiperinflacionario. Se dio paso así a un nuevo modelo, con una política mucho más liberal, cambio que se tradujo en la interrupción del modelo de crecimiento agrícola que había tenido la región durante muchas décadas.

La situación no era igual en todos los países. En Argentina, por ejemplo, el sector agropecuario estaba fuertemente discriminado antes de las reformas, discriminación que significaba que los precios agropecuarios representaran sólo la mitad del nivel que habrían alcanzado en una situación de libre comercio. La discriminación nacía de dos fuentes: una directa, el impuesto a las exportaciones, y otra indirecta, la diferencia porcentual que existía entre la tasa de cambio libre de mercado y la tasa efectivamente vigente. En la actualidad, esto es, después de las reformas, los productores argentinos de cereales y oleaginosas captan una mayor proporción del precio internacional que en los años ochenta.

b) *Las reformas*

El cambio que experimentó el sector con las reformas fue sumamente amplio y profundo. Abarcó las medidas de apoyo a la producción, donde figuran los cambios ocurridos en relación con los insumos, el crédito y los gastos para investigación y extensión. También afectó la formación de los precios, tanto de los precios recibidos como de los pagados al productor, y se dejó sentir asimismo en los subsidios y aranceles, y en las labores extraprediales, como la comercialización y otras. El marco institucional también experimentó cambios, con las transformaciones administrativas y operacionales del sector público vinculado a la agricultura y las modificaciones que se acometieron en la legislación agraria. Se trató, en suma, de un gran espectro de reformas, unas en el diseño de política y otras en el plano estructural, que se transformaron en una fuente inagotable de diferentes señales según los países y las etapas de aplicación.

i) *Apoyo a la producción*

Hasta antes de las reformas, prácticamente todos los insumos de la actividad agrícola (fertilizantes, diesel, agua, energía eléctrica, semillas mejoradas) estaban subsidiados. Con la reducción de los subsidios se inició, en consecuencia, la revalorización de los insumos a precios de mercado, como respuesta a las restricciones presupuestarias y al lineamiento macroeconómico de reducir la participación del Estado en la economía. Con el mismo criterio, se abandonó también la acción del Estado en la producción de fertilizantes, al privatizarse las plantas estatales pertinentes. Además, se modificaron diversas normativas que favorecían al Estado en la producción, certificación y comercio de semillas, y se promulgaron leyes que entregaban mayores facultades al sector privado en esta materia.

Antes de las reformas, el sector agropecuario había recibido importantes subsidios por la vía de las tasas de interés. Fue éste un eficaz instrumento en la década de 1970 e inicios de la de 1980, que comenzó a ser desmantelado desde mediados de este último decenio hasta ser posteriormente eliminado. El crédito agropecuario, por otra parte, también disminuyó con las reformas, y en varios países, como Brasil o México, llegó a ser sólo el 50% de lo que había sido en el período anterior.

En otros países, como Chile, el principio de la no discriminación entre los sectores se tradujo en la vigencia de una tasa de interés de mercado, y el sector privado asumió el papel protagónico en las colocaciones en el sector agropecuario y uno muy secundario las instituciones públicas. También se buscó, junto con lo anterior, un sistema que condujera al otorgamiento de subvenciones o pagos directos, como ocurrió particularmente en Colombia con la fijación de criterios de asignación de recursos vinculados al fomento y a proyectos que tuvieran efectos en la competitividad.

Sin embargo, el impacto del financiamiento no siempre fue el mismo. En Argentina, por ejemplo, el efecto fue positivo. La tasa de interés partió muy alta en el momento de aplicación del plan de convertibilidad, aunque tuvo valores negativos en algunos tramos de los años ochenta. La aplicación del plan, sin embargo, llevó a la economía hacia una estabilización y un valor cada vez menor de la tasa de interés, pero siempre positiva en términos reales. La cartera agropecuaria aumentó considerablemente en términos absolutos. El Banco de la Nación Argentina (BNA) tuvo una participación creciente en este proceso. Se facilitó también el endeudamiento del sector con agentes privados a través de mecanismos de crédito con proveedores, deuda que llegó a ser en algunos casos similar a la deuda con la banca.

Los pequeños y medianos productores no superaron, sin embargo, sus dificultades de acceso al crédito, especialmente por no poder cumplir como en el pasado con las exigencias de garantía impuestas ahora por las nuevas modalidades de otorgamiento del crédito bancario. También creció la cartera vencida. Hubo desarrollo del sector financiero, pero marcado por la selectividad. En Bolivia, por ejemplo, se constata una presencia limitada de entidades financieras en el área rural, junto con un modesto nivel de cobertura y de diversificación de los servicios financieros, pese al importante avance registrado por estas entidades desde principios de los años noventa. El resurgimiento de la banca privada a fines de los años ochenta en ese país fue lento, y su apoyo se concentró casi exclusivamente en el cultivo de la soya.

Atendiendo a la nueva realidad, comenzaron a crearse organizaciones *ad hoc* para la investigación agropecuaria, como las fundaciones Produce en México, que respondían a dos objetivos principales: i) comprometer a los productores agropecuarios en la toma de decisiones de investigación, y ii) diversificar las fuentes de financiamiento para ésta. Sin embargo, hasta la fecha no han canalizado recursos para tal efecto y se ha reducido sustancialmente el servicio de extensión. Se ha pretendido que los productores participen en el costo de estos programas, pero en su gran mayoría no han hecho hasta ahora grandes aportaciones.

Dentro de la nueva política, las empresas debieron acceder al mercado de tecnologías y resolver en forma individual la incorporación del progreso técnico. Al reducirse drásticamente los aportes directos del Estado al financiamiento de los institutos de investigación, las empresas se vieron obligadas en forma creciente a obtener recursos propios mediante la venta de tecnología. Más tarde, sin embargo, la demanda cada vez mayor de investigación para seguir avanzando en productividad y en competitividad obligó a restituir el aporte estatal. Hasta el momento prevalece la modalidad de asistencia técnica privada, por la vía de un subsidio a la demanda, manteniendo en algunos casos líneas de crédito o aportes públicos especiales para tales fines.

En unos pocos países, como Bolivia, la investigación agropecuaria recibió importante ayuda externa, merced a programas financiados por agencias multilaterales y bilaterales de cooperación internacional.

ii) Cambios en la formación de los precios

Hasta antes de las reformas, la mayoría de los cultivos contaban con precios de garantía. Las reformas redujeron esos precios, con algunas excepciones iniciales que después fueron paulatinamente eliminadas. La política de precios significó la liberación de los precios internos y su progresiva alineación con los precios internacionales. La referencia básica para la fijación de precios, cuando la hubo, eran las cotizaciones internacionales y los aranceles vigentes. Aunque se procuró por este medio mantener constante el ingreso de los productores, prevaleció en la determinación de los precios el objetivo macroeconómico de abatir la inflación. Por otra parte, los controles de precios que se establecían a nivel del consumidor comenzaron también a ser liberalizados.

Aunque los precios internos hacen referencia en la actualidad a los internacionales, hay factores que aún distorsionan una equivalencia absoluta entre ambos. Se cuentan entre ellos la falta de información de mercados, la insuficiente e ineficiente infraestructura de almacenamiento y de transporte, los créditos subsidiados en los países de origen para la importación de granos, y los altos costos financieros. Estos factores hacen que los productores reciban en ocasiones precios inferiores a sus referencias internacionales.

En Argentina, como ya se indicó, el sector agropecuario estaba fuertemente discriminado. Por eso, la apertura significó que los precios se situaran por encima de los existentes antes de la reforma, a un nivel que se estima en el doble de estos últimos precios.

Con los cambios en los precios internos, se intensificó la competencia entre las importaciones y la producción nacional. Sin embargo, se instalaron filtros para facilitar las labores de reconversión productiva y se introdujeron de diversas maneras pagos directos a los agricultores. En México, por ejemplo, el productor inscrito en un determinado programa recibía siempre el mismo pago por hectárea sembrada, independientemente del cultivo al que se dedicara y de los rendimientos obtenidos. Es decir, existieron de todas maneras subsidios para los precios que se iban formando con la liberalización.

La política arancelaria y no arancelaria para el sector agropecuario siguió la misma tendencia, aunque en forma más lenta, que la definida para los restantes sectores de la economía. Después del predominio de economías bastante cerradas, en un lapso relativamente corto se llevó a cabo un profundo proceso de apertura comercial. El sector agropecuario de México fue, sin embargo, una excepción a este respecto durante un tiempo, pero posteriormente, con la entrada en vigor del Tratado de Libre Comercio de América del Norte (TLC), incluso en este país se establecieron reglas para la apertura total del sector.

No obstante, la apertura del sector no fue continua, pues también tuvo momentos de retroceso. En efecto, a causa de los problemas de rentabilidad que suscitó la apertura y de la presión de algunas organizaciones de productores, fue necesario, en pleno proceso de liberalización, elevar nuevamente los aranceles y restituir algunos permisos de importación.

iii) Apoyo fuera del predio

La creciente participación del Estado en los mercados agrícolas durante los años setenta y principios de los ochenta demandó cada vez mayores recursos presupuestarios. Las transferencias fiscales medidas con relación al valor del producto interno bruto (PIB) se incrementaron constantemente y llegaron a comprometer algo más de 1% del PIB.

El retiro posterior del Estado de los mercados agrícolas y la inexistencia de canales alternos de comercialización, ante una economía además ya abierta, provocaron problemas de comercialización que obligaron a implantar posteriormente mecanismos de apoyo para tal fin. Sin embargo, a diferencia de las instituciones públicas anteriores, que compraban directamente la cosecha, se han buscado nuevos mecanismos, que se orientan ahora a los consumidores, en el sentido de tornar atractiva la compra de la producción interna.

Al igual que en el resto de la economía, y siguiendo los lineamientos generales de desregulación de mercados y reducción de organismos y empresas paraestatales no prioritarias, las instituciones oficiales del sector agropecuario perdieron presencia, como resultado de lo cual el presupuesto asignado a estos organismos y el personal que en ellos laboraba disminuyeron durante los últimos 15 años.

Quizá los problemas internos de los ministerios de agricultura han contribuido a que permanezcan dispersos los instrumentos de política agropecuaria, y a que el peso de estos ministerios en las principales decisiones de política sea relativamente menor. Así, el diseño de las políticas de mayor impacto de corto plazo en el sector agropecuario ha recaído no en ellos sino en otras instituciones.

Por ejemplo, uno de los principales cambios en la política de riego, en consonancia con la política general, fue el intento de transferir los mecanismos de riego manejados por el Estado a sus usuarios, con lo cual éstos debieron cubrir los costos de operación. El lograr la autosuficiencia financiera en estas operaciones implicó un incremento considerable de las cuotas pagadas por el agua. En México, por ejemplo, las cuotas de los usuarios del riego cubrían en 1982 el 10% de los costos de operación correspondientes, proporción que se elevó a 80% en 1997.

iv) Transformaciones estructurales

Dos transformaciones de fondo se introdujeron en el derecho de propiedad de la tierra y del agua, consistentes en el desarrollo de los respectivos mercados, procesos en los cuales destacan los cambios ocurridos en Chile y México.

La reforma agraria de los años sesenta dejó en Chile más del 40% de los mejores suelos en manos del sector reformado. Sin embargo, bajo la denominación de "regulación de la reforma agraria", en los años setenta se inició un proceso de restitución que cubrió el 30% de las hectáreas expropiadas, proceso que de todas formas no logró recomponer la situación anterior a la reforma. Los cambios en la estructura de tenencia de la tierra, con sus avances y retrocesos, constituyeron la base de un mercado de tierras y, por esa vía, del desarrollo de una forma de empresa agrícola más vinculada a la productividad y la rentabilidad que al uso extensivo del suelo.

Al mismo tiempo, varias disposiciones legales transformaron los derechos de agua en Chile, pues dejaron libre la utilización del agua y tales derechos pasaron a ser enajenables e hipotecables independientemente de la tierra.

En 1992 se llevó a cabo en México un cambio trascendental en materia de legislación agraria. Se reformó el artículo 27 de la Constitución y se promulgó una nueva ley agraria, con consecuencias fundamentales en materia de derechos de propiedad y formas de trabajo y asociación en el sector agropecuario. Los principales cambios de la reforma jurídica fueron el término del reparto agrario, el otorgamiento de mayor libertad a los ejidatarios y comuneros para arrendar o vender sus tierras, y la autorización a las sociedades mercantiles y civiles para ser propietarias de terrenos rústicos.

Estos profundos cambios crearon un marco legal más transparente para desarrollar la actividad agropecuaria, y otorgaron la seguridad en cuanto a la tenencia de la tierra que durante varios años habían demandado el sector privado y el ejidal. Asimismo, flexibilizaron los mercados de tierra y de fuerza de trabajo en el sector ejidal, cuyos miembros no podían antes arrendar ni vender sus predios, ni tampoco contratar fuerza de trabajo.

2. Definiciones y redefiniciones de la política sectorial

La diversidad de estilos en la implantación de las reformas sectoriales en la región fue más allá de lo previsto. La confrontación con distintos momentos de la coyuntura económica y, más profundamente aún, la capacidad de la sociedad de absorber y revisar los impactos de aquéllas, dieron lugar a un abanico de situaciones en los distintos países, que van desde experiencias que contemplaron etapas de ortodoxia, pragmatismo y regulaciones en la definición de las políticas, a otras que privilegiaron la ejecución gradual, o bien a otras que destacan por el intento de compensar los impactos de las reformas en el sector, tanto desde el Estado como desde una postura muy dinámica del sector privado.

a) *Ortodoxia, pragmatismo y regulaciones*

En Colombia, la mayoría de las reformas iniciales de liberalización comercial y desregulación de la economía se pusieron en marcha a partir de 1990. Se procedió a una desgravación arancelaria y a la eliminación de las barreras no arancelarias a las importaciones (cuotas, licencias previas y prohibiciones). Se emprendieron negociaciones en el seno de los países andinos tendientes a la adopción de un arancel común. Los precios de sustentación fueron remplazados por precios mínimos de garantía, los cuales se fijaban tomando en cuenta la fluctuación de los precios internacionales, que tenían que ser inferiores al piso de la franja de precios.

El objetivo era someter a mayor competencia a los productores nacionales, eliminar el manejo discrecional de las importaciones, suavizar el efecto interno de las fluctuaciones extremas de los precios internacionales, y reducir la intervención en el mercadeo agrícola interno.

No obstante, al coincidir estas transformaciones con un mal momento internacional, como resultado de lo cual todos los indicadores de desempeño del agro se vieron afectados negativamente, sobrevino una crisis en la agricultura que obligó a introducir algunas rectificaciones en el esquema anterior. En efecto, la fuerte caída de los precios internacionales contribuyó al deterioro de la rentabilidad de las actividades agrícolas y condujo a una profunda crisis de crecimiento de algunos rubros, especialmente del café.

En consecuencia, en 1993 se restablecieron los precios de intervención del Instituto de Mercadeo Agrícola (Idema) y se decretó el cierre temporal o definitivo de las importaciones de algunos bienes, especialmente pecuarios.

Entre 1994 y 1995 se introdujeron otras modificaciones que retomaban, aunque modificado, el espíritu inicial de las reformas, pues contemplaban acciones conjuntas entre el sector público y el privado. El objetivo era hacer participar a este último en la comercialización y reducir definitivamente las operaciones del Idema. Ello se puso en práctica mediante la suscripción de convenios, con aval estatal, entre agricultores y agroindustrias, que incluían la venta de las cosechas a precios y calidades previamente acordados. A cambio, el gobierno permitía importar una determinada cantidad con un arancel inferior al correspondiente a la franja, dejando abierta la posibilidad de importar todo lo que se quisiera a condición de pagar los aranceles correspondientes. También se eliminaron los subsidios a las exportaciones y se crearon fondos de estabilización de precios para los productos agrícolas de exportación, con el fin de suavizar el efecto de los precios internacionales sobre las exportaciones colombianas, fondos que fueron financiados y manejados conjuntamente por el sector público y el privado.

Con el propósito de combatir los efectos de la crisis, especialmente sobre los productores pobres del campo, y facilitar el tránsito hacia el modelo de internacionalización de la economía, entró nuevamente en acción el Estado, que puso en marcha programas de generación de empleo y de modernización y diversificación de los cultivos, así como otros tendientes a mejorar las condiciones de vida del campo (proyecto de reforma agraria, de pequeña irrigación, de asistencia técnica, de construcción o mejoramiento de viviendas).

En Chile, la fluctuación de las políticas fue bastante más marcada, según las exigencias impuestas por el desenvolvimiento de la economía. De una etapa muy ortodoxa de aplicación del modelo se pasó a una más flexible y pragmática, y posteriormente a otra de regulaciones de segunda generación.

En la etapa de mayor fidelidad al espíritu de las reformas, correspondiente al período 1973-1983, se adoptaron las medidas que dichas reformas contemplaban, aunque con excepciones, algunas nada triviales (de fomento forestal y otras en beneficio del sector agropecuario). Es decir, ortodoxia con notables excepciones. Las definiciones apuntaban a aspectos que tendieran a generar confianza entre los productores, como la formación de un mercado de tierras y agua que garantizara la propiedad privada, además de algunas piedras angulares como la libre comercialización de la producción del agro, el acceso al crédito sin discriminación entre los sectores, y el máximo desplazamiento del aparato público de las actividades productivas y de soporte de éstas.

Si bien se mantuvieron los poderes compradores y el control de las importaciones, ampliando o disminuyendo la cobertura de algunos rubros, la participación de los organismos del Estado tendió gradualmente a disminuir hasta su total extinción. Así, al cabo de un tiempo, la intervención estatal se limitó al trigo y las oleaginosas, rubros que quedaron sujetos a un sistema de precios de referencia, y a la remolacha, sujeta a su vez a un precio fijado en dólares y manejado bajo contrato.

La política forestal se orientó a otorgar decidido apoyo al desarrollo de este subsector, utilizando como mecanismo de fomento el subsidio a las plantaciones, con reintegros de 75% en una primera fase y luego de 90% de los costos de plantación. Ello se tradujo en un acelerado incremento de la superficie plantada, lo que habría de constituir la base para el ulterior impulso exportador de esta actividad.

El principio de no discriminación entre sectores se tradujo en una tasa de interés de mercado única. Posteriormente se establecieron líneas de apoyo preferencial por parte de instituciones estatales vinculadas al agro, cuya participación se redujo de todos modos en este período del 25% al 5% del total de las colocaciones. El sector privado asumió un papel protagónico en los préstamos para el sector.

También cayó la participación del Estado en las obras de riego y se redujeron los aportes estatales al presupuesto de los organismos de investigación, transferencia tecnológica y extensión.

Después de la crisis de los años ochenta, surgió una visión más pragmática y la acción del Estado volvió a la discrecionalidad, con el propósito principal de atenuar el efecto de las fluctuaciones que prevalecían en esos años en los mercados internacionales.

Así, se adoptaron diversas medidas que transgredían la ortodoxia precedente, aunque en lo medular se confirmó el tránsito hacia un modelo exportador, con un tipo de cambio real tendiente al alza y un arancel tendiente a la baja.

Como se indicó recién, se siguió una política encaminada a atenuar el impacto de las fluctuaciones del mercado internacional de algunos productos considerados sensibles, como el trigo, el aceite y el azúcar. Los instrumentos utilizados fueron la anticipación de las bandas de precio, la apertura por el Estado de poderes compradores y la fijación de valores aduaneros mínimos.

Por otro parte, en 1985 se definió una política deliberada de fomento de las exportaciones, que permitió a los exportadores recuperar los derechos de importación pagados por materias primas e insumos sin la exigencia de presentar documentos que acreditasen tales gastos, suponiendo un componente importado del 50%. Además, los exportadores pudieron acceder a un reintegro de 10% o 5% por los insumos nacionales incorporados a los productos exportados. El objetivo de ello era corregir la discriminación contra la industria nacional y el valor agregado nacional de las exportaciones. Chile acordó en el marco de la Ronda Uruguay eliminar este programa hacia el año 2003.

La participación del Estado se hizo más activa en materia de riego y política tecnológica. Con respecto a lo primero, se inició un programa de subsidio a las obras intraprediales, tendiente a incorporar nuevas superficies y a mejorar las existentes. Esta política permitió elevar la inversión pública, con participación del sector privado, lo cual fue un componente estratégico en el aumento posterior de la productividad agrícola.

En materia de política de investigación y desarrollo tecnológicos, disminuyó la participación del Estado en el gasto total directo, pero se otorgó una importancia creciente a los fondos concursables, en virtud de los cuales se exigía que el sector privado contribuyese al financiamiento de la investigación, aunque en la práctica fue el Estado el que terminó aportando la mayor parte de los fondos.

A partir de 1990 sobrevino una etapa en que el Estado ejerció un papel más activo, sin perder por eso los rasgos esenciales del modelo. El énfasis estuvo puesto en la regulación, el gasto social y en la celebración de negociaciones internacionales tendientes a ampliar los mercados, fortalecer los acuerdos internacionales e impulsar el aumento de la productividad mediante el mejoramiento de praderas y obras de riego.

Se mantuvieron las bandas de precio para el trigo, el azúcar y el aceite, y se incorporó a la harina. Simultáneamente se amplió la cobertura de los poderes compradores del Estado hacia zonas de secano más lejanas, en las cuales la presencia de la pequeña agricultura cerealera es importante y donde los agentes compradores son escasos.

En materia de inserción en los mercados, se insistió en la apertura externa con una serie de acuerdos de liberalización comercial de carácter multilateral y bilateral, incorporando en las negociaciones plazos de aplicación más extensos para determinados productos agropecuarios considerados sensibles.

Una de las medidas más significativas en este sentido fue la de retomar las grandes y medianas obras de riego, acompañadas por un impulso a los programas de subsidio para las obras intraprediales, a fin de facilitar el acceso de la pequeña agricultura a estos adelantos.

Se puso en ejecución un programa de recuperación de suelos encaminado a incrementar la productividad, preferentemente en las zonas ganaderas. Para ello se subsidió el uso de fertilizantes fosfatados, en un rango general de 30% a 75% del costo y de 50% a 80% para la pequeña agricultura.

b) *Aplicación gradual de las políticas sectoriales*

En otros países las reformas se aplicaron en forma más gradual, al tiempo que la acción del Estado conocía avances y retrocesos. Costa Rica es el país de la región que mejor ilustra este fenómeno, pues sus autoridades ensayaron un proceso de ajuste que mantuviera operando el aparato productivo vigente, a la vez que se tomaban medidas para desarrollar el nuevo sector exportador.

El Estado intervino activamente para superar la crisis económica de comienzos de la década de 1980 por medio de una estrategia global de reactivación, dentro de la cual figuraba la política agrícola. En esa línea, el Estado puso en práctica proyectos de desarrollo rural integrado y de modernización de la agricultura, encaminados a mejorar la infraestructura, atender los problemas sociales, y buscar un nuevo dinamismo para el sector. Ello se tradujo en cambios en la estructura productiva del agro y en una mayor vinculación al mercado externo y a la generación de divisas. Entre tanto, en el ámbito nacional se intentaba llevar a la práctica una reforma financiera y fiscal para estabilizar la economía.

Como parte de este proceso se dictaron diversas leyes y decretos que dieron paso a una abierta intervención del sector público, disposiciones entre las que se encuentran: i) un reglamento de impuesto sobre la diferencia cambiaria de las exportaciones; ii) el aumento a 6% del derecho *ad valorem* para la exportación de carnes; iii) un gravamen por caja de banano exportada; iv) un impuesto a la exportación de azúcar; v) un certificado de abono tributario simplificado para productos agropecuarios y agroindustriales, y vi) el otorgamiento de incentivos a las empresas bananeras, que fueron calificadas como casos especiales.

Posteriormente, en el período 1985-1990, se continuó con la diversificación de la estructura productiva y se estableció como prioridad mejorar los mecanismos de apoyo a la agricultura. Se reconocía a esas alturas la insostenibilidad de un Estado en las condiciones en que había operado antes de los años ochenta, es decir, se planteó la necesidad de poner límites a la acción del Estado. De ese modo, tomaron fuerza las reformas y la política macroeconómica implicó una menor intervención estatal en el sector silvoagropecuario. Sobrevino, en consecuencia, un período de ajuste estructural.

Con el ajuste estructural se pusieron en acción varias medidas rectificadoras de la política aplicada después de la crisis de los años ochenta. Se decidió: i) seguir una política de tipo de cambio flexible; ii) aplicar reducciones arancelarias, considerando la protección efectiva, para facilitar una mejor asignación de los recursos y alcanzar un mayor grado de competitividad en los mercados internacionales; iii) no introducir impuestos a las exportaciones no tradicionales; iv) deducir un 100% del impuesto a la renta para aquella parte de las utilidades netas obtenidas en las exportaciones no tradicionales a terceros mercados, y v) exonerar de impuestos a la importación de insumos para productos exportados fuera de Centroamérica.

En los años noventa, el sector continuó contando con un tipo de cambio devaluado y con el fomento decidido de las exportaciones. Además del apoyo al sector exportador, predominó una política de consolidación de la apertura comercial y de eliminación de la protección del sector silvoagropecuario.

c) *Políticas compensatorias para el sector*

En un tercer grupo de países, las políticas hacia el sector después de las reformas tuvieron un carácter eminentemente compensatorio. En Argentina, la política compensatoria se basó en un nuevo despliegue del Estado, mientras que en otros, como Brasil, partió desde el propio sector silvoagropecuario, merced al papel que pasaron a desempeñar los incentivos que surgieron después de la apertura de los mercados, particularmente del de insumos.

En Argentina, después de una primera etapa de desmantelamiento del aparato estatal, se pusieron en práctica, en una segunda etapa, diversos programas de intervención tendientes a compensar lo que se consideraban medidas macroeconómicas favorables a los productores empresariales.

El Estado dispuso programas de apoyo a la pequeña y mediana producción para facilitar los procesos de reconversión productiva y de sostenimiento de los minifundistas. Como las mayores privatizaciones habían tenido lugar en el ámbito de la distribución, en esta nueva fase se adoptaron programas tendientes a difundir, capacitar y promover diversas actividades comerciales. Hubo además programas sanitarios encaminados a la erradicación y control de enfermedades, con una función del Estado de promoción y auditoría.

En Brasil, la apertura significó que el Estado perdiera su capacidad de coordinar la estabilización de la renta del sector y la expansión de la frontera agrícola, función que ejercía principalmente por medio del crédito rural subsidiado y la política de precios de sustentación. La hipótesis que se formula aquí para interpretar la evolución que tuvo la producción a partir de fines de los años ochenta y en el curso de los años noventa, es que la reducción del crédito iniciada en 1983 obligó a los productores a bajar los costos medios de producción. Los nuevos mecanismos de incentivo dieron lugar a un aumento de la productividad en las explotaciones agrícolas, la cual se vio acompañada de una reducción moderada de la superficie cultivada y una disminución más intensa de la mano de obra.

En suma, a partir de mediados de los años ochenta la agricultura se enfrentó a nuevos incentivos, provenientes en lo principal de señales del mercado, en remplazo del crédito subsidiado, que había mantenido hasta entonces en alza los ingresos del productor.

3. Comportamiento microeconómico del sector

En los estudios se pone de manifiesto el modo en que reaccionaron los agentes económicos del medio rural a las reformas. Se constata que hubo mejoras en las ganancias operacionales. Los incentivos tendientes a maximizar los ingresos llevaron, por una parte, a que la producción se organizara en unidades de mayor tamaño y, por otra, a que se acentuara la mecanización, o bien se intensificara en las unidades la búsqueda de nuevas formas de producción y uso de tecnologías, las cuales variaron desde formas rudimentarias e ingeniosas hasta otras muy sofisticadas que les permitieran lograr los mejores rendimientos posibles. Este proceso dio lugar a la dinamización de algunos productores y a la exclusión de otros, y, en consecuencia, a nuevas formas de heterogeneidad en el medio rural. Se desarrolló, en estas condiciones, un fenómeno de adaptación y desadaptación de los agentes productivos.

Interesa definir con mayor precisión este fenómeno de adaptación y desadaptación. Tres son las variables que entraron en juego para modificar las ganancias de las unidades agrícolas: la relación entre precios recibidos y pagados; la productividad que alcanzaron, y los cambios en los subsidios netos que recibían. Las explotaciones que se adaptaron a las condiciones imperantes después de las reformas lograron que la diferencia de precios recibidos y pagados, los aumentos de productividad, o ambas cosas a la vez, compensaran las pérdidas en los subsidios que percibían antes. Las que no se adaptaron no obtuvieron ninguna de esas compensaciones, dado el comportamiento de los mercados en un contexto de apertura. Esta realidad de adaptación y desadaptación cruzó los distintos tipos de cultivos, formas de organización y tamaño de las explotaciones, contribuyendo a la gran heterogeneidad característica del agro de la región. La conclusión que se desprende de los estudios de unos más explícitamente que de otros es que las reformas dieron cabida a la dinamización de muchas explotaciones, especialmente las orientadas al mercado externo, pero excluyeron a muchas otras, que quedaron catalogadas como tradicionales, lo cual dio origen a su vez a una intensificación de la heterogeneidad.

B. Nuevas formas de heterogeneidad

Como se dijo, la gran heterogeneidad que caracteriza al sector agropecuario de América Latina se acentuó con las reformas, especialmente en lo referido a actores y mercados. Surgieron y se fortalecieron unos y se debilitaron o desaparecieron otros. Hubo cambios muy interesantes en los estilos de gestión y también en la articulación de los agentes entre sí, cambios que fueron de todos modos selectivos y, por tanto, excluyentes. El funcionamiento real de los mercados no fue perfecto, y aunque con el tiempo se eliminaron algunas imperfecciones, aparecieron también otras que no siempre garantizaron la igualdad de oportunidades entre los agentes. Para compensar esta mayor diferenciación, el Estado debió idear nuevas formas de intervención, como los programas de reconversión productiva. Se dinamizaron algunos mercados, como los externos, pero otros retrocedieron, como ocurrió con el mercado de cereales debido al avance de las importaciones de granos, que desplazaron a la correspondiente producción interna, tan importante en el pasado. Así, ciertos productores se fortalecieron y otros se debilitaron. En la heterogeneidad resultante, la distinción entre los diversos tipos de productores depende ahora más que en el pasado del grado de acceso a los mercados.

1. Capacidad de respuesta de los agentes

La mayor heterogeneidad resultante de las reformas se manifestó particularmente en cuatro ámbitos: i) Hubo una notable diferenciación en los estilos de gestión, que se tradujo en cambios en la escala de operación. ii) Surgieron con fuerza nuevas formas de articulación, que dan cuenta de una mayor integración de los agentes entre sí y con el resto de la economía. iii) Se dieron cambios en el peso relativo y las características de los agentes, con la consolidación de unos y el debilitamiento de otros. Y iv) pasó a predominar el agente que se moderniza, al tiempo que aumentaba la pauperización del resto, como resultado de su limitada capacidad de inserción productiva.

a) Cambios en los estilos de gestión

Después de las reformas, aparecieron o se fortalecieron en el sector formas de organización que aumentaron la escala operativa de las unidades, sin necesariamente aumentar la concentración de la propiedad. Por ejemplo, predios de varios propietarios se asocian en una sola explotación agropecuaria y pasan a ser manejados por una misma firma.

Una de las ventajas de estas nuevas formas de organización son las economías de escala, que se hacen efectivas porque el incentivo principal para las nuevas formas de asociación es aprovechar el trabajo con grandes volúmenes para negociar así directamente con los proveedores, las industrias o los exportadores en la compra de insumos o la venta de los productos.

En Argentina se fortalecieron, en un primer nivel de organización, formas de producción denominadas *pools* de siembra. La innovación consistió en crear asociaciones para dar en arriendo la tierra a empresas de administración, que participaban a su vez con capital propio, o con el de sus clientes o de eventuales inversionistas, muchas veces externos al sector. Tuvo lugar así una confluencia entre propietarios de la tierra, consultoras técnicas e inversionistas. Se dieron también, en un segundo nivel de organización, formas más acabadas que las anteriores, cuando las unidades adquirieron además una fuerte base jurídica para la incorporación de capitales a las actividades productivas. Hay aquí una gama más amplia de actores: los inversionistas, los operadores técnicos, una sociedad encargada de administrar los recursos, los auditores *ad hoc*, y los propietarios de las tierras alquiladas. Las estimaciones indican que estas formas de organización abarcaban en los últimos años entre 15% y 20% de la superficie sembrada en la región pampeana.

b) Nuevas formas de articulación

Como resultado de los cambios, hay ahora sectores agrícolas que se relacionan de un modo más estrecho con los suministradores de insumos, de capital y de financiamiento, y, asimismo, con la agroindustria y las cadenas de distribución.

Han crecido en tamaño y número las empresas de prestación de servicios para el agro, especialmente las dedicadas a la aplicación de productos fitosanitarios y abonos químicos, a la constitución de reservas forrajeras y a las cosechas. Si bien la agricultura de contrato es de larga data, se desarrollaron en los últimos años nuevas formas de vinculación entre agricultura e industria, así como entre los productores y las grandes cadenas de supermercados.

Por otra parte, se incorporaron nuevos instrumentos financieros y de cobertura de riesgo. Así, el mercado a término tuvo un crecimiento importante en los años noventa, tanto en lo referente a operaciones de futuro con un mejor manejo del riesgo de las operaciones de mercado, al fijar anticipadamente el precio de venta por medio de contrato, como en lo referente a opciones, modalidad conforme a la cual el comprador adquiere el derecho de vender o comprar un contrato a futuro a un precio determinado dentro del período de ejercicio de la opción.

Las cadenas de hipermercados han cobrado importancia creciente en la venta de alimentos, lo cual ha introducido modificaciones en el sistema de comercialización, que se traducen, por ejemplo, en cambios en las modalidades de compra al obtenerse por medio de estos sistemas nuevas formas de negociación de los precios y los plazos de pago o en la posibilidad de utilizar mejores sistemas de gestión de la mercadería, con mayor rotación de las existencias y nuevas formas de mercadeo. Además de la introducción de innovaciones técnicas y organizativas, la intervención de las grandes cadenas de distribución hizo perder poder de negociación a la agroindustria, lo cual ha redundado en una intensificación de la competencia y en la consiguiente baja de los precios al consumidor.

c) *Cambios en el peso relativo de los agentes*

Las reformas también provocaron cambios en la gravitación de los diversos agentes. Por ejemplo, las modificaciones en la estructura de tenencia de la tierra, con sus avances y retrocesos, constituyeron una de las bases para el desarrollo de una empresa agrícola más apta para responder a las exigentes condiciones del mercado, por la vía de atributos más vinculados a la productividad y la rentabilidad que al uso extensivo del suelo. No obstante, como ya se ha dicho, tales procesos desembocaron en la consolidación de ciertos agricultores y el debilitamiento de otros.

En Bolivia se adoptaron medidas para modificar la estructura del agro y, específicamente, las formas de propiedad. Se consideraba que la propiedad de la tierra había experimentado un proceso de "reconcentración", consolidando una estructura bimodal. Por tal motivo, en 1993 se decidió intervenir los diversos organismos agrícolas existentes y crear un organismo único, con la tarea principal de fortalecer el catastro y saneamiento de la propiedad, para después proceder a la etapa de distribución de tierras, organizando para ello un sistema impositivo progresivo que culminaría en la división de las grandes haciendas. Se pretendía disminuir progresivamente así los conflictos de propiedad y, con ello, incentivar las inversiones y reducir los costos de transacción de la tierra. En resumen, se crearon las condiciones favorables para el desarrollo de un mercado de tierras.

Índice de estos cambios fue el hecho de que tendiera a redimensionarse el tamaño óptimo de las explotaciones, con un aumento en el número de unidades medianas. Hasta 1985 las unidades pequeñas de menos de 20 hectáreas aportaban cerca del 70% del PIB sectorial, aporte que en 1997 descendió a 58%.

En el caso de Chile, entre 1965 y 1973 se expropiaron 5.809 predios dentro del proceso de reforma agraria, con un total de 9.900.000 hectáreas, entre ellas 730.000 hectáreas de riego, beneficiando a 60.000 familias campesinas. En 1973 se inició un proceso de restitución de más de 3.800 predios, que cubrían el 30% de las hectáreas físicas expropiadas. Paralelamente se entregaron 45.000 mil parcelas en forma individual y, además, se propició la división y venta de las tierras en poder de las comunidades mapuches, para lo cual se derogaron las leyes que lo impedían. La nueva política agraria condujo a que en 1982 casi el 40% de las parcelas asignadas a familias campesinas habían sido enajenadas. Sin embargo, estos intentos no lograron recomponer la situación anterior a la reforma agraria, configurándose una distribución en la cual: i) se incrementó el número de minifundios como resultado de subdivisiones de parcelas asignadas y de parcelaciones en las comunidades indígenas; ii) se elevó el número de explotaciones familiares, como consecuencia de la asignación individual de las tierras expropiadas; iii) se multiplicaron las unidades de tamaño mediano, a causa de la restitución de predios, la constitución de reservas y las hijuelaciones, y iv) las grandes propiedades no alcanzaron a recuperar su anterior importancia relativa.

2. Funcionamiento real de los mercados

El funcionamiento de los mercados bajo la normativa de las reformas llevó a una mayor diferenciación de la producción y de la distribución, según si tuvieran como destino el mercado interno o el externo. Dentro de la estructura tradicional de la producción, se dinamizaron algunos productos y retrocedieron otros. En el mercado externo se dio lugar al desarrollo de las denominadas exportaciones no tradicionales. En los mercados internos, especialmente como consecuencia de la estabilización de precios en aquellos países que habían dejado atrás la hiperinflación vigente antes de las reformas, se trató de intensificar la sustitución de importaciones. En muchas de estas reorientaciones estuvo presente la acción del Estado, por medio de la aplicación de políticas compensatorias, como ocurrió principalmente con las políticas destinadas a la reconversión productiva.

a) La alineación de los precios

Los cambios en los precios relativos y la estabilización de éstos influyeron fuertemente en el ordenamiento productivo de la agricultura.

En Argentina, la competencia por tierras entre la ganadería vacuna y la agricultura, dado el incremento que había experimentado el precio de los granos a causa de su liberalización, ocasionó un aumento de la producción correspondiente y una disminución de la superficie dedicada a ganadería. El resultado fue un estancamiento de la producción y una pérdida relativa de peso de esta última actividad dentro del crecimiento del sector agropecuario. Sin embargo, la estabilización de los precios internos contribuyó a aumentar el consumo interno de derivados lácteos, aves y porcinos.

Brasil ilustra cómo la estabilización de la moneda contribuyó más que en otros países a dinamizar la producción para el mercado interno, dinamización que absorbió la mayor parte del crecimiento de la producción agropecuaria. Antes de las reformas, la agricultura brasileña destinaba una parte creciente del valor del producto al mercado externo, sesgo exportador que no se mantuvo después de las reformas. Con la apertura, la proporción de la producción destinada a los mercados externos se mantuvo en los niveles que había alcanzado en 1983. Desde entonces, el crecimiento de la producción tuvo como destino el mercado interno, gracias a la expansión de la demanda interna, especialmente de alimentos. El grado de apertura quedó así estancado en el mismo nivel que había alcanzado antes de las reformas, pues se dio paso a un sesgo a favor del consumo interno.

b) *Auge y caída en la producción*

La heterogeneidad de la agricultura se vio acentuada por el comportamiento de los distintos rubros. Hubo cultivos en expansión, al tiempo que otros se estancaban o sufrían un fuerte repliegue. En general, los rubros cultivados principalmente por campesinos fueron los que experimentaron mayor retroceso, mientras se expandían los cultivados por unidades empresariales.

El dinamismo de la expansión de ciertos cultivos, como la soya, se debió principalmente al hecho de estar asociados a fuertes inversiones, generalmente extranjeras, y a estar combinados con actividades agroindustriales con gran presencia empresarial y abiertas al comercio internacional, como ocurrió después de las reformas con la soya en Santa Cruz de Bolivia, expansión que además aprovechó las preferencias arancelarias de la Comunidad Andina y los buenos precios vigentes en el ámbito local e internacional. Otros rubros, como el azúcar, gozaron de ciertos regímenes de excepción para el mercado interno y, por lo tanto, de protección frente a las importaciones. También resultaron favorecidos en Bolivia productos como las frutas, específicamente el banano y la piña, que debieron su dinamismo a programas de desarrollo de cultivos distintos de la coca y al hecho de gozar de apoyo técnico. Pese a que estaban orientados al mercado interno, su éxito los llevó a incursionar en los mercados de los países limítrofes, o, habiéndose desarrollado inicialmente como cultivos de rotación de un cultivo principal, llegaron incluso a sustituir cuotas importantes de importación. La reactivación de algunas industrias, como la textil, indujo cierta recuperación en algunos productos (por ejemplo, el algodón). Ciertos cultivos de gran relevancia, como el maíz, se estancaron o retrocedieron debido a que en las zonas productoras se incorporaron productos con nuevas perspectivas de exportación. Otros, como el arroz y en general los cereales, han estado en constante debilitamiento, porque han sido desplazados por la competencia proveniente de las importaciones, o, en el caso de los productos de exportación, porque han contado con precios internacionales inestables, como ocurrió con el café y el cacao en Brasil.

c) Diversificación de la estructura productiva

Después de las reformas surgieron productos comerciales no tradicionales que lograron dinamizar las exportaciones del sector silvoagropecuario y cambiaron la estructura productiva. La evolución de Costa Rica ilustra bien las características que asumió este proceso, muy común en los países de la región.

En Costa Rica, las exportaciones silvoagropecuarias no tradicionales, que en 1980 representaban el 3,2% de las exportaciones del sector, llegaron a representar el 35% en 1996, en tanto que las exportaciones tradicionales declinaban en ese mismo lapso desde casi 85% del total a 60%. Aparecieron nuevos rubros de exportación, como caña de india, piña, mango, raíces y tubérculos (yuca, ñampi, ñame, tiquizque y jengibre), aceite de coco, jugos cítricos, nueces de macadamia, marañón, mango y otros similares. Forman parte de las exportaciones tradicionales el café, el banano, el azúcar y las carnes (véase el Gráfico 1).

Gráfico 1
COSTA RICA: COMPOSICIÓN DE LAS EXPORTACIONES SILVOAGROPECUARIAS
1980-1996

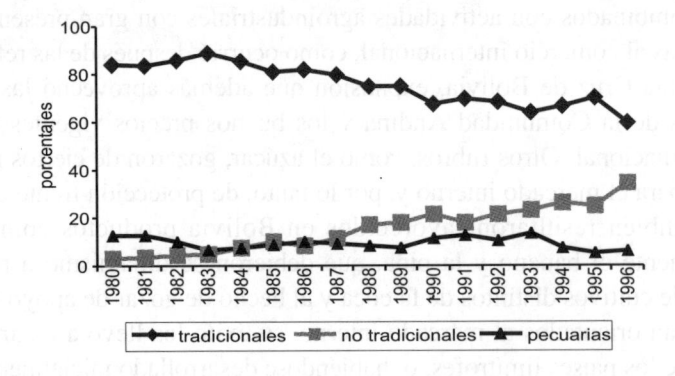

Otros resultados tuvieron que ver con el abastecimiento de los mercados internos a que tradicionalmente estaba vinculada la agricultura, pero que perdieron importancia con las medidas adoptadas. La especialización en la producción para el mercado externo generó indirectamente una menor preocupación por los precios de sustentación de los granos básicos. Además, hubo barreras para el crédito subsidiado, y se limitaron los programas de asistencia técnica y transferencia de tecnología que apoyaban en los años setenta la producción para el mercado interno, principalmente de granos básicos, con lo cual, en definitiva, la caída de la producción de estos rubros fue inevitable.

El impacto en los granos básicos se tradujo en una reducción de la superficie correspondiente, que en 1990 representaba alrededor de 50% de la de 1980, caída que fue especialmente sostenida de 1985 en adelante. No obstante, los rendimientos crecieron o se mantuvieron, dado que la actividad se concentró en las zonas de mayor vocación cerealera del país, y porque las condiciones que se crearon y los incentivos que predominaron en esos años provocaron la salida de los agricultores de más ba productividad.

Hubo también carencias que afectaron por igual el desarrollo de los cultivos tradicionales y los no tradicionales y que, sin embargo, nunca se superaron. Las medidas macroeconómicas y sectoriales para apoyar la actividad silvoagropecuaria y estimular un proceso de reconversión productiva descansaron en instrumentos de tipo nominal, sin darles suficiente importancia a otros factores decisivos, tales como caminos, muelles, puertos, transporte, prevención de riesgos, sistemas de investigación y transferencia de tecnología, que podrían haber influido positivamente en las condiciones de desarrollo del sector silvoagropecuario. El sector privado también estuvo ausente, al fallar las señales y los incentivos necesarios para lograr su mayor integración.

d) Apoyo del aparato de Estado

La nueva orientación de los mercados contó con el apoyo y la acción correctiva del aparato de Estado, el cual adoptó medidas específicas que muchas veces se transformaron en políticas de compensación. Después de una primera etapa de desmantelamiento del aparato estatal, surgieron en un segundo momento diversos programas de intervención tendientes a compensar las medidas macroeconómicas que, según se estimaba, favorecían de hecho a determinados productos. Se dio impulso a la reconversión productiva y se desarrollaron en tal sentido programas de apoyo para la pequeña y mediana producción, programas que no siempre pudieron corregir las disparidades que se quería superar.

Por la vía del fomento productivo, se privilegió en Argentina, por ejemplo, la actividad forestal y conservación del bosque nativo. En 1992 se creó un régimen de promoción de plantaciones forestales; en 1995 se lanzó un plan de desarrollo forestal encaminado a potenciar la industria respectiva, y en 1997 se aprobó una ley de estabilidad fiscal para la actividad forestal, en virtud de la cual se garantizaba la permanencia de las condiciones tributarias para este sector por un lapso de 33 años.

3. Tipo de productores

Como se desprende de los diferentes estudios, para analizar los resultados obtenidos después de las reformas, es necesario distinguir el desempeño de distintos grupos de productores, dada la gran diversidad existente entre ellos. Aun cuando la heterogeneidad del sector no es un fenómeno nuevo, las reformas trazaron una línea demarcatoria entre los agentes según si lograban o no acceso a los mercados, tanto de los mercados de insumos como de los de destino de la producción.

De esta manera, hay que distinguir, en primer lugar, a los importantes grupos de productores de autoconsumo; en segundo lugar, a los grupos de productores que resultan afines entre sí por su reacción ante la competencia con las importaciones, en tercer lugar, a los agricultores que producen para el mercado externo, dentro de los cuales hay que diferenciar entre exportadores tradicionales y exportadores que incursionan por primera vez con productos no tradicionales.

a) Productores para el mercado interno

En la región aún sigue siendo importante el segmento de productores de autoconsumo, por lo menos en algunos rubros. En México, por ejemplo, alrededor de 50% de los productores de maíz y fríjol producen sólo para el autoconsumo, por lo cual perciben la mayor parte de sus ingresos de actividades no agropecuarias. Por su escaso vínculo con los mercados, los principales cambios de la política agropecuaria no han tenido gran impacto sobre ellos. Por otra parte, las políticas que sí son pertinentes para ellos, como las de extensión, la formación de recursos humanos, o el fortalecimiento de las organizaciones, han carecido en general de eficacia.

Un segundo segmento, el más tradicional, y en el cual se ubica la gran mayoría de los productores agropecuarios, es el de los productores que compiten con las importaciones. En general, se aprecia en ellos una caída del ingreso. Enfrentan constantes cambios en sus precios relativos y reducción de subsidios. Tratan de responder a las mayores exigencias impuestas por la competencia con la mejor combinación de insumos posible, y, para mantener el nivel de ingresos que tenían a principios de los años ochenta, producen en extensiones cada vez más grandes. No obstante, pese a todos esos esfuerzos, muchos de estos agricultores han quedado marginados del proceso productivo.

b) Productores para el mercado externo

Otro segmento está formado por los productores de exportaciones tradicionales, dentro de los cuales predomina un pequeño número de productores que operan en grandes extensiones y con tecnología de punta, en contraste con la gran masa de agricultores, que operan en explotaciones medianas o pequeñas y con un bajo nivel tecnológico.

El ingreso de los primeros se vio fortalecido por un mayor acceso a los mercados de exportación, por los avances tecnológicos que han adoptado, y por la apertura comercial, que contribuyó a abaratar los insumos. El ingreso de los segundos no experimentó un incremento evidente ni llegó tampoco a estabilizarse, debido en parte a la atomización de estos agricultores, su escasa organización y la incidencia de los intermediarios.

El último segmento claramente identificable en esta clasificación está constituido por los productores de exportaciones no tradicionales, grupo que incluye a sectores cada vez más gravitantes en las ventas externas, pero que representan sólo una reducida fracción del total. En general, se aprecia un incremento de sus ingresos, aunque sus mercados, sobre todo los de frutas, son relativamente inestables, por depender cada vez más de factores externos.

C. ELEMENTOS DE EVALUACIÓN

Los estudios de caso evalúan el impacto de las reformas desde el punto de vista del comportamiento de la producción y de las operaciones comerciales con el exterior. Se destacan los cambios en la rentabilidad y la competitividad de los productores. Como se ha dicho ya, los resultados no fueron iguales en los países de la región: debido al carácter de las políticas y a los escenarios mundiales prevalecientes, algunas agriculturas se expandieron, otras se recuperaron y otras se estancaron.

1. Impactos en la producción y el comercio

Las reformas tuvieron diferentes resultados en los países, unos positivos y otros negativos, si se compara para tales efectos el desempeño del producto sectorial y la evolución del saldo comercial de productos agropecuarios (véase el Cuadro 1). Un grupo de países, formado por Argentina, Chile y Costa Rica, logró un mayor crecimiento del producto sectorial y del saldo comercial. Los sigue Bolivia, donde se recuperó algo del considerable ritmo de crecimiento que tenía en los períodos de gran protección estatal, y aumentó sostenidamente, al mismo tiempo, el saldo comercial. Otro caso es el de Brasil, donde también la producción recuperó el ritmo de crecimiento, pero, a diferencia de los otros países, a impulsos del mercado interno. Finalmente están Colombia y México, que no lograron resultados positivos ni en la producción ni en el saldo comercial[1].

---

1. Al final de este capítulo figura un anexo con el detalle del comportamiento del PIB agrícola y del saldo comercial de productos agropecuarios por países en el período 1970-1998.

Cuadro 1
AMÉRICA LATINA: DESEMPEÑO DEL SECTOR SILVOAGROPECUARIO
ANTES Y DESPUÉS DE LAS REFORMAS

Países	PIB silvoagropecuario (Tasa promedio anual)	Saldo comercial de productos agropecuarios primarios y procesados [a] (Miles de dólares)
Argentina	Aumentó	Aumentó
Costa Rica	Aumentó	Aumentó
Chile	Aumentó	Aumentó
Bolivia	Se recuperó	Aumentó
Brasil	Se recuperó pero no al ritmo anterior a las reformas	Se estancó en el mismo nivel anterior a las reformas
Colombia	Disminuyó	Disminuyó
México	Disminuyó	Disminuyó

Fuente: Elaborado por la Unidad de Desarrollo Agrícola de la Cepal, sobre la base de estudios de caso.
[a] El saldo comercial corresponde a exportaciones menos importaciones.

Como se desprende de los estudios, en algunos países la dinámica de la producción fue superior en el período posterior a las reformas, mientras en otros resultó inferior. No obstante ese resultado general, hubo considerables diferencias de comportamiento productivo dentro de cada país, pues, como ya se ha dicho, mientras algunas actividades supieron sacar provecho de las reformas, otras quedaron en una posición desmedrada, dado que no todos los productores enfrentaron de la misma forma las nuevas reglas del juego.

Los buenos resultados en materia comercial surgieron cuando en los países se logró consolidar la inserción internacional y diversificar los mercados externos. La incorporación de nuevos productos dio lugar también al desarrollo de exportaciones no tradicionales. En la mayoría de los países, este último proceso ocurrió de manera relativamente marginal, pero en Chile y Costa Rica se dio en forma decisiva y contundente, llegando a transformarse en el motor del crecimiento del producto sectorial, gracias a lo cual los saldos comerciales, antes negativos, pasaron a ser positivos y en proceso de continua expansión.

Hubo países con saldos comerciales negativos en el período de las reformas, debido a la conjunción entre el aumento de las importaciones y la desprotección en que había quedado la producción interna a causa de la apertura, producción que tampoco contó con incentivos internos compensatorios, como ocurrió en especial con los cereales. Tampoco hubo en estos países condiciones reales para el desarrollo de las exportaciones, dado que las reformas se desenvolvieron en un contexto mundial no neutral, en que pesaban sobremanera las restricciones comerciales prevalecientes en los mercados externos y las fluctuaciones de los precios internacionales.

2. Comportamiento de las principales variables

Dos son los elementos que resaltan en los estudios cuando se trata de explicar el desempeño del sector después de las reformas: a saber, los cambios verificados en los factores que determinan la rentabilidad, y la variación de la competitividad.

La rentabilidad dependió principalmente de varios factores: la evolución que experimentaron los precios y el margen que quedó entre los precios recibidos y los pagados por los productores; los cambios ocurridos en la productividad de los factores en este caso tierra y trabajo y los cambios en los subsidios que efectivamente recibían las unidades de producción. Esquemáticamente, ello puede representarse así:

$$(rentabilidad)=((precio\ recibido - precio\ pagado) + (productividad) + (subsidios\ netos)) \qquad (1)$$

Al mismo tiempo, la rentabilidad del sector varió a medida que se cerraba la brecha entre precios internos y externos, al desaparecer los impuestos que gravaban las exportaciones agropecuarias y reducirse los aranceles que prevalecían sobre las importaciones. Es decir, en algunos casos hubo efectos tanto sobre los precios recibidos por el productor, ahora más altos que antes, como sobre los pagados por el productor, ahora más bajos que antes.

Los productores captaron una mayor porción del precio internacional de las exportaciones, conforme se reducían en los impuestos sobre las exportaciones, todo ello dentro de una tendencia mundial a la baja de estos impuestos, en lo cual los subsidios de los países desarrollados desempeñaron un papel crucial. Los productores también estuvieron sometidos a fuertes fluctuaciones de los precios internacionales y, por lo tanto, a un gran impacto en los precios recibidos internamente. Algunos exportadores agrícolas se beneficiaron, en momentos decisivos de los cambios de política, de la vigencia de precios internacionales muy favorables; otros, en cambio, enfrentaron precios bajos, en particular del café, lo cual repercutió muy negativamente en el saldo comercial agrícola.

La reducción de los aranceles rebajó el precio de las importaciones pagado por los consumidores. Para los productores que sustituían importaciones, ello significó una baja de las ventas, en la medida en que las importaciones abastecían al mercado interno con aquellos productos que forman el grueso de las importaciones de la región, esto es, cereales, derivados lácteos y carnes, salvo en los países que desplegaron baterías de políticas tendientes a atenuar los impactos externos (bandas de precios, poderes compradores y valores aduaneros mínimos). En estos casos el resultado fue una mayor producción local, basada principalmente en la elevación del rendimiento de la producción respectiva.

Por otra parte, los productores nacionales debieron enfrentar también nuevos precios de venta, a medida que fueron desapareciendo los precios de sustentación, que bajaron cuando el Estado redujo su participación en la determinación de éstos y el mercado pasó a ser predominante en ello.

El subsidio a los insumos (fertilizantes, agroquímicos y maquinaria) era parte de los mecanismos utilizados para las transferencias del Estado a la agricultura. En la mayoría de los países, la ampliación de la brecha de precios creó condiciones favorables para la rentabilidad del sector. Esto es, hubo una contribución a la rentabilidad del sector en aquellos países donde las nuevas cotizaciones internas de los insumos importados a los nuevos aranceles se redujeron en una proporción tal, que compensaron la eliminación de los subsidios que se otorgaban por ellos, o donde estos subsidios no eran significativos.

La tasa de interés real negativa era otro de los mecanismos de subsidio que se utilizaban para apoyar al sector. En general, en todos los países estudiados la tasa de interés real pasó a ser positiva, con ciclos iniciales fuertemente ascendentes, para después estabilizarse en niveles inferiores pero siempre positivos en términos reales. Es decir, la tasa de interés se transformó en un costo financiero adicional para el sector. No en todos los países siguió esta variable un proceso similar, y ello originó grandes diferencias en los resultados del sector.

En general hubo una reducción de costos en el ámbito de las unidades agrícolas, causado principalmente por el fuerte incremento de la productividad, con una moderada baja de la superficie cultivada y una considerable caída de la mano de obra. El camino hacia la capitalización estuvo limitado por la dificultad de acceder a una tecnología que exige un uso intensivo de fertilizantes, agroquímicos y maquinaria. El resultado fue un mayor dinamismo de los subsectores no tradicionales, y una menor superficie dedicada a rubros tradicionales, con elevación del rendimiento especialmente en aquellas actividades donde estaba resuelto el problema del vínculo entre la producción y las ventas (por ejemplo, rubros favorecidos por programas estatales especiales de comercialización, existencia de contratos con agroindustrias y redes de comercialización, acceso al sistema de intermediación financiera). También hubo un incremento en el tamaño medio de las explotaciones para lograr economías de escala y una exclusión de agricultores de baja productividad y sin posibilidades de incorporarse a la dinámica de los mercados. Más específicamente, la productividad de la tierra tuvo un aumento considerable durante el período de repliegue de los subsidios, poco notorio en un primer momento, pero muy acelerado en una fase posterior[2].

---

2. Según se desprende de los indicadores pertinentes, la productividad ganadera (relación entre producción obtenida y masa ganadera) aumentó en los mismos períodos en que creció la productividad de los cultivos (producción con respecto a superficie cosechada).

Con todo, tal aumento no se dio en forma homogénea en los diversos rubros, pues en general fue más intenso en los más ligados al mercado externo que en los vinculados tradicionalmente al mercado interno, aunque también hubo aumentos considerables en estos últimos, por ejemplo, en el caso de la agricultura brasileña.

La productividad por trabajador aumentó muy modestamente hasta fines de los años ochenta, basada casi exclusivamente en el incremento de la superficie por trabajador. También se incrementó en los años noventa, pero esta vez basada sobre todo en la elevación de la productividad de la tierra. Ello se puede expresar esquemáticamente de la siguiente manera:

$$(producción/trabajador) = (producción/superficie) + (superficie/trabajador) \quad (2)$$

Hubo al mismo tiempo un incremento de la superficie agrícola por trabajador, lo cual no sólo se sumó a los aumentos de productividad de la tierra, sino también pudo suplirla en ocasiones, haciendo posible el crecimiento de la producción[3]. Es decir, el aumento de la productividad agrícola se dio conjuntamente con una reducción de la fuerza de trabajo ocupada en el sector.

Aun cuando no fueron el centro de atención de los estudios aquí reseñados, los cambios históricos experimentados por el agro latinoamericano en lo concerniente a innovación tecnológica también estuvieron presentes en ellos. Los mayores rendimientos indican que la inversión de largo plazo en innovación tecnológica debió ser importante para alcanzar tales resultados.

Aparte del impacto en la productividad, la disminución de la fuerza de trabajo tuvo consecuencias sociales que obligaron a los gobiernos a tomar, con mayor o menor éxito, una serie de medidas compensatorias. En Brasil, por ejemplo, se aceleraron los programas de reforma agraria y de apoyo crediticio a la agricultura familiar, pero la compensación más decisiva provino de la reforma de la asistencia social, que aumentó el valor mínimo de las pensiones y extendió el derecho de jubilación a los mayores que pudieran demostrar el ejercicio del trabajo rural.

Por otra parte, la intensificación de la competitividad comercial, el otro elemento determinante en los resultados del sector, dependió parcialmente de la evolución de los precios especialmente del precio internacional de los bienes exportados e importados, pero fundamentalmente de la variación de la tasa de cambio que prevaleció durante el período correspondiente. Tenemos así:

$$(competitividad) = ((precio\ internacional - precio\ interno) + (tipo\ de\ cambio)) \quad (3)$$

---

3. Considérese además que: (superficie/trabajador) = (producción/trabajador) - (producción/superficie).

En los últimos años, ha predominado en las economías una apreciación de la moneda local con respecto al dólar, tendencia que ha sido difícil de contrarrestar. Sólo en Costa Rica se dio la tendencia contraria. En general, la relación de precios entre bienes transables y no transables internacionalmente se deterioró para la agricultura, hecho que sólo algunos segmentos pudieron remontar, mientras los restantes se veían seriamente afectados.

3. Expansión, recuperación y estancamiento en el agro latinoamericano

Así, la trayectoria de las variables representadas por los precios internacionales, los precios internos, la productividad, los subsidios y el tipo de cambio durante el período de las reformas dio lugar a resultados diferentes en la agricultura de la región. Como se ha indicado ya varias veces, en algunos países el proceso fue expansivo (Argentina, Chile y Costa Rica), en otros de recuperación (Bolivia y Brasil), y en otros de estancamiento (Colombia y México). Revisaremos brevemente aquí estos distintos casos.

a) *Agriculturas en expansión*

i) *Argentina*

Las reformas tomaron cuerpo de 1991 en adelante, con la puesta en marcha del plan de convertibilidad concebido por el gobierno de la época. Asimismo, disminuyeron los impuestos a las exportaciones y los productores pasaron a captar una mayor proporción del precio internacional. Al mismo tiempo, aumentaron los precios internacionales de productos estratégicos para Argentina, como el trigo, el maíz y la soya, rubros que en la temporada 1996/1997 alcanzaron su cotización máxima para después descender un tanto.

Por el lado de los pagos que efectúan los productores agropecuarios, se redujeron los impuestos a los insumos y se introdujo la devolución del impuesto al valor agregado para los exportadores, aunque la mano de obra resultó más cara, pese a la pérdida de poder adquisitivo de los salarios. Los menores costos por concepto de pago permitieron a los agricultores introducir mejoras en la tecnología de cosecha (compra de maquinaria, abonos químicos, incorporación de productos fitosanitarios).

En el caso específico de los granos, este panorama de beneficios y menores costos llevó a que las unidades de producción aumentaran sensiblemente el rendimiento por hectárea.

Además, Argentina mantuvo el crédito como mecanismo primordial de desarrollo del agro. El valor de la cartera de créditos para el sector agropecuario fue siempre alto, e incluso en algunos años aumentó con respecto al total del crédito nacional.

Mientras tanto, si bien la tasa de interés era elevada, evidenció una disminución con respecto a los años anteriores al plan de convertibilidad. Por otra parte, el tipo de cambio experimentó un retraso en los años noventa, pero no llegó a contrarrestar el aumento de la rentabilidad del sector.

ii) Chile

El proceso de reformas se inició en 1974. Se dio aquí una relajación del control que ejercía el Estado sobre los precios internos, con lo que se pretendía acelerar el ingreso de productores al mercado. Se sumó a ello una reducción arancelaria para favorecer la importación de insumos y maquinarias, lo cual se tradujo en un menor costo interno de estos elementos. Hasta 1983 el tipo de cambio no fue un apoyo para el sector. Subió entre 1974 y 1975 (25%), bajó entre 1976 y 1978 (24%) y experimentó una apreciación entre 1979 y 1983, cuando se definió un tipo de cambio nominal fijo.

De este modo, la rentabilidad de la mayoría de los cultivos cayó entre 1974 y 1983. Con la redefinición de un tipo de cambio en alza durante el período 1984-1994, se pretendió apoyar la expansión de los rubros exportables, con lo cual se logró una importante inserción en los mercados internacionales en términos de volumen y de diversificación de mercados, al tiempo que los precios internacionales resultaron muy favorables. Durante el período 1995-1997 se interrumpió la tendencia al alza del tipo de cambio, tendencia que se reanudó a partir de este último año aunque en forma más moderada.

El subsector frutícola, el forestal y el agroindustrial fueron los que mejor se adaptaron a las condiciones macroeconómicas generadas principalmente por el nuevo tipo de cambio, gracias a lo cual adquirieron un gran peso y llegaron a aportar cerca de dos tercios de las exportaciones silvoagropecuarias.

Los subsectores menos adaptados fueron los cereales, leguminosas, carnes, leche y los rubros de uso industrial como oleaginosas y remolacha, en los cuales se redujo la superficie cultivada. A partir de 1984 se utilizó en algunos de ellos (trigo, harina de trigo, azúcar, aceites) el mecanismo de banda de precios y, en otros (lácteo), el de sobretasas. Además, el Estado abrió poderes compradores para los cereales y les fijó valores aduaneros mínimos. A partir de entonces mejoraron los precios recibidos por los productores y se logró una relativa recuperación de la producción.

La existencia, desde el inicio del proceso, de condiciones favorables para los inversionistas y la inversión en obras de infraestructura que fueron ejecutadas progresivamente permitió que en una fase posterior se sumaran diversos rubros a la ola expansiva de las exportaciones, como la industria forestal, la vitivinícola, la de jugos y pastas, y la de deshidratados y congelados, consolidándose así un modelo exportador en la agricultura chilena.

III)   Costa Rica

En virtud de las reformas, aplicadas durante el período 1991-1995, se eliminaron los impuestos a las exportaciones de productos no tradicionales y también se exoneró de impuestos a la importación de insumos vinculados a las exportaciones.

Por otra parte, se utilizó el crédito como soporte de la producción, y se otorgaron subsidios y estímulos especiales para el fomento de la exportación (contratos de exportación, certificados de abono tributario, exenciones de impuestos, medidas administrativas para una mejor gestión de las operaciones de exportación e incentivos compensatorios de las distorsiones sobre la competitividad local).

Hubo un manejo del tipo de cambio hacia el alza que favoreció la exportación durante el período 1990-1994. Posteriormente el tipo de cambio descendió, pero siempre manteniéndose cerca del valor que había alcanzado en 1990.

Con todo ello se logró una mayor rentabilidad de la producción y se amplió la capacidad competitiva, merced a una especialización de la producción para el mercado externo. Cayó la producción de productos tradicionales, pero con alza en el rendimiento. Numerosos productores tradicionales de más baja productividad quedaron excluidos del mercado.

b) **Agriculturas en recuperación**

i)   Bolivia

Las reformas empezaron en 1985 con la implantación por el gobierno del nuevo programa económico, cuyo principal resultado fue la eliminación radical de la inflación, lo cual proporcionó un marco general de estabilidad macroeconómica.

Los precios de las exportaciones tradicionales tuvieron una tendencia decreciente durante el período de estabilización, tendencia que más tarde cambió de signo, lo cual posibilitó la reactivación del cacao y el café. Mientras tanto, las exportaciones no tradicionales en expansión contaron con precios estables durante todo el período. Estas exportaciones (soya, madera aserrada y algodón) tuvieron un desarrollo localizado, pues 77% de éstas procedieron de la zona oriental del país. El café, por el contrario, es de cultivo más generalizado.

El desarrollo de las exportaciones no tradicionales, entre ellas la soya, estuvo estrechamente vinculado a cadenas agroindustriales y al aprovechamiento de las preferencias arancelarias vigentes en la Comunidad Andina.

Se aplicaron regímenes de excepción para el mercado interno, lo que permitió contar con protección frente a la competencia de las importaciones. Además, hubo programas de desarrollo alternativo (en las zonas de cultivo de la coca), con desempeño exitoso en la mayoría de ellos (frutas –piña, banano, palmitos–, productos pecuarios y flores).

Se implantó un tipo de cambio único y flexible, con reajustes diarios. Durante el período 1985-1995, el sector exportador contó con un tipo de cambio real en ascenso, pero cuando esta variable fue utilizada como principal herramienta antiinflacionaria desde 1995 en adelante, la moneda local experimentó una apreciación que impactó negativamente sobre las exportaciones.

El sector más pujante del agro fue el empresarial, con una participación cada vez mayor en el PIB. El sector campesino quedó por lo general excluido, aunque un grupo muy minoritario de campesinos logró integrarse a las exportaciones.

ii) Brasil

La disminución del aporte gubernamental a la agricultura comenzó en 1984, en tanto que la apertura, iniciada en 1987, terminó de consolidarse a principios de los años noventa.

Antes de las reformas, la inestabilidad macroeconómica había contribuido a una pérdida del margen de comercialización para la producción agropecuaria, la industria agroalimentaria y la de suministro de insumos.

El agotamiento, en 1984, del sistema crediticio como mecanismo de transferencia y subsidio al sector por parte del Estado, dio lugar a que nuevas fuentes de crédito pasaran a ocupar importantes espacios en la financiación del sector, entre las cuales destacan las cadenas de supermercados, la industria de alimentos, los intermediarios con acceso al crédito externo y la industria de insumos. Sin embargo, la gran mayoría de los productores, al perder acceso a los préstamos subsidiados, debieron comenzar a pagar altas tasas de interés.

Al mismo tiempo, se redujo la capacidad gubernamental de garantizar precios mínimos para la agricultura, uno de los mecanismos que, junto con el crédito, había sido el principal soporte de la rentabilidad del sector.

Con el régimen instaurado después de las reformas, en el cual, como se dijo recién, declinó el crédito rural subsidiado, sólo los productores con dominio de la tecnología pudieron elevar la productividad y captar los beneficios aportados por el aumento de la diferencia entre los precios recibidos y los pagados a que dio lugar la apertura de la economía. Por otra parte, los productores que no lograron esos incrementos de productividad y se ubicaron por debajo de la "línea de flotación", se descapitalizaron y fueron gradualmente eliminados del sector.

Hubo, en consecuencia, una ganancia por concepto de la diferencia entre los precios recibidos y los pagados por el productor; una ganancia en productividad, y una pérdida de participación en los subsidios, factores que determinaron un resultado no homogéneo en el sector agropecuario brasileño, pues, en general, los agricultores obtuvieron mejores resultados que los productores pecuarios.

Por otra parte, el incremento sustancial de la demanda de alimentos, a causa de la recuperación del poder adquisitivo de los salarios, hizo crecer la oferta agropecuaria.

Durante el período 1990-1998, la estabilización del valor de la moneda con respecto al dólar y el dinamismo del mercado interno impidieron una expansión del sector hacia la actividad exportadora, pese a que ya se habían eliminado las barreras comerciales que discriminaban al sector externo y a pesar de que el tipo de cambio real se mantuvo estable en el período, salvo entre los años 1989 y 1990.

c) *Agriculturas estancadas*

i) *Colombia*

En el segundo semestre de 1990 se inició el proceso de liberalización, desregulación y disminución de la intervención estatal en la economía.

Hubo una pérdida neta de rentabilidad en los principales cultivos y una pérdida generalizada de competitividad en los distintos rubros de la agricultura.

El precio de los rubros de exportación, especialmente del café, experimentó una caída. El saldo comercial se deterioró y repercutió negativamente en el crecimiento de la producción. Al mismo tiempo, los precios recibidos por los productores cayeron, como consecuencia del término de los precios de sustentación para ocho de los principales productos agrícolas. Estos precios se remplazaron por precios mínimos de garantía, de modo de mantener una alineación con los precios internacionales. Muchos procesadores e industriales prefirieron de todas maneras los bienes extranjeros (que ofrecían financiamiento, mejores garantías de abastecimiento, y otras ventajas) a los nacionales, lo que agudizó la crisis. Por otra parte, después de la supresión de las cuotas de importación y licencias previas tuvo lugar una fuerte caída de la superficie cultivada de aquellos productos que habían pasado a competir, por esa misma supresión, con las importaciones.

Aunque más tarde se introdujeron enmiendas (prohibición temporal o definitiva de importar determinados bienes, mecanismos de salvaguardia, fondos de estabilización de precios para productos agropecuarios), no se logró mejorar la situación.

En contraste, otros elementos de la reforma tuvieron un impacto positivo (cambio en las políticas tecnológicas, de adecuación de tierras, de desarrollo rural), pero no lograron expresar plenamente sus bondades en términos de aumentar la rentabilidad del sector de manera significativa y en la magnitud requerida.

La tasa de cambio real se redujo desde 1992 en adelante. Ello afectó negativamente al sector exportador y a los renglones que competían con las importaciones, pues debieron enfrentar una baja de los precios internacionales que no fue contrarrestada por la evolución de los precios internos. El resultado fue la ya mencionada reducción de competitividad de estos productos.

ii) México

La apertura se inició en 1982. A partir de 1988 se adoptaron también varias iniciativas tendientes a redefinir el papel del sector público.

Unos años después de iniciada la apertura del sector agropecuario, fue necesario modificar algunos aranceles y restituir los permisos de importación para ciertos productos, lo cual ciertamente no canceló el efecto general de la apertura, pues la economía no volvió a exhibir el carácter cerrado que predominaba hasta 1982.

En México, el principal apoyo que brindaba el Estado al sector agropecuario, con la finalidad de garantizar su rentabilidad, estaba representado por el subsidio a los insumos. Con las reformas, sin embargo, éste fue reducido en forma drástica, lo cual afectó seriamente la rentabilidad del sector.

También se redujeron los precios de garantía de doce cultivos principales entre ellos los cereales y las oleaginosas, aunque no el maíz, que fueron remplazados por los precios de concertación, política que apuntaba a una mayor alineación de los precios internos recibidos por el productor con los precios internacionales y al mantenimiento de los ingresos reales de los productores. No obstante, en la determinación de tales precios prevaleció el objetivo de abatir la inflación, por lo cual las metas propiamente agrícolas se cumplieron sólo parcialmente. A ello se sumó la existencia de distorsiones que se traducían en elevados costos de transacción, por efecto de lo cual los productores recibían a veces precios inferiores a su referencia internacional. El retiro del Estado de los mercados agrícolas y la inexistencia de canales alternos de comercialización, especialmente en las regiones, llevaron a crear otros organismos de respaldo, los cuales pusieron el acento no en la compra de las cosechas sino en el apoyo directo a los consumidores.

El tipo de cambio pasó por dos etapas claramente diferenciadas. Desde 1980 a 1987, la subvaluación de la moneda nacional actuó como un mecanismo de subsidio al productor, y a partir de este último año tuvo lugar una sobrevaluación de la moneda, de modo tal que la tasa de cambio pasó a representar un pesado impuesto para el productor agropecuario durante el período 1987-1993. Esta tendencia dejó de manifestarse en los años 1994 y 1995, pero volvió a hacerse presente de ahí en adelante.

El impacto de las reformas no fue homogéneo en el sector. Según se infiere del estudio pertinente, hubo subsectores dinámicos, otros estancados y otros en retroceso, con predominio de estos dos últimos, balance que pone de manifiesto el pobre resultado que alcanzó el sector en su conjunto durante los años ochenta y noventa.

Los subsectores dinámicos (avicultura, frutas y hortalizas), correspondientes a grandes productores caracterizados por una fuerte integración vertical, contaron con mercados ampliados que les permitieron aumentar la superficie sembrada e introducir importantes innovaciones tecnológicas, como riego presurizado, goteo, fertirrigación, semillas mejoradas, que a su vez permitieron incrementar el rendimiento. Contaron además con el aporte de la inversión extranjera para fortalecer los encadenamientos de la producción.

No hubo cambios de rendimiento en los subsectores estancados (cereales, cultivos industriales, leche), y descendió la superficie sembrada. El maíz fue la excepción, pues aumentó el rendimiento correspondiente merced al mantenimiento de los precios de garantía, con lo cual se transformó en un cultivo "refugio".

Los subsectores en repliegue fueron aquellos más directamente afectados por la eliminación de los precios de garantía y de los subsidios, así como por la competencia de las importaciones resultantes de la apertura. Algunos productores del subsector pecuario adoptaron parámetros productivos más modernos (mejoramiento genético) que hicieron aumentar la producción de carnes, pero la insostenibilidad general de la actividad llevó a la reducción de la masa ganadera.

Anexo
COMPORTAMIENTO DE LA PRODUCCIÓN Y EL COMERCIO AGRÍCOLAS EN SIETE PAÍSES DE LA REGIÓN ANTES Y DESPUÉS DE LAS REFORMAS[4]

1. ARGENTINA

i) Producción

En términos generales, el comportamiento productivo del sector agropecuario fue mejor en el período que siguió a la aplicación del plan de convertibilidad (iniciado en los años noventa) que en las décadas anteriores. En efecto, el PIB agropecuario creció a una tasa promedio anual de 2,1% en la década de 1970, de 1,6% en la de 1980, y de 4% en el período 1990-1998.

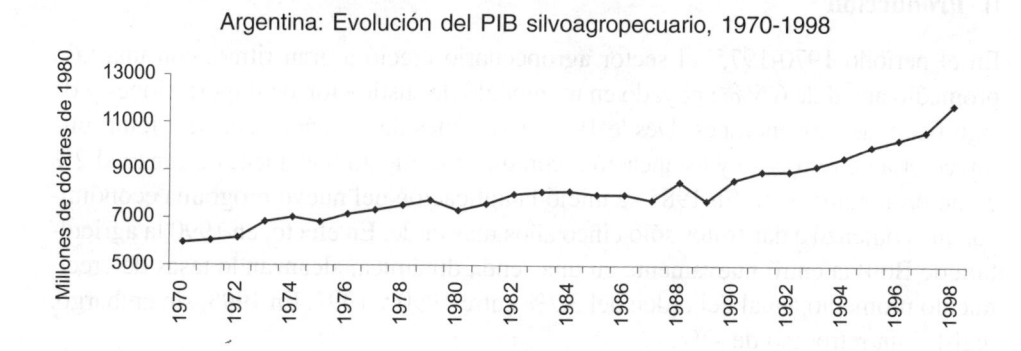

Argentina: Evolución del PIB silvoagropecuario, 1970-1998

ii) Comercio

El saldo comercial de los productos agropecuarios se había deteriorado en forma progresiva en los años inmediatamente anteriores al plan de conversión. Después se abrió un período de cambio en las condiciones generales de rentabilidad del sector,

---

4. Los gráficos fueron elaborados por la División de Desarrollo Agrícola, sobre la base de antecedentes de la División de Estadísticas y Proyecciones Económicas de la Cepal, y de la base de datos estadísticos de la FAO.

que redundó en una recuperación constante de las exportaciones y del saldo comercial agropecuario.

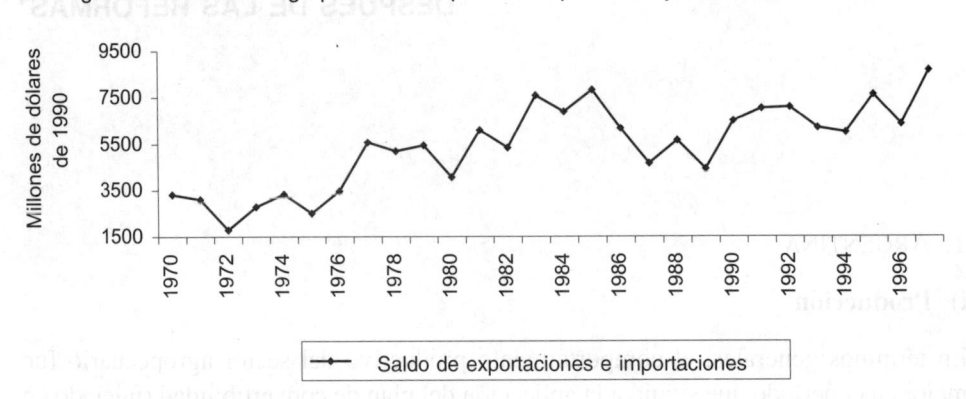

Argentina: Comercio agropecuario de productos primarios y elaborados, 1970-1997

2. BOLIVIA

i) Producción

En el período 1970-1975, el sector agropecuario creció a gran ritmo, con una tasa promedio anual de 6,5%, apoyado en un modelo de sustitución de importaciones y de significativas subvenciones. Desde 1975 hasta fines de los años ochenta, siguió una trayectoria de retroceso y estancación, con un crecimiento que apenas alcanzó al 2% como promedio anual. En 1985 se inició la aplicación del nuevo programa económico, que comenzó a dar frutos sólo cinco años más tarde. En efecto, en 1990 la agricultura de Bolivia entró nuevamente en una senda dinámica, alcanzando tasas de crecimiento promedio anual del orden del 3,7% entre 1990 y 1997. En 1998, sin embargo, registró un retroceso de -3%.

ii) Comercio

A partir de 1992 el saldo exportable de productos agropecuarios comenzó a ser positivo, en contraste con el comportamiento que había exhibido en las tres décadas anteriores. Este resultado derivó de la incorporación de nuevos rubros a la oferta exportable y también de la revitalización de rubros que habían estado en un nivel muy bajo en el pasado.

Bolivia: Evolución del PIB silvoagropecuario, 1970-1998

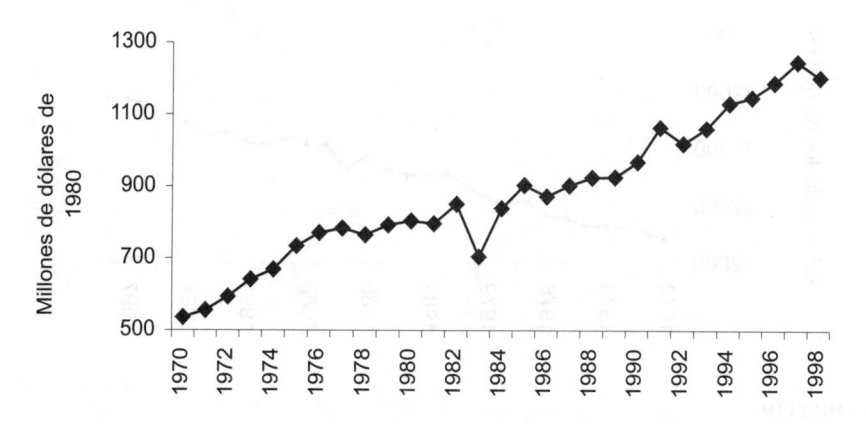

Bolivia: Comercio agropecuario de productos primarios y elaborados, 1970-1997

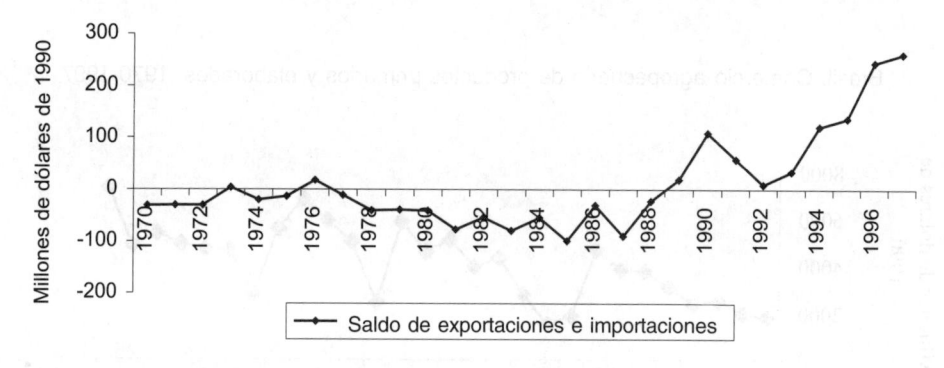

Saldo de exportaciones e importaciones

3. BRASIL

i) Producción

Después de un crecimiento sostenido durante los años setenta, del orden del 5% anual, el PIB agropecuario entró en un prolongado declive, que terminó recién en 1994. En efecto, entre 1980 y 1987 creció a una tasa anual de 2,8% y de apenas 1% entre 1987 y 1993. Posteriormente retomó la senda del crecimiento y alcanzó una tasa de 3,3% entre 1994 y 1998.

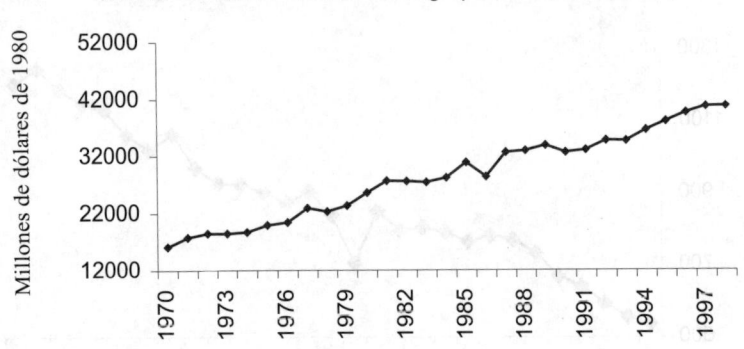

Brasil: Evolución del PIB silvoagropecuario, 1970-1998

ii) Comercio

Antes de las reformas, los productos agropecuarios habían constituido una parte creciente del valor exportado, sesgo exportador que no se mantuvo después de las reformas.

Brasil: Comercio agropecuario de productos primarios y elaborados, 1970-1997

—◆— Saldo de exportaciones e importaciones

4. CHILE

i) Producción

El comportamiento del PIB silvoagropecuario tuvo dos momentos claramente identificables: lento crecimiento en los períodos 1974-1979 y 1980-1984, del orden del 2,9% y 2,4% promedio anual respectivamente, y rápido crecimiento en los períodos siguientes: 6,3% en la segunda mitad de los años ochenta, y 5,3% en la primera mitad de los años noventa. Sólo al final del período 1995-1998 se redujo considerablemente, a tasas cercanas al 2%.

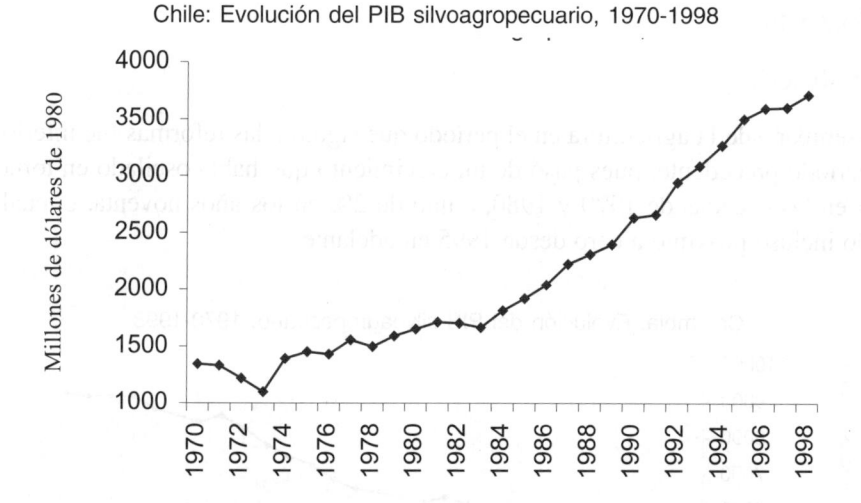

Chile: Evolución del PIB silvoagropecuario, 1970-1998

ii) Comercio

El saldo comercial agropecuario tuvo un vuelco significativo desde mediados de los años ochenta. Negativo durante la década de 1970 y comienzos de la de 1980, pasó a ser positivo desde entonces, a causa especialmente de las ventas de origen frutícola y agroindustrial, así como de aquellas correspondientes al sector forestal, que ha experimentado un gran desarrollo exportador en los últimos años.

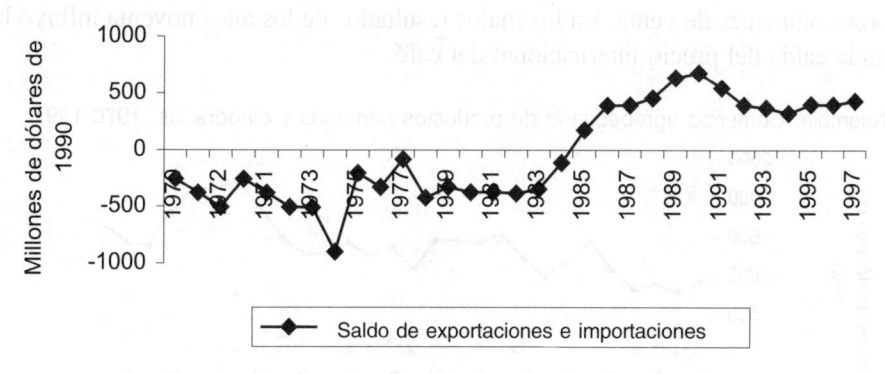

Chile: Comercio agropecuario de productos primarios y elaborados, 1970-1997

5. COLOMBIA

i) Producción

El desempeño de la agricultura en el período que siguió a las reformas fue inferior al del período precedente, pues pasó de un crecimiento que había oscilado en torno al 3,6% en las décadas de 1970 y 1980, a uno de 2% en los años noventa, el cual ha estado incluso próximo a cero desde 1995 en adelante.

Colombia: Evolución del PIB silvoagropecuario, 1970-1998

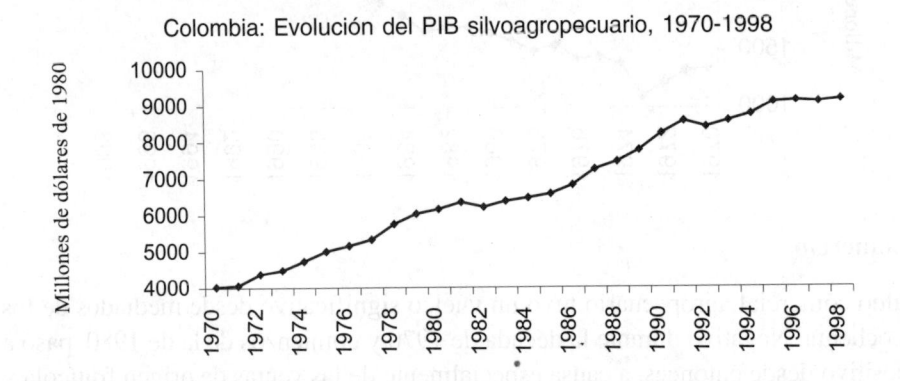

ii) Comercio

A partir de 1990, la balanza comercial agropecuaria sufrió un significativo deterioro con relación al comportamiento que había tenido en la década de 1980, durante la cual hubo un saldo siempre creciente, gracias sobre todo al buen desempeño de las exportaciones de café, sea por la vigencia de precios internacionales en alza o por mayores volúmenes de venta. En los malos resultados de los años noventa influyó la sostenida caída del precio internacional del café.

Colombia: Comercio agropecuario de productos primarios y elaborados, 1970-1997

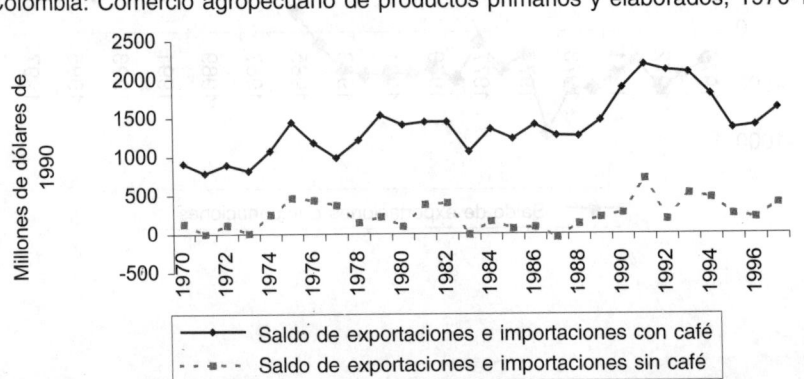

6. COSTA RICA

i) Producción

Durante el período 1970-1980, en que la agricultura contó con un amplio respaldo del Estado, el crecimiento silvoagropecuario alcanzó a un promedio anual de 2,6%. Sin embargo, después de la crisis de comienzos de los años ochenta, el sector tuvo un desenvolvimiento bastante dificultoso, que dio como resultado un crecimiento promedio de sólo 1,6% al año. El impulso dado a la agricultura a partir de la segunda mitad de los años ochenta permitió que el producto creciera a un promedio anual de 4,7% en el período 1985-1989 y de 3,9% entre 1990 y 1995. Más tarde el comportamiento tendió a declinar, hasta tornarse negativo, de tal manera que entre 1996 y 1997 registró un descenso de -0,6% promedio anual, pero volvió a hacerse positivo (5,3%) en 1998.

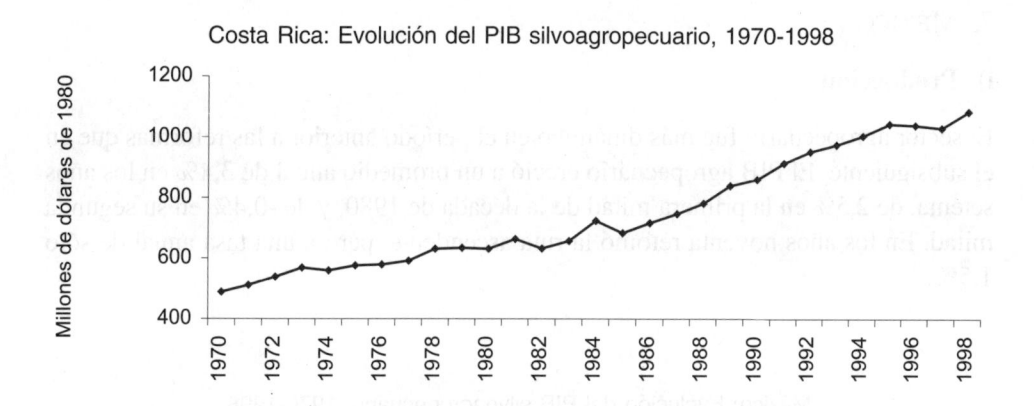

Costa Rica: Evolución del PIB silvoagropecuario, 1970-1998

ii) Comercio

Durante las décadas de 1970 y 1980 el saldo neto de las exportaciones agropecuarias se mantuvo persistentemente en torno a 500 millones de dólares (en moneda constante). El desarrollo exportador de los años noventa permitió, sin embargo, modificar esa prolongada tendencia, al impulsar el valor de las exportaciones por sobre el de las importaciones, con lo cual en el lapso de los primeros siete años de la década de 1990 se llegó a duplicar el saldo (en moneda constante) y su aporte a la balanza de pagos del país.

Costa Rica: Comercio agropecuario de productos primarios y elaborados, 1970-1997

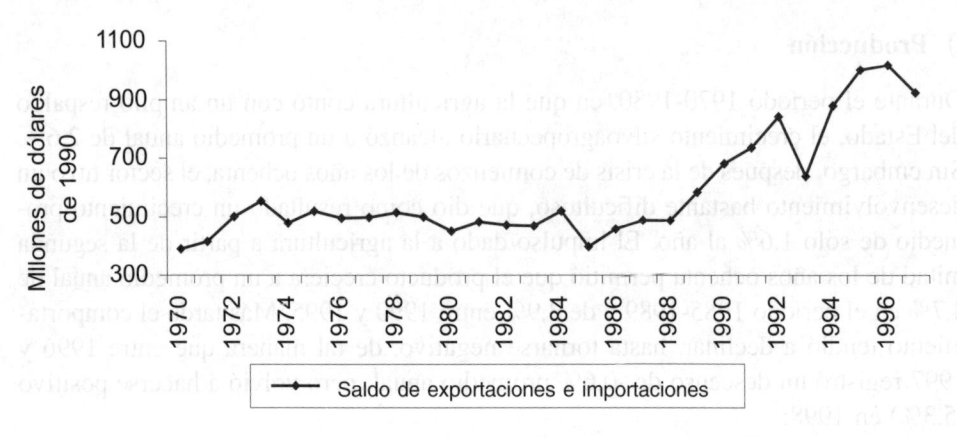

◆ Saldo de exportaciones e importaciones

7. MÉXICO

i) Producción

El sector agropecuario fue más dinámico en el período anterior a las reformas que en el subsiguiente. El PIB agropecuario creció a un promedio anual de 3,4% en los años setenta, de 2,5% en la primera mitad de la década de 1980, y de -0,4% en su segunda mitad. En los años noventa retomó la ruta ascendente, pero a una tasa anual de sólo 1,5%.

México: Evolución del PIB silvoagropecuario, 1970-1998

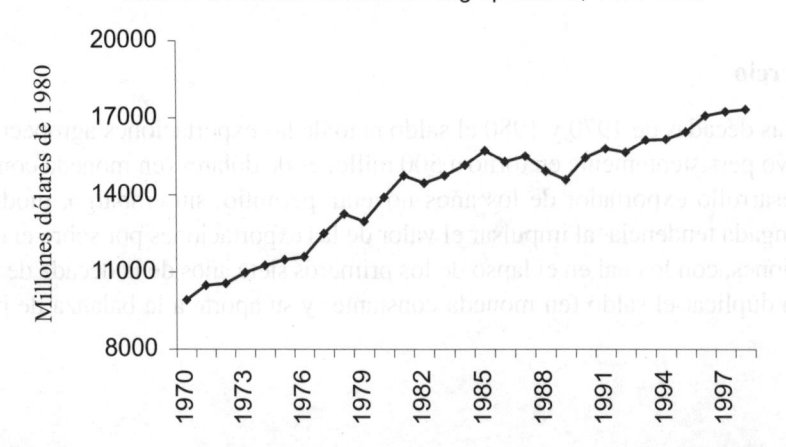

ii) Comercio

El saldo entre las exportaciones y las importaciones agropecuarias de México ha sido negativo desde hace muchas décadas, salvo en los años setenta, cuando alcanzó un relativo equilibrio, incluso con un leve superávit entre 1970 y 1975.

Durante las décadas de 1980 y 1990, la balanza comercial osciló entre períodos de equilibrio y de profundización del déficit, trayectoria que estuvo subordinada más a la evolución de la política cambiaria que a la apertura comercial.

México: Comercio agropecuario de productos primarios y elaborados, 1970-1997

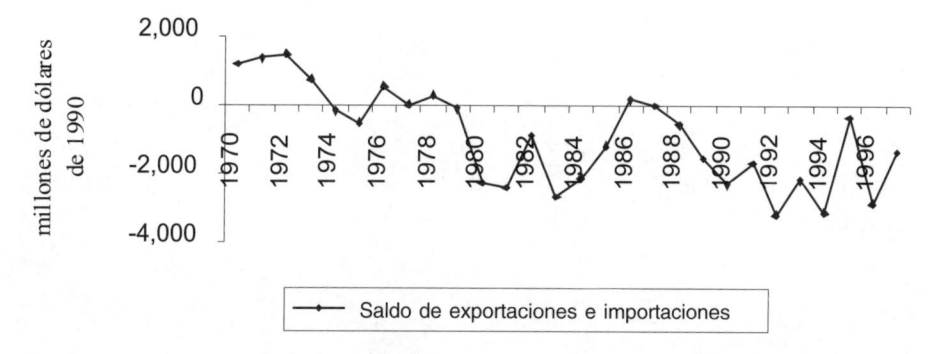

Saldo de exportaciones e importaciones

BIBLIOGRAFÍA

Cepal (Comisión Económica para América Latina y el Caribe) (1998), *Anuario Estadístico de América Latina y el Caribe*. Edición 1997 (LC/G.1987-P), Santiago de Chile. Publicación de las Naciones Unidas, N° de venta: S.98.II.G.1.

Cepal/IICA (Comisión Económica para América Latina y el Caribe/Instituto Interamericano de Cooperación para la Agricultura, Centro Regional Sur) (1997), *Panorama de la agricultura de América Latina en las dos últimas décadas* (LC/L.1102), Santiago de Chile.

Crespo, Fernando (1999), *Incidencia de las reformas estructurales sobre la agricultura boliviana*, La Paz.

FAO (Organización de las Naciones Unidas para la Agricultura y la Alimentación) (1999), "Faostat Database Collections" (http://apps.fao.org/cgi-bin/nph-db.pl).

Fernández, Luis Fernando (1999), *Evolución de las políticas macroeconómicas e impacto en el sector silvoagropecuario de Costa Rica*, San José de Costa Rica.

FMI (Fondo Monetario Internacional) (1999), *Estadísticas financieras internacionales*, Washington, D.C.

Ghezán, G., M. Mateos y J. Elverdín (1999), *Impacto de las políticas de ajuste estructural en el sector agropecuario y agroindustrial: el caso de Argentina*, Buenos Aires.

Leite da Silva Dias, Guilherme y Cicely Moitinho Amaral (1999), *Cambios estructurales en la agricultura brasileña: 1980-1998*, Brasilia.

Perry, Santiago (1999), *El impacto de las reformas estructurales sobre el sector agropecuario colombiano*, Santa Fe de Bogotá.

Portilla, Belfor (1999), *El impacto de las reformas estructurales y la política macroeconómica sobre el sector agropecuario de América Latina: el caso de Chile*, Santiago de Chile.

Salcedo Baca, Salomón (1999), *El impacto de las reformas estructurales y la política macroeconómica sobre el sector agropecuario de América Latina: el caso de México*, México, D.F.

Capítulo 4
INCIDENCIA DE DOS DÉCADAS DE AJUSTES EN EL DESARROLLO AGRÍCOLA DE AMÉRICA LATINA Y EL CARIBE[1]

*Max Spoor**

INTRODUCCIÓN

Este documento analiza dos décadas de ajuste económico en América Latina y el Caribe, y en particular el impacto de éste sobre la agricultura (y sobre el sector rural en algunos casos). Cuando estamos en medio de la crisis financiera que afecta a la región, este trabajo presenta una evaluación crítica de los profundos cambios que han tenido lugar en el mencionado período, centrando la atención en aspectos que a nuestro juicio no han sido suficientemente considerados.

En primer término cabe señalar que el contexto del análisis ha cambiado gradualmente en el curso de los años noventa. El Consenso de Washington, aún prevaleciente entre las instituciones financieras internacionales, que asigna una importancia fundamental a la corrección de los precios relativos, ha debido ser complementado o parcialmente remplazado con ideas neoinstitucionales, e incluso con ideas neoestructuralistas, debido a la existencia de serias fallas de mercado y al sobreajuste en lo que respecta al "Estado mínimo" (Killick, 1989, 1995; Streeten, 1993; Cepal, 1996; Ramos, 1997). El presente trabajo pretende aportar una visión más matizada de todo el proceso de reformas en América Latina y el Caribe, al analizar el ajuste y su efecto específico en el sector agrícola, y comparar asimismo los resultados concretos de las reformas con sus supuestos originales y las expectativas que se suscitaban en torno de ellas.

Cabe dar aquí un ejemplo. Es de aceptación general que el modelo de industrialización mediante sustitución de importaciones (ISI), dominante en la región desde la posguerra hasta comienzos de los años ochenta, discriminaba en contra de la agricultura por efecto de la sobrevaluación de la tasa de cambio, los impuestos a las exportaciones, la protección del sector industrial y la intervención estatal directa en los mercados (Krueger, Schiff y Valdés, 1991). La sobrevaluación de la tasa de cambio

---

[1] Este artículo fue traducido por César Morales, oficial de Asuntos Económicos, Unidad de Desarrollo Agrícola de Cepal.

aparecía como responsable del crecimiento que experimentaron las importaciones en los años setenta, al tiempo que se atribuía a la política de fijación de precios la reducción del crecimiento y el pobre desempeño de las exportaciones. A pesar de ello, el sector agrícola tuvo un desempeño razonable en los años setenta y en la primera mitad de los ochenta, mientras que la discriminación de precios antes aludida estaba acompañada de un sustancial paquete de medidas de apoyo al agro, tales como inversión pública, crédito subsidiado y servicios agrícolas.

Según se intenta demostrar aquí, la afirmación de que el sector tuvo un mal desempeño en los años ochenta (la llamada "década perdida") debe considerarse con cierta cautela, tomando en cuenta para ello la información macroeconómica y sectorial disponible, en particular para la primera mitad de esa década. Se advierten diferencias sustanciales entre el comportamiento de la macroeconomía y del sector agrícola, tanto en la región en su conjunto como en los distintos países. Por otra parte, el cambio hacia un modelo de crecimiento impulsado por las exportaciones (Weeks, 1995; Bulmer-Thomas, 1996; Thorpe, 1997) no consiguió superar la llamada paradoja agrícola, según la cual el reconocimiento verbal de la importancia de la agricultura en la economía era contradicho por la escasa importancia que se le asignaba en las inversiones y por las deficientes (o incluso inexistentes) políticas hacia el sector (Weeks, 1995; Spoor, 1997; Reca y Echeverría, 1998).

El trabajo pretende también contribuir a una revisión general de las políticas de desarrollo rural de la región. Existe la tendencia a centrar la atención en el dinamismo económico de determinados sectores, por lo general vinculados al capital internacional y a las empresas transnacionales, pasando por alto la marginalización de otros, bastante populosos, entre los que se encuentran los pequeños productores y los campesinos. Además de los objetivos antes señalados, el documento apunta a analizar el nuevo papel que debe ejercer el Estado, sin que ello implique retornar a la vieja fórmula intervencionista, sino más bien a una que contemple un papel público indirecto pero más activo con respecto a este importante sector de la región (De Janvry y Sadoulet, 1993; Spoor, 1995 y 1997).

Para dar un fundamento empírico a este objetivo, se presentan y analizan datos sobre el desempeño de la macroeconomía y del sector agrícola de nueve países de la región. Estos datos dan cuenta del distinto crecimiento de las respectivas economías (desde luego con una gran dispersión en torno a la media), pero también de una parte significativa de la producción y de las exportaciones agrícolas de la región. Los países estudiados son: Argentina, Brasil, Bolivia, Chile, Colombia, Costa Rica, Jamaica, México y Perú[2].

---

2. Estos son los países seleccionados, por razones de representatividad, en un reciente proyecto de la Cepal, "Crecimiento, empleo y equidad: América Latina y el Caribe en los años noventa", División de Desarrollo Económico de la Cepal.

En el documento se ponen de relieve, principalmente, los siguientes aspectos:

Primero, la importancia del sector agrícola de la región ha sido estructuralmente subestimada, antes, durante y después de las reformas y el ajuste económico. Es particularmente llamativo que el éxito del modelo de crecimiento impulsado por las exportaciones se haya dado precisamente en función de productos de origen agrícola.

Segundo, la crisis de la deuda de comienzos de los años ochenta afectó a la agricultura más tarde que a los restantes sectores, y no obstante las grandes diferencias entre los países y dentro de éstos, su desempeño durante la llamada "década perdida" fue bastante mejor de lo esperado, dada la crisis macroeconómica imperante a la sazón, especialmente en la primera mitad de los años ochenta. Este hecho se sustenta posiblemente en un espectacular incremento de la productividad de la tierra en los principales rubros destinados al mercado interno y a la exportación, incremento que es sorprendentemente alto incluso si se lo compara con el rendimiento de los años noventa. Este resultado ciertamente no se condice con la tesis de un sector estancado. Su tratamiento residual en el contexto de reformas predominantemente orientadas a la macroeconomía torna aún más pertinentes estas observaciones.

Tercero, las reformas económicas sectoriales, excepto en Chile, que las puso en práctica tempranamente, y en Bolivia, Costa Rica y México, que las aplicaron parcialmente, fueron introducidas básicamente en la segunda mitad de los años ochenta o incluso más tarde. En consecuencia, es bastante difícil identificar relaciones causales simples entre reformas de los años ochenta y recuperación global de los años noventa, así como en los numerosos casos de retracción (y de rápida recuperación) de las exportaciones agrícolas que se dieron en el marco de las reformas macroeconómicas y sectoriales, puestas en práctica justamente para eliminar el sesgo contra la agricultura.

Cuarto, las reformas también tuvieron impactos negativos sobre el sector agropecuario, debido a la eliminación de subsidios, la reducción del crédito o la desaparición de servicios y de la extensión agrícola. De todas formas, estos efectos deben diferenciarse de los ocasionados por la evolución desfavorable de los precios internacionales de las exportaciones agrícolas tradicionales durante los años ochenta, al menos si se los compara con los obtenidos a fines de los años setenta. Los datos sectoriales indican que las primeras intervenciones públicas que se hicieron en el contexto de las modernizaciones orientadas al mercado tuvieron en algunos casos (Chile y Costa Rica) resultados favorables. En otros casos, donde el apoyo público de largo plazo estuvo seguido de la liberalización y la desregulación de los mercados, la recuperación fue resultado de la reintroducción, en distintos períodos y mediante la aplicación de medidas específicas, de las regulaciones (por ejemplo, en Bolivia, Brasil, Colombia pero también en Chile).

Quinto, el modelo de desarrollo introducido en la región con el ajuste estructural de los años ochenta y comienzos de los noventa (Smith y otros, 1993; Teitel, 1992;

Bulmer-Thomas, 1996) ha sido bastante excluyente (Kay, 1995; Reca y Echeverría, 1998). La dinámica del crecimiento económico ha estado fundamentalmente centrada en aquellos productores comerciales que han sido capaces de vincularse al capital extranjero y en especial a las empresas transnacionales, integrándose de ese modo a los complejos del agronegocio nacional e internacional. El optimismo inicial acerca de la modernización de los pequeños productores por medio de su integración contractual con la agroindustria no parece del todo justificado (Cepal, 1995; 1998a). Por el contrario, hay suficientes indicios de que la diferencia en cuanto a niveles tecnológicos, productividad e ingresos entre los productores comerciales y empresarios agrícolas y los campesinos llamados "no viables" es ahora mayor que antes (Kay, 1995; Bulmer-Thomas, 1996; Reca y Echeverría, 1998). A pesar de ello, no ha habido políticas agrícolas para integrar a los campesinos "no viables" a los procesos de modernización agraria, y no se han aplicado políticas sociales compensatorias para mitigar los costos humanos del ajuste económico, agravados por los altos niveles de pobreza rural existentes (Cepal/IICA, 1998).

El presente documento está dividido en cuatro secciones. Después de una primera sección muy breve, en la segunda parte se analizarán los principales supuestos del ajuste estructural, en particular en lo que se refiere a la visión de la agricultura como sector estancado y sobre todo al llamado sesgo antiagrícola, mediante una revisión de la macroeconomía y del lugar que ocupó la agricultura en las economías de la región antes, durante y después de las reformas. Con ello se pretende tener una visión más equilibrada de la realidad y, por tanto, menos forzada que la que generalmente se adopta. Puede demostrarse que la crisis golpeó a las economías de la región, y en especial a sus agriculturas, en diferentes momentos. Al comparar los países analizados, pueden distinguirse tres modalidades de desarrollo de la crisis de los años ochenta: un desarrollo *temprano* (1980-1985), uno *tardío* (1985-1990) y uno *prolongado* (1980-1990). Los dos primeros parecen coincidir con los procesos de recuperación rápida y lenta. Esto permite modificar de alguna manera la visión general que se tiene sobre la "década perdida", más aún si se toma en cuenta que en la primera mitad de los años ochenta, a diferencia de lo que ocurrió en la segunda mitad, hubo un significativo incremento de la productividad de la tierra.

En la tercera parte se revisan las principales reformas introducidas durante los programas de estabilización y ajuste, distinguiendo entre las reformas macroeconómicas y las sectoriales, y concentrándose en aquellas que tienen que ver con la política comercial (apertura comercial y devaluación de la tasa de cambio), con la política fiscal, la política de crédito y de tasas de interés, y, finalmente, con la reducción del papel del sector público en los servicios de apoyo (crédito, educación, extensión e investigación). En lugar de la periodización estándar de *prerreforma* (hasta los años ochenta), *crisis* (comienzos de los años ochenta) y *recuperación posreforma* (durante los años noventa), aparece una diversidad de secuencias en la aplicación de las reformas, así como substanciales diferencias en los resultados globales y sectoriales por país.

En la cuarta parte se ofrece un análisis de las reformas, su impacto sectorial y las discrepancias entre los supuestos originales de las reformas (en cuanto a desempeño, aplicación y secuencias) y sus resultados. Se presentan además las principales conclusiones, en las cuales se revisan las tesis originalmente formuladas teniendo en consideración los datos disponibles y el análisis efectuado en este documento. Asimismo, se hace ver la importancia de poner nuevamente la política agrícola en la agenda pública, con un papel público renovado respecto del desarrollo agrícola (y rural) de la región, como componente de una imprescindible segunda generación de reformas en varios países.

A. El sesgo antiagrícola y la evolución del crecimiento

Los ajustes estructurales tuvieron por objetivo restructurar las economías de la región para permitirles confrontar los choques externos, pagar la deuda externa y recuperar la senda de crecimiento sostenido. Con la emergencia de la crisis a comienzos de los años ochenta (en especial en el período 1982-1983), se hizo urgente estabilizar la economía. Para ello se pusieron en práctica el ajuste fiscal y el ajuste de la política de crédito, al tiempo que se realineaba la tasa de cambio para mejorar los incentivos otorgados a las exportaciones. Se esperaba que esta última medida tuviera un efecto importante sobre el sector agrícola, sujeto hasta entonces a una serie de desincentivos de precios causados por controles administrativos, impuestos y subsidios a los consumidores. No es difícil demostrar, en efecto, que existía una discriminación en contra del precio de los bienes transables, en la mayoría de los casos con tasas de cambio fuertemente sobrevaluadas y con impuestos a las exportaciones (Krueger y otros, 1991).

Sin embargo, es más difícil sostener que hubo una transferencia neta de recursos desde la agricultura hacia el resto de los sectores. Esto queda particularmente claro cuando se toman en cuenta los subsidios a los créditos agrícolas transferidos en tiempos de inflación, o las políticas flexibles respecto de las deudas de difícil recuperación, los programas de inversión pública y los servicios de apoyo agrícola subsidiados. Aunque hubo un claro sesgo antiagrícola en las políticas de precios internos, Brandão y Carvalho (1991, pp. 77-78) hacen notar que en Brasil, bajo el modelo de la ISI, las transferencias fueron positivas si se considera el crédito[3]. Más aún, Buainain y de

---

3. Los autores llaman la atención sobre el hecho de que el grueso del crédito se destinó a los productores comerciales, mientras gran parte del sector agrícola era gravado con impuestos. Estas conclusiones restan sustento a la idea de que los incentivos a las exportaciones han sido eliminados, toda vez que los grandes productores comerciales, que son precisamente los que producen los bienes de exportación, se beneficiaron de este crédito subsidiado.

Castro Rezende (1995) concluyen que el conjunto de políticas intervencionistas aplicadas en Brasil, entre ellas el Programa de Precio Mínimo (MPP), permitieron mantener altas tasas de crecimiento en el sector agrícola hasta la puesta en marcha del ajuste en 1987[4].

B. Del crecimiento sostenido a la crisis en la "década perdida"

¿Qué sucedió entonces con el crecimiento de la agricultura en los años setenta y ochenta? El PIB de la región creció en forma sostenida, a la elevada tasa de 5,9% en el período 1970-1975, y a una de 5,5% entre 1975 y 1980, al tiempo que la agricultura también crecía en los mismos períodos, a tasas razonablemente altas (3,4% y 3,6% respectivamente). Ahora bien, según se muestra en el Cuadro 1, a comienzos de los años ochenta la crisis de la deuda y la depresión general de la economía mundial afectaron seriamente a las economías de la región, causando una fuerte caída de la tasa de crecimiento promedio del PIB, que llegó apenas a 0,3% en el lapso 1980-1985. Sin embargo, en el sector agrícola la caída fue más moderada, particularmente en la producción destinada al mercado interno, ya que su tasa de crecimiento bajó sólo a 2,7%, al mismo tiempo que aumentaba su participación en el PIB global. La tasa real de crecimiento puede estar sobreestimada, ya que algunos precios aún estaban bajo control, o al menos mostraban un aumento menor que el que podría indicar el deflactor del PIB global. No obstante, al comparar la información del Cuadro 1 con las tasas de crecimiento en términos de volumen, las cifras anteriores parecen bastante razonables.

Con tasas de aumento de la población gradualmente declinantes, la tasa de crecimiento del producto sectorial *per cápita* aumentó hacia fines de los años setenta, y a comienzos de los años ochenta estaba lejos de haberse estancado. A pesar de ello, la influencia moderadora del sector en la economía pareció ser relativamente reducida, ya que la participación de la agricultura en el PIB total llegó sólo a 8% o 9% aproximadamente. Por otra parte, la población rural representaba el 43% de la población total de la región en la primera mitad de los años setenta, y alrededor del 35% una década después, lo que muestra la importancia del sector desde el punto de vista de los ingresos y el empleo (Cepal/IICA, 1998). Al analizar estos datos por país, el panorama se presenta mucho más heterogéneo de lo que muestran las cifras agregadas del Cuadro 1. En el Gráfico 1 aparecen las tasas de crecimiento del PIB y la participación del sector agrícola en el total a partir de la información de los estudios de caso nacionales (excepto Jamaica), agrupados según los criterios de crisis y recuperación: *crisis temprana, tardía* y *prolongada* en los años ochenta, después de lo

---

4. Debe aclararse que el costo del programa había llegado a ser insostenible en términos presupuestarios.

cual (no siempre directamente) siguieron los programas de ajuste (con recuperación rápida y lenta). Bolivia, Chile, Colombia y Costa Rica enfrentaron una crisis *temprana* y la recuperación rápida se presentó ya en el período 1985-1990. Brasil y México muestran un patrón de declinación que culminó en una crisis *tardía* con recuperación *lenta*.

Cuadro 1
AMÉRICA LATINA Y EL CARIBE: CRECIMIENTO PROMEDIO
DE LAS ECONOMÍAS NACIONALES Y DEL SECTOR AGRÍCOLA, 1970-1995
(Porcentajes)

	Tasa de crecimiento anual				
	1970-1975	1975-1980	1980-1985	1985-1990	1990-1995
PIB (%)	5,9	5,5	0,3	1,6	3,3
PIB agrícola (%)	3,4	3,6	2,7	1,3	3,1
PIB agrícola/PIBx100	0,0	8,4	9,4	9,3	9,3
Valor de la producción agrícola	2,5	3,5	2,9	1,7	2,7
Cultivos	0,0	2,9	3,1	2,3	1,6
Producción pecuaria	0,0	4,2	2,8	2,2	2,7
Valor de la producción agrícola					
Cereales	0,0	3,0	3,8	1,0	1,1
Oleaginosas	0,0	8,6	4,6	4,9	3,3
Raíces y tubérculos	0,0	-0,8	-0,2	0,9	-0,3
Legumbres	0,0	3,8	2,7	3,2	1,9
Frutas	3,3	2,8	3,1	2,9	

Fuente: Elaborado por el autor, sobre la base de Comisión Económica para América Latina y el Caribe/Instituto Interamericano de Cooperación para la Agricultura (Cepal/IICA), Panorama de la agricultura de América Latina y el Caribe en las últimas décadas: indicadores de comportamiento en cuadros y gráficos (LC/L.1102), Santiago de Chile, 1998; Organización de las Naciones Unidas para la Agricultura y la Alimentación (FAO), "Faostat Database Collections" (http://apps.fao.org/cgi-bin/nph-db.pl), 1998.

A pesar de que la tasa de crecimiento del PIB en Brasil cayó a 0,9% en la primera mitad de los años ochenta, ello se vio compensado por un desempeño sorprendentemente bueno del sector agrícola, que creció al 3,8% anual. Finalmente, por razones tales como turbulencias políticas y otras, Argentina y Perú experimentaron una crisis *prolongada* en la década de 1980.

La tesis de que el sector agrícola exhibe un patrón de crecimiento diferente al de las economías nacionales, se refuerza al revisar el rendimiento de los principales cultivos, tanto de los destinados al mercado interno como a la exportación. En el Cuadro 2 se muestran las tasas de crecimiento de la productividad de la tierra entre los años 1970 y 1995 para el café, algodón, soya, caña de azúcar, frutas, trigo, maíz, arroz y papas. Es interesante notar que el rendimiento de todos los cultivos, excepto frutas y maíz, fue mucho mejor en el período 1980-1985 (con un crecimiento de 3,5%) que en el de 1975-1980 (1,2%) y el de 1970-1975 (2,1%). El rendimiento sufrió una fuerte caída en el período 1985-1990, para recuperarse en la primera mitad de los años noventa (a excepción del café). Cabe destacar que incluso con esta recuperación los rendimientos fueron inferiores a los de la primera mitad de la llamada "década perdida" (con excepción de las frutas, la soya y el maíz)[5].

Gráfico 1
AMÉRICA LATINA: CRECIMIENTO DEL PIB GLOBAL Y EL PIB AGRÍCOLA (1970-1995):
CRISIS TEMPRANA, TARDÍA Y PROLONGADA EN LOS AÑOS OCHENTA
[RECUPERACIÓN RÁPIDA Y LENTA]

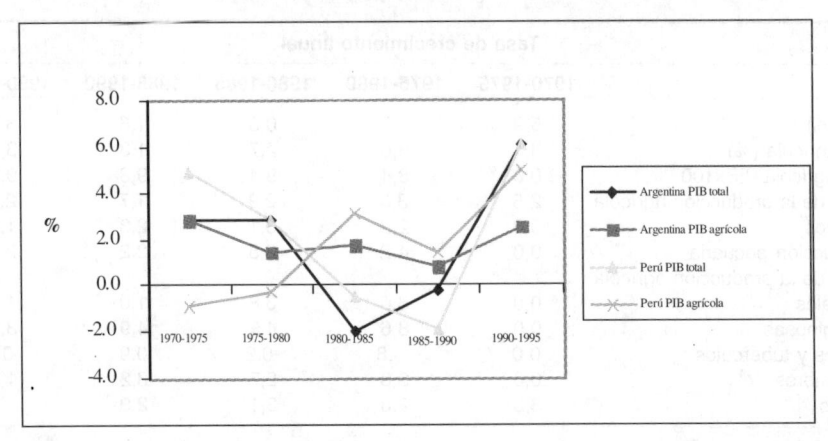

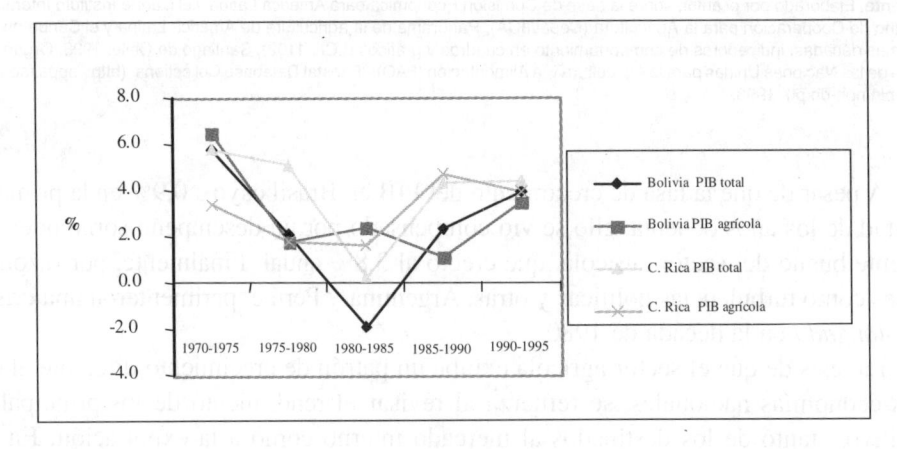

---

5. FAO (1996, p.170) destaca que entre 1990 y 1995 el rendimiento promedio aumentó a una tasa anual de 3,3%, frente a 1,3% en los años ochenta, mientras que, contrariamente a lo que había ocurrido en esa década, la superficie cultivada decreció alrededor de 2,2% al año. Estos datos no corresponden a los del Cuadro 2, pese a que fueron calculados a partir de la misma fuente (Faostat Database Collections). La diferencia puede ser consecuencia del uso de grupos seleccionados de los principales cultivos, pero el autor no lo aclara.

Gráfico 1 (Cont.)
**AMÉRICA LATINA: CRECIMIENTO DEL PIB GLOBAL Y EL PIB AGRÍCOLA (1970-1995):
CRISIS TEMPRANA, TARDÍA Y PROLONGADA EN LOS AÑOS OCHENTA
[RECUPERACIÓN RÁPIDA Y LENTA]**

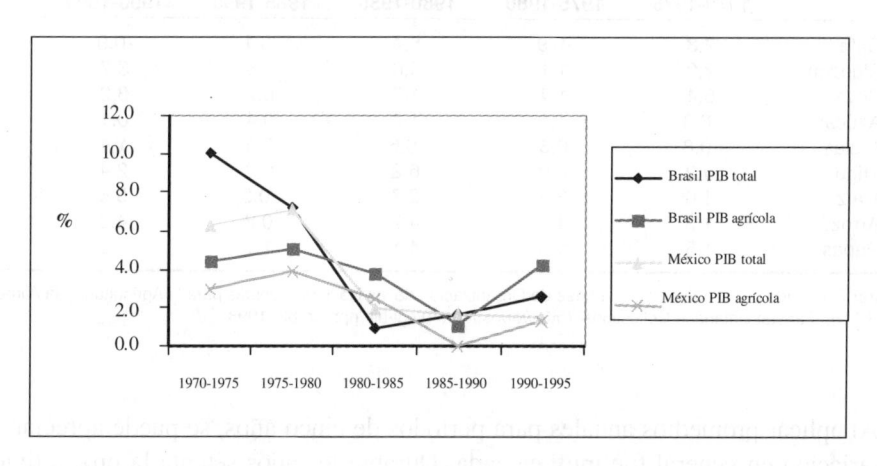

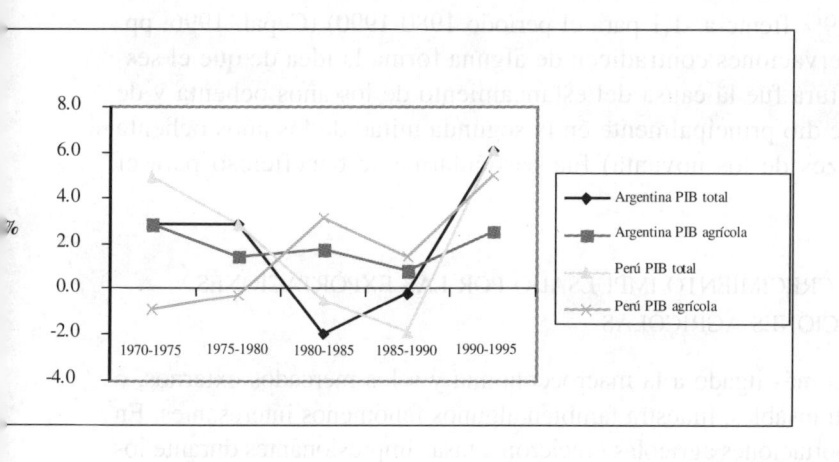

Bolivia, Chile, Colombia y Costa Rica (crisis temprana/recuperación rápida); Brasil y México (crisis tardía/recuperación lenta); Argentina y Perú (crisis prolongada).

Cuadro 2
AMÉRICA LATINA Y EL CARIBE: TASA DE CRECIMIENTO DE LOS PRINCIPALES CULTIVOS, 1970-1995

	1970-1975	1975-1980	1980-1985	1985-1990	1990-1995
Café	7,3	-0,9	6,4	-0,1	-0,9
Algodón	2,0	1,1	5,0	4,6	3,7
Soya	6,4	1,4	1,7	0,7	3,2
Azúcar	-0,3	1,1	1,4	0,4	0,1
Frutas	-0,8	0,3	-0,6	0,6	1,4
Trigo	0,2	2,0	6,2	0,2	2,4
Maíz	1,0	3,5	2,7	-0,5	5,5
Arroz	1,3	1,1	4,2	0,8	4,2
Papas	1,5	1,5	4,1	1,1	2,2

Fuente: Elaborado por el autor, sobre la base de Organización de las Naciones Unidas para la Agricultura y la Alimentación (FAO), "Faostat Database Collections" (http://apps.fao.org/cgi-bin/nph-db-pl), 1998.

Al aplicar promedios anuales para períodos de cinco años, se puede apreciar que la variación en general fue muy elevada. Durante los años setenta la productividad del trabajo también se incrementó a tasas más altas que en los otros sectores (2,2% frente a 1,8% en el período 1973-1980), y en los años ochenta la diferencia fue aún más pronunciada (1,9% frente a -1,1 para el período 1980-1990) (Cepal, 1996, pp. 91-92)[6]. Ambas observaciones contradicen de alguna forma la idea de que el sesgo contra la agricultura fue la causa del estancamiento de los años ochenta y de que el ajuste (que se dio principalmente en la segunda mitad de los años ochenta e incluso a comienzos de los noventa) fue particularmente beneficioso para el sector.

C. El modelo de crecimiento impulsado por las exportaciones y las exportaciones agrícolas

El subsector agrícola más ligado a la macroeconomía y a los mercados externos, o sea el de productos transables, muestra también algunos fenómenos interesantes. En primer lugar, las exportaciones agrícolas crecieron a tasas impresionantes durante los años setenta, aunque debe considerarse en ello el efecto del gran aumento del precio internacional de las exportaciones agrícolas tradicionales. Esto contradice al menos en parte la tesis de que durante la vigencia de la ISI hubo una discriminación en

---

6. Una relación inversa se puede apreciar entre la tasa de aumento (o disminución) de la productividad laboral y el aumento (o disminución) del empleo (observación hecha por Martine Dirven, comunicación por correo electrónico, febrero de 1999).

contra del precio de los bienes transables, y es coherente con una inserción más estable de las exportaciones agrícolas en el mercado internacional[7].

Como resultado de la crisis de comienzos de los años ochenta, el crecimiento promedio de las exportaciones prácticamente se detuvo en el período 1980-1985. En segundo lugar, el valor de las exportaciones agrícolas tuvo un incremento próximo a cero, resultado que puede explicarse parcialmente por el serio *shock* externo, en especial en el bienio 1982-1983, cuando el precio de las exportaciones agrícolas cayó violentamente. A pesar de las fuertes fluctuaciones en valor y volumen de las exportaciones agrícolas, un examen más cuidadoso de los datos de la FAO sobre los rubros principales (café, algodón, maíz, carne, arroz, soya y trigo) muestra una tasa de crecimiento promedio de 12,2% anual en el período 1980-1985, y de sólo 1,7% en la segunda mitad de los años ochenta, lapso en el cual hubo recuperación de algunos precios.

La participación de la agricultura en las exportaciones totales, especialmente cuando se excluyen los productos forestales y la pesca, disminuyó gradualmente durante las décadas analizadas, pero se mantuvo relativamente alta en el conjunto de la región (véase el Cuadro 3). Algunos países, como Argentina, Brasil, Colombia y Costa Rica, tuvieron una participación sustancialmente más elevada que el promedio. De todos modos, la participación de Argentina disminuyó de 71,4% (1975-1980) a 54,4% (1990-1995), y la de Brasil de 58,3% a 32,7% en iguales períodos. En el caso de Chile, con el rápido crecimiento de las exportaciones de frutas, productos pesqueros y forestales, la participación aumentó de 17,1% en la década de 1970 a 25,9% en la de 1990.

En el Gráfico 2 se puede observar que detrás de los promedios del Cuadro 3 hay un patrón de fluctuaciones constantes, con algunas variaciones extremas en las exportaciones totales y con las bajas más pronunciadas en períodos muy breves, como los de 1981-1983, 1985-1987, 1989, y 1991-1993 (este último sólo para las exportaciones agrícolas).

En la fluctuación de las exportaciones influyó la inestabilidad de los precios internacionales. Como se advierte en los gráficos 3, 4 y 5, de 1970 a 1997 hubo violentas fluctuaciones en los precios de exportación de los principales productos agrícolas de la región (café, algodón, azúcar, soya, trigo, arroz y maíz), con fuertes caídas en los años ochenta. Más aún, la correlación entre la tasa de crecimiento y las fluctuaciones del índice ponderado del valor unitario de las exportaciones (FAO, 1998) fue relati-

---

7. De acuerdo con los datos de la FAO, las exportaciones de la región (como proporción del total de las exportaciones agrícolas mundiales) prácticamente no variaron durante el período 1960-1985 (11,9%, 11,1%, 11,0%, 11,9% y 11,7% como promedio de los períodos quinquenales sucesivos). Posteriormente cayó a 9,9% en el período 1985-1990 y a 8,0% durante el de 1990-1995 (lo cual se explica por una significativa caída de las exportaciones agrícolas del Caribe).

vamente alta ($R^2=0{,}64$). Esto es coherente con una observación hecha en un importante estudio de evaluación del ajuste (Cepal, 1996, pp. 91-92), según la cual la tasa relativamente constante de aumento de la productividad deja ver que la caída del crecimiento agrícola de la década de 1980 se debió más a problemas de demanda que de oferta. Dado que las exportaciones crecieron más rápidamente que la producción agrícola, la pérdida de dinamismo pudo haberse debido en parte a la declinación de la demanda interna y en parte a cambios en la rentabilidad, vinculados a la caída de los precios internacionales.

Cuadro 3
AMÉRICA LATINA Y EL CARIBE: EVOLUCIÓN DE LAS EXPORTACIONES TOTALES Y DE LAS EXPORTACIONES AGRÍCOLAS, 1970-1997
(Porcentajes)

Tasa de crecimiento anual	1970-1975	1975-1980	1980-1985	1985-1990	1990-1995	1995-1997
América Latina y el Caribe						
Exportaciones totales	22,4	26,1	0,0	6,4	12,3[a]	...
Exportaciones agrícolas[b]	18,8	13,2	-0,4	2,8	6,4[a]	9.6
Nueve países seleccionados						
Promedio total exportaciones	17,8	21,9	-1,4	10,0	13,1	6.9
Promedio exportaciones agrícolas	23,0	12,9	-1,3	12,9	13,1	11.2
Exportaciones silvoagropecuarias/exportaciones totales[c]						
	59,3	52,9	33,8	36,3	27,5	24.4

Fuente: Elaborado por el autor, sobre la base de Organización de las Naciones Unidas para la Agricultura y la Alimentación (FAO), "Faostat Database Collections" (http://apps.fao.org/cgi-bin/nph-db.pl), 1998; Comisión Económica para América Latina y el Caribe/ Instituto Interamericano de Cooperación para la Agricultura (Cepal/IICA), Panorama de la agricultura de América Latina y el Caribe en las últimas décadas; indicadores de comportamiento en cuadros y gráficos (LC/L.1102), Santiago de Chile, 1998; Fondo Monetario Internacional (FMI), *Direction of trade Statistics Yearbook*, Washington D.C., varios años.
[a] Con una caída entre 1991 y 1993.
[b] No incluye exportaciones forestales ni pesqueras.
[c] Se refiere a la participación de las exportaciones silvoagropecuarias y pesqueras en las exportaciones totales.

En particular, la caída de los precios internacionales del algodón, trigo, arroz y maíz durante los años ochenta fue la causa fundamental de la disminución de valor de las exportaciones, pues durante ese período la producción y los volúmenes exportados experimentaron en promedio considerables aumentos[8].

---

8. En el caso del café, algunas de las etapas de caída del precio coincidieron con etapas de incremento del volumen; aunque también se dio la situación inversa: precio alto, volumen bajo. Esto puede atribuirse a la presencia de países productores dominantes, como Brasil y Colombia.

Gráfico 2
AMÉRICA LATINA Y EL CARIBE: EVOLUCIÓN DEL VALOR DE LAS EXPORTACIONES TOTALES Y AGRÍCOLAS, 1970-1997

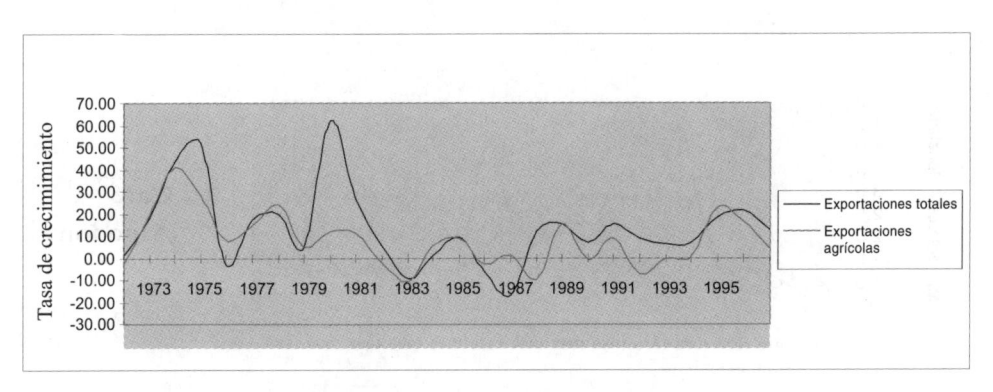

La particular influencia de los precios internacionales (con violentas fluctuaciones que continuaron hasta fines de los años ochenta y en los noventa) de los principales productos agrícolas de la región refuerza nuestra tesis, en cuanto a que el sector agrícola no se estancó a comienzos de los años ochenta y que la crisis sectorial por lo general ocurrió más tarde, e incluso, en algunos casos, como consecuencia del ajuste aplicado para hacer frente a la crisis macroeconómica (deuda y sector fiscal).

Gráfico 3
PRECIOS INTERNACIONALES DEL AZÚCAR Y LA SOYA, 1970-1997
(Miles de dólares)

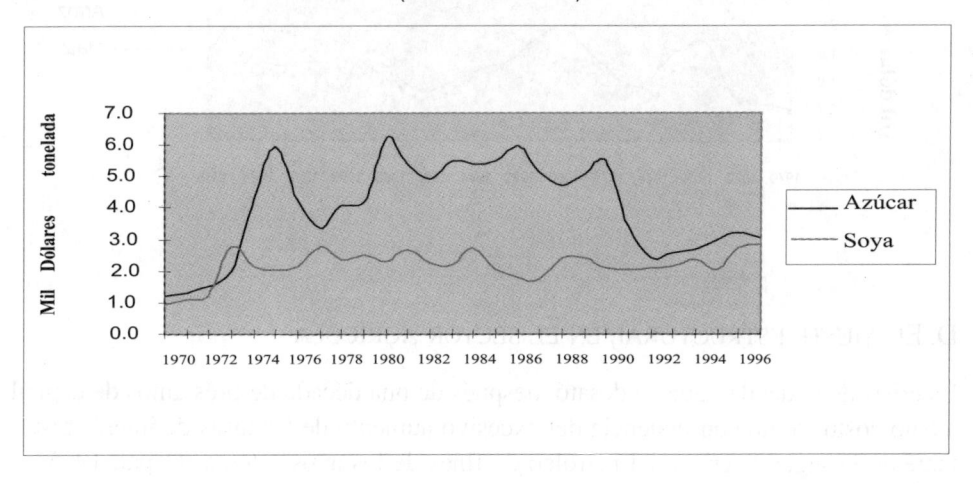

Gráfico 4
PRECIOS INTERNACIONALES DEL CAFÉ Y EL ALGODÓN, 1970-1997
(Miles de dólares)

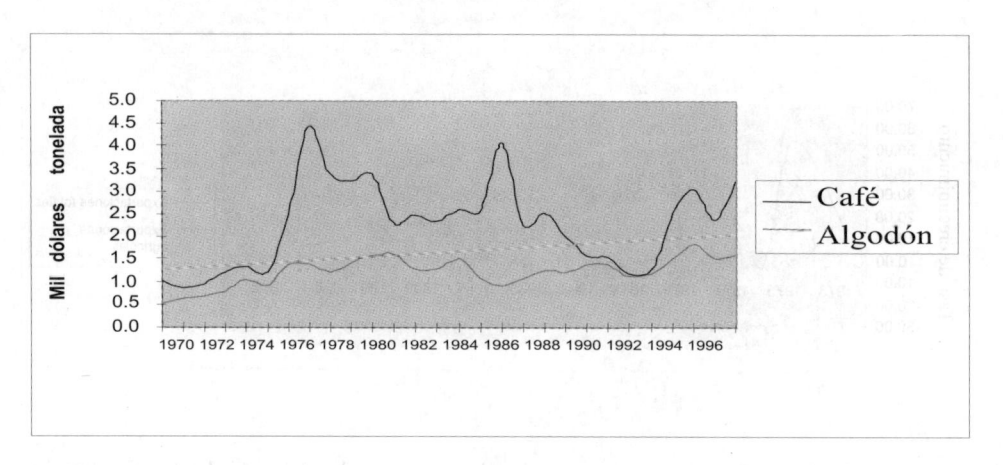

Gráfico 5
PRECIOS INTERNACIONALES DEL TRIGO, EL ARROZ Y EL MAÍZ, 1970-1997
(Miles de dólares)

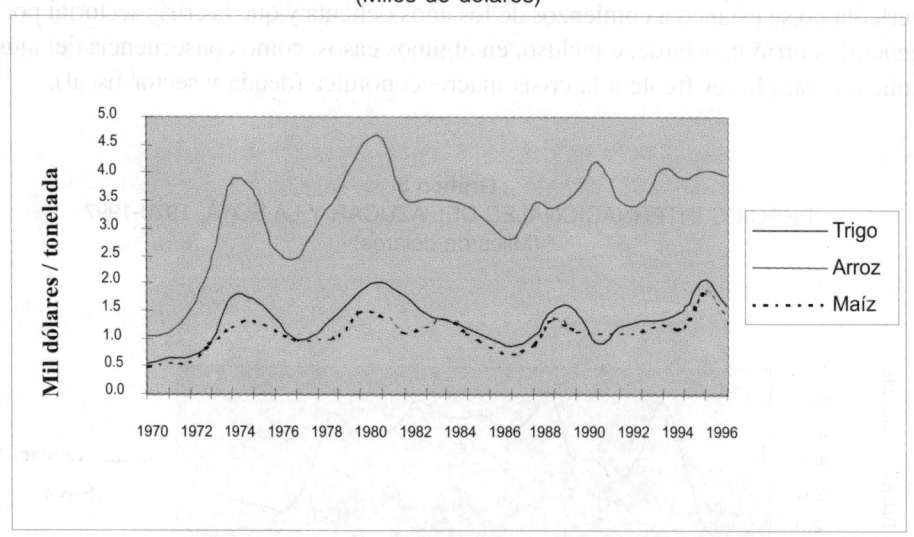

D. El ajuste estructural en el sector agrícola

La crisis de la deuda –que se desató, después de una década de préstamos de capital a bajo costo, como consecuencia del excesivo aumento de las tasas de interés resultante de la segunda crisis del petróleo de fines de los años setenta (Cepal, 1995, p.

23)– anunció el fin de la ISI. Como se dijo, el sector agrícola mostró tasas de crecimiento sostenidas hasta la mitad de los años ochenta. De modo análogo, pese a que la sobrevaluación de las tasas de interés no favorecía la producción de bienes transables, las exportaciones de la región dependieron en gran medida del sector agrícola (véase la segunda parte), y las exportaciones agrícolas experimentaron un crecimiento impresionante en plena etapa de ISI (véase nuevamente el Cuadro 3), de modo que su reducción a comienzos de los años ochenta debe atribuirse sobre todo a la caída de los precios internacionales.

Además de los programas de estabilización, las primeras medidas de ajuste estuvieron orientadas principalmente a la apertura frente a los mercados externos (Smith y otros, 1993; Ramos, 1997). Algunos países, como México, habían reducido ya a comienzos de los años ochenta los elevados impuestos a las importaciones y Chile había hecho lo mismo a partir de 1974, cuando el régimen militar recién instalado comenzó a ceñirse estrictamente a los postulados neoliberales en política económica (Weeks, 1995; Krueger y otros, 1991).

La necesidad de restructurar las economías de la región para retomar la senda del crecimiento elevado y sostenido estuvo vinculada también a la decreciente capacidad de pagar la deuda externa. Tal restructuración pasó a ser prioritaria cuando países como Bolivia y México declararon la moratoria en el pago de la deuda a comienzos de la década de 1980, lo cual envió una onda de choque a todo el sistema financiero internacional. Dicho en forma resumida, el ajuste estructural significó las siguientes transformaciones macroeconómicas: i) una mayor atención en el ajuste de las políticas comerciales, mediante la reducción de los impuestos a las importaciones, la eliminación de los sistemas de cuotas y el alineamiento del tipo de cambio merced a una depreciación real. Esto último implicó también eliminar los controles administrativos y los regímenes de cambio múltiples; ii) la restauración de los equilibrios fiscales a través de la reducción de los volúmenes de crédito, que estaban fuertemente subsidiados; iii) la reducción del tamaño del Estado, cuya intervención se consideraba como principal causa de las distorsiones del mercado y fuente de fallas burocráticas, y iv) la liberalización de los mercados internos, a fin de provocar una respuesta de la oferta por la vía de los precios.

En el nivel del sector agrícola, el ajuste apuntó principalmente a la liberalización de los precios del mercado interno, la eliminación o reducción de las instituciones sectoriales, y la disminución del volumen de crédito, al tiempo que se abandonaba la política de reforma agraria (distribución de la tierra a través de medidas administrativas), prioritaria en la agenda anterior, para remplazarla por la distribución mediante el mercado (Gómez Oliver, 1994; Weeks, 1995; Spoor, 1997; Thorpe, 1997). La virtual inexistencia de políticas agrícolas específicas durante el período de ajuste reintrodujo otro sesgo antiagrícola, con lo cual persistió en los años ochenta y comienzos de los noventa la paradoja según la cual la agricultura, pese a su importancia, ocupa un lugar secundario en las políticas económicas. No obstante, en respuesta al impacto negativo de este tratamiento residual del sector, recientemente algunos gobiernos de la región reintrodujeron diversas políticas sectoriales (segunda generación de reformas) para mejorar el desempeño de la agricultura, habida cuenta de la crisis que había tenido lugar en el sector después de las reformas, como se pudo apreciar particularmente en Brasil y Colombia a comienzos de los años ochenta.

1. Las reformas macroeconómicas

El régimen de comercio fue fundamental en los programas de ajuste estructural de los países de la región, tal como se aprecia al revisar los indicadores de apertura de las economías. En términos generales, hubo cambios impresionantes, que dan cuenta del incremento de la integración en un mercado internacional que se desarrollaba dinámicamente[9].

En un trabajo reciente, la Unidad de Desarrollo Agrícola de la Cepal comparó tres subperíodos, 1984-1987, 1988-1990 y 1991-1993, que cubren con creces el período en que se hicieron la mayor parte de los cambios en la política comercial, con excepción de Chile y México, países en los cuales se habían hecho antes (Cepal/IICA, 1998). Una muestra de estos cambios se presenta en el Gráfico 6, donde aparece la evolución de los aranceles promedio aplicados a las importaciones de alimentos en los períodos indicados, evolución que es indicativa de la tendencia a la liberalización de los mercados externos. Las barreras tarifarias, cruciales en la ISI, se redujeron significativamente a mediados de los años noventa, aunque cabe notar que las principales reformas en este campo se hicieron a fines de los años ochenta y fueron profundizadas recién a comienzos de la década siguiente, mucho más tarde de lo que se había previsto originalmente.

Weeks (1995, pp. 70-73) caracterizó el cambio en el régimen de comercio de 17 países de la región a mediados de los años ochenta, diferenciando entre los países **muy liberalizados** (AL), los **moderadamente liberalizados** (ML), y los **no liberalizados** (NL). La misma tipología puede aplicarse a los países analizados en este estudio, con excepción de Jamaica, llevándola hasta los años noventa (véase el Cuadro 4 y compárese con el Gráfico 6).

---

9. El análisis presentado aquí no coincide totalmente con los "índices de reformas estructurales" desarrollados por Morley, Machado y Pettinato (Cepal, 1999), que miden las reformas comerciales, las privatizaciones, los impuestos y las cuentas de capital. Aquí sólo hemos tomado en cuenta el impacto del régimen de comercio y de la tasa de cambio, así como el de las reformas fiscales, combinados con los efectos de las reformas específicas que afectan al sector agrícola.

Gráfico 6
AMÉRICA LATINA: ARANCELES PROMEDIO DE LAS IMPORTACIONES DE ALIMENTOS

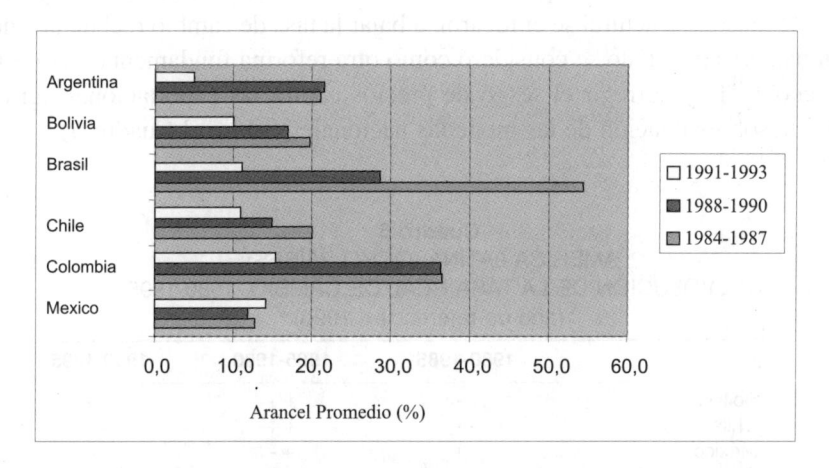

Cuadro 4
AMÉRICA LATINA: GRADO DE LIBERALIZACIÓN (RÉGIMEN COMERCIAL)

Entre mediados y fines de los años ochenta	Entre mediados y fines de los años noventa
AL[a] Bolivia, Chile y México	AL[a] Argentina Bolivia, Chile, Perú
ML[b] Colombia y Costa Rica	ML[b] Brasil y Colombia, Costa Rica y México
NL[c] Argentina, Brasil y Perú	NL[c] —

Fuente: Elaborado por el autor, sobre la base de J. Weeks (comp.), *Structural Adjustment and the Agricultural Sector in Latin America and the Caribbean*, Londres, Macmillan, 1995, adaptado a la década actual.
[a] AL= países altamente liberalizados.
[b] ML= países medianamente liberalizados.
[c] NL= países no liberalizados.

Mientras en los años ochenta Argentina y Perú podían ser aún considerados como no reformistas, a mediados de los años noventa ya se habían unido al grupo de los reformadores tempranos (Bolivia y Chile). Por otra parte, en esta última década todas las economías de la región habían reforzado, de una manera u otra, su régimen comercial, de modo tal que la categoría de "no liberalizados" ya no resulta aplicable. Sólo México, dependiendo del grado de liberalización de los mercados internos y de los mercados externos, como miembro del Tratado de Libre Comercio de América del Norte (TLC), puede ser considerado ahora como moderadamente liberalizado, mientras que inicialmente (como reformador temprano) aparecía en la categoría de "muy liberalizados".

Otro factor importante del cambio en el régimen comercial provino de las políticas cambiarias. De hecho, los primeros programas de estabilización y las primeras políticas de ajuste estructural se enfocaron a bajar la tasa de cambio real de las monedas latinoamericanas. Esto se consideró como otra reforma fundamental para estabilizar la economía y corregir el sesgo de precios contra las exportaciones agrícolas dado por la sobrevaluación de las monedas nacionales (véase el Cuadro 5).

Cuadro 5
AMÉRICA LATINA (OCHO PAÍSES):
EVOLUCIÓN DE LA TASA REAL DE CAMBIO, 1980-1995
(año de referencia= 1990)

	1980-1985	1985-1990	1990-1995
Bolivia	- -	+ +	+ +
Chile	- -	+ +	+ -
México	- +	+ -	- +
Colombia	- -	+ +	- -
Costa Rica	+ -	+ -	+ -
Argentina	+ +	+ -	- -
Brasil	+ +	+ -	+ -
Perú	- -	+ -	- -

Fuente: Elaborado por el autor, sobre la base de Comisión Económica para América Latina y el Caribe/ Instituto Interamericano de Cooperación para la Agricultura (Cepal/IICA), Panorama de la Agricultura de América Latina y el Caribe en las últimas décadas: indicadores de comportamiento en cuadros y gráficos (LC/L.1102), Santiago de Chile, 1998, y Banco Interamericano de Desarrollo (BID), *Economic and Social Progress in Latin America, 1992 Report* Washington D.C., 1992.
Nota: +: Depreciación de la tasa real de cambio.
- : Apreciación de la tasa real de cambio.

De la comparación entre el Gráfico 6 y el Cuadro 5 se desprende que el grado de apertura de los países seleccionados no siempre corresponde con el desarrollo (esperado) de la tasa de cambio. Por ejemplo, Colombia tenía aún tarifas arancelarias muy elevadas a fines de los años ochenta, pero logró una depreciación real de su moneda. Lo mismo es válido para Brasil. Sin embargo, Bolivia y Chile parecen estar dentro de lo esperado durante el ajuste: *alta protección + apreciación del tipo de cambio – crisis – alta liberalización + depreciación real – recuperación*. En otros países, como Argentina y Perú, por diversas razones como el influjo de la inversión extranjera directa (IED), que retornó al continente a partir de los años noventa se dio una apreciación del tipo de cambio en combinación con reformas fuertes o moderadas del régimen comercial. Aunque las opiniones difieren con respecto a la influencia de la apertura y de la tasa real de cambio sobre la agricultura (Weeks, 1995; Hopkins, 1995), en algunos países estos últimos cambios no implicaron un mejoramiento sustantivo del acceso de los productos agrícolas en los mercados externos. Queda claro, sin embargo, que las reformas del régimen comercial se profundizaron en los años noventa, encaminándose hacia una amplia liberalización de los mercados regionales y también hacia la formación de asociaciones regionales de libre comercio (tales como el TLC para México, el Mercado Común del Sur para Argentina, Brasil, Chile, Paraguay y Uruguay, y varios pactos entre los países andinos).

Finalmente, aparte del comercio y de los regímenes cambiarios, el ajuste de la política fiscal fue otro de los elementos fundamentales del ajuste estructural orientado a lograr una rápida estabilización de las economías en la batalla contra la inflación. Los programas antiinflacionarios de orientación ortodoxa o heterodoxa, desde el Plan Austral (1985) y el Plan de Convertibilidad (1991) la megaestabilización en Bolivia (1985) y una serie de programas de estabilización aplicados entre 1986 y 1994, como el Plan Cruzado, Bresser, Summer, Coller y Cardozo en Brasil, y en México entre 1987 y 1988, así como las medidas posteriores en respuesta a la crisis de 1994, utilizaron combinaciones de política monetaria y fiscal para restablecer los principales equilibrios de la economía, después de períodos de inflación galopante (Bruno y otros, 1992; Killick, 1995; Dijktra, 1997).

En algunos países, como Chile y México, el régimen comercial se modificó radicalmente al mismo tiempo que se introducían las reformas fiscales. Otros, como Argentina y Brasil, continuaron con tarifas elevadas en medio de los planes de estabilización, e incluso con elevados impuestos a las exportaciones, hasta comienzos de los años noventa (Maletta, 1995, p.132). Esto ilustra nuevamente las grandes diferencias que hubo en la aplicación de las reformas en los distintos países, factor que es importante tener en cuenta para entender el impacto del ajuste sobre el sector agrícola.

2. Las reformas en el sector agrícola

En un contexto de mercados internacionales dinámicamente cambiantes, es difícil separar claramente los efectos de las reformas macroeconómicas (régimen comercial, tasa de cambio, reformas fiscales y otras) de los provocados por aquellas reformas específicamente orientadas hacia el sector agrícola (Gómez Oliver, 1994). Sin embargo, algunos cambios cruciales, como la liberalización de los precios internos, las reformas de las finanzas rurales y los créditos agrícolas, la reforma o eliminación de los mercados paraestatales y de las instituciones de servicios agrícolas, y los cambios en el acceso a la tierra a través de mecanismos de mercado, merecen un análisis crítico especial.

Una cuidadosa revisión de las políticas de precios aplicados en la región muestra que en Argentina, Brasil, Colombia y en menor grado en México, la mayor parte de las medidas prevalecientes en las décadas de 1960 y 1970, con programas de precios mínimos, políticas de compra de último recurso, subsidio a los consumidores e incluso programas de abastecimiento a gran escala, seguían vigentes durante la mayor parte de los años ochenta. Las reformas radicales fueron puestas en práctica en su mayoría en los años noventa. En Brasil, la combinación de diversas medidas de apoyo a la agricultura (precios mínimos, crédito subsidiado y abastecimiento estatal) continuó operando hasta 1987, cuando comenzaron los primeros programas de reformas (Buainain y de Castro, 1995); en Colombia esta situación se mantuvo hasta comienzos de los años noventa. En Chile, la Comercializadora de Trigo S.A. (Cotrisa) continúa hasta hoy comprando granos.

En otros países, como México, la política fiscal restrictiva apuntó de manera fundamental a reducir el elevado volumen de subsidios agrícolas, afectando infortunadamente también el nivel de inversión pública, que era bastante elevado antes. De acuerdo con Gómez Oliver (1995, p.27), este último disminuyó rápidamente desde un nivel de 12% del gasto presupuestario en 1980, a menos de 6% en 1989. El nivel de los subsidios a la agricultura en México (en particular a través del crédito) fue muy alto hasta comienzos de los años ochenta, pero cayó desde un 22% del producto sectorial a menos de 5% durante la década.

La política crediticia fue modificada principalmente por razones fiscales. Puesto que la mayoría de los gobiernos habían utilizado el crédito rural como un instrumento distributivo más que como un instrumento de intermediación financiera, el sistema bancario sufrió enormes pérdidas. Más aún, en los años ochenta se dejaron de lado las prácticas de crédito largo tiempo prevalecientes (como el uso del crédito subsidiado para promover la innovación tecnológica y la utilización de bancos de desarrollo), para remplazarlas por una política de tasas de interés reales positivas, instituciones de financiamiento rural económicamente viables y acceso al crédito orientado por el mercado. Thorpe (1997, pp. 21-22) destaca que en algunos casos esto condujo a un proceso de concentración del acceso al crédito formal, lo que favoreció principalmente a los productores comerciales y excluyó a la mayor parte de los campesinos. Por otra parte, el volumen total del crédito disminuyó notablemente, mientras que las tasas de interés alcanzaban niveles bastante elevados. Según Buainain y de Castro Rezende (1995, p. 159), en Brasil el crédito rural experimentó una fuerte retracción, disminuyendo de 25.000 millones de dólares en 1980 a alrededor de 6.000 millones en 1990. La mayor caída tuvo lugar en 1987, después de la aplicación de las políticas de reducción de recursos crediticios y del aumento de la tasa de interés, que pasó de -33,3% en 1986 a 7,0% en 1987. En México, las tasas reales de interés fueron negativas hasta 1998, pero el volumen del crédito decreció cerca de 40% a precios constantes, para de ahí en adelante elevarse en combinación con tasas reales positivas de interés (Salcedo, 1998, pp. 26-27). En un país de la región no mencionado hasta ahora, Nicaragua, el gobierno que alcanzó el poder en 1990, inspirándose también en consideraciones de tipo fiscal, redujo fuertemente los créditos formales del Banco Nacional de Desarrollo (Banades). En dos años, el número de familias campesinas que recibían crédito cayó de 97.217 a sólo 34.682 (Spoor, 1995, p. 206), lo cual excluyó de este beneficio a la mayoría de los pequeños productores.

La brecha creada por la reducción del volumen de créditos posibilitó, en los años ochenta y comienzos de los noventa, la reaparición de formas alternativas de financiamiento, tales como los prestamistas tradicionales, los esquemas de ahorro y crédito a través de organizaciones no gubernamentales (ONG) especializadas en la microfinanza, y diversas formas de financiamiento por medio de contratos con la agroindustria (a veces internacional). Sin embargo, este cambio fundamental en los mercados de financiamiento rural, ocasionado por la fuerte reducción del crédito, tuvo efectos negativos en la producción agrícola, en particular en aquellos pequeños agricultores que se habían beneficiado de la generosa política de crédito anterior. Esta política suministraba apoyo a los ingresos entre las cosechas, y también permitía compensar la escasez de capital de trabajo, que de otra forma sólo se habría podido obtener a altas tasas de interés. En el período que siguió a la reforma de los mercados de financiamiento rural, la mayoría de los pequeños productores vieron limitado su acceso al crédito. En la región en su conjunto, la liberalización de los mercados financieros se reflejó en fuertes aumentos de las tasas de interés, que pasaron a ser prohibitivas para los productores campesinos.

Mosley y otros (1991) han hecho notar que en los programas de ajuste estructural los cambios institucionales se introdujeron solamente en forma gradual, en especial los instrumentos de intervención de mercado. Esto se debió a la presencia de intereses políticos en las estructuras paraestatales y a los efectos de la desregulación y las privatizaciones sobre el empleo. Convendría analizar si estos cambios graduales fueron beneficiosos para la agricultura. Las empresas de comercialización paraestatales (a veces junto con los bancos de desarrollo) tuvieron hasta hace unas décadas una fuerte presencia en los países de la región, como parte del modelo de desarrollo hacia adentro y fuertemente intervencionista de la ISI. Algunas grandes empresas, como la Compañía Nacional de Subsistencias Populares (Conasupo) en México, la Empresa Nicaragüense de Alimentos Básicos (Enabas), el Instituto de Mercadeo Agrícola (Idema) en Colombia y el CAN en Brasil, muy activas en el sector de alimentos básicos y también en la comercialización de los principales productos agrícolas de exportación (como algodón, azúcar, café y carne) y de insumos tales como fertilizantes y pesticidas, tuvieron durante muchos años una posición de cuasimonopolio. A comienzos o a mediados de los años noventa, la mayoría de esas instituciones ya habían sido eliminadas o, como en México, remplazadas por otras (Salcedo, 1998).

La tendencia a ajustar hacia un Estado mínimo (Streeten, 1993) afectó también la presencia hasta entonces dominante del sistema de apoyo público para actividades tales como extensión, educación e investigación agrícolas. Esto fue en parte resultado de las políticas presupuestarias restrictivas, pero también de un claro cambio en la concepción de la oferta de bienes públicos, al introducir en estas áreas los principios de orientación hacia el mercado y de recuperación del costo de los servicios y de la inversión privada. Mientras se criticaba con razón el sistema burocrático antes existente, en particular por no llegar efectivamente a los campesinos, en el curso del proceso de privatizaciones y desregulación el problema del acceso diferenciado a estos servicios fue, por decir lo menos, subestimado. La orientación hacia el mercado de los servicios de apoyo al sector agrícola tendió a excluir a los campesinos marginales (no viables), algo que no ocurrió con los grandes productores comerciales.

Entre fines de los años ochenta y comienzos de los noventa se eliminaron en su mayor parte los instrumentos de intervención de mercado, y los mercados agrícolas pasaron a estar mínimamente intervenidos. En algunos casos, los controles de precios fueron remplazados por instrumentos más indirectos, como las bandas de precios (Brasil, Chile, Colombia y El Salvador), que apuntan a disminuir el efecto de las fluctuaciones extremas de los precios internacionales sobre el mercado interno mediante el uso de tarifas variables para las importaciones. En otros casos, se mantuvieron los precios mínimos, pero se redujo al máximo la capacidad de las agencias estatales para comprar excedentes, con lo cual el efecto neto de los precios mínimos fue muy reducido.

Finalmente, junto con la liberalización de los mercados de productos e insumos, la desregulación y la apertura a los mercados externos, los países de la región transitaron desde los mecanismos tradicionales de redistribución de la tierra (reforma agraria) hacia una redistribución basada en el funcionamiento de un mercado de tierra. Con ello, el acceso a la tierra, y en algunos casos también al agua (como en Chile), se dejó en manos del mercado. Como consecuencia de ello, se produjo un proceso de "descolectivización" de la tierra (Honduras, Nicaragua y Perú) y de privatización de las tierras comunales (los ejidos de México)[10].

Se espera que la desregulación de los mercados de tierra y la entrega de títulos de propiedad den seguridad de largo plazo a las inversiones, y la tierra pueda constituirse en mecanismo de garantía para los créditos. Sin embargo, tal como otros mercados, los de tierra suelen ser todavía incompletos e ineficientes. El fuerte desequilibrio en la propiedad de los bienes y en la distribución del poder en la agricultura de la región, constituye un factor que limita seriamente el acceso de los pequeños productores a la tierra por la vía del mercado, en ausencia de regulación pública. De gran interés al respecto son también las fuertes diferencias entre los países en cuanto al desempeño que han exhibido después de la reforma agraria, como en el caso de Bolivia, país reformista en el pasado que en la actualidad no ha seguido la misma estrategia con respecto a la tierra (Morales, 1991).

Más recientemente, los países de la región se han abierto a la compra de tierras por parte de extranjeros. En algunos, como Argentina y Chile, se han verificado gran-

---

10. La tierra se ha vuelto un bien aún más disputado que en los tiempos de la reforma agraria. Por otra parte, en países donde existe un alto grado de inseguridad y violencia, como Colombia y Perú, los mercados de tierra están muy poco desarrollados.

des compras de tierra por parte de empresas transnacionales, entre ellas tierras agrícolas (por ejemplo, en el sector forestal) y parques naturales, como una forma de inversión de largo plazo. En las dos últimas décadas la legislación que regula la propiedad de la tierra ha cambiado profundamente en lo que respecta a la inversión extranjera directa y a la economía interna. En este sentido, no basta con prestar atención sólo al comportamiento de los mercados, los precios y las instituciones. Es necesario examinar también los enormes cambios en las reglas del juego, la transnacionalización y los procesos de privatización, todo lo cual ha significado para algunos países, en el contexto del ajuste estructural, una tremenda pérdida en el control de sus recursos.

Todos estos cambios radicales en los mercados de factores y productos han afectado no sólo el crecimiento, sino también la distribución del ingreso y los activos en el medio rural. Aun cuando por su importancia estos aspectos merecen ser analizados en un documento específico, debieran de todos modos formar parte de cualquier análisis sobre los efectos del ajuste estructural en la agricultura y el sector rural. Por ejemplo, el documento de Cepal/IICA (1998) destaca el hecho de que la pobreza y la indigencia rurales, de 62% y 34% respectivamente en 1970, disminuyeron a 54% y 28% en 1980. No obstante, en 1990 ambos indicadores habían aumentado, a 55% y 33%. Según datos preliminares, en 1996 la situación había mejorado en algo, pero, dada la grave crisis que afecta a la región desde la segunda mitad de 1998, es probable que nuevamente hayan aumentado.

E. Comentarios finales: dinamismo y marginalización

En consecuencia, si bien es posible analizar el impacto del ajuste estructural en la agricultura utilizando exclusivamente indicadores económicos agregados para la macroeconomía y el sector –siguiendo la periodización estándar (*prerreforma, crisis, reforma, posreforma y recuperación*), recurriendo a datos agregados (para una crítica, véase Spoor, 1997) y haciendo hincapié en la recuperación verificada después de la "década perdida" de 1980–, en este documento se ha tratado de demostrar, por el contrario, que es posible un análisis menos convencional, dado que los indicadores del sector agrícola (especialmente cuando se utilizan datos de países y productos) muestran un cuadro mucho más variado.

Resumiendo lo que hemos expuesto anteriormente, este cuadro más variado puede esquematizarse de la siguiente manera: *en primer lugar*, la tesis de la década perdida, al menos en lo que se refiere a la agricultura, debería incorporar ciertas distinciones, tomando en cuenta no sólo los indicadores macroeconómicos sino también los datos sectoriales agregados y los datos a nivel de productos. También es posible plantear algunas dudas con respecto al supuesto "sesgo antiagrícola" derivado de la sobrevaluación de la tasa de cambio y la política de precios internos, vistas la magnitud y la escala de las medidas compensatorias que prevalecían antes de las reformas (subsidios, protección comercial, crédito y otras), de lo cual dan cuenta países como Brasil y México, pero también los países que aplicaron más tempranamente las reformas, como Bolivia y Chile.

A pesar de que la crisis de la deuda golpeó duramente a la mayoría de los países de la región durante la primera mitad de los años ochenta, un análisis más cuidadoso y detallado de un conjunto seleccionado de países, muestra que algunos experimentaron una *crisis temprana* (con una recuperación rápida), otros una *crisis tardía* (con recuperación lenta) y finalmente otros con una *crisis prolongada*. La posición de la agricultura en una región que aparece como "urbanizada" tiene algunas particularidades. Antes y después de las reformas, las exportaciones agrícolas (incluyendo las de productos forestales y pesca) representaban una proporción importante de las exportaciones totales de la región (como se vio en el Cuadro 3). A pesar del mencionado sesgo antiagrícola, las exportaciones sectoriales crecieron a tasas elevadas durante los años setenta, beneficiándose de los altos precios internacionales, pero se vieron seriamente afectadas, como consecuencia de la caída de éstos, a comienzos de los años ochenta. Así, mientras los volúmenes exportados siguieron creciendo, el valor de las exportaciones se estancó. En términos de producción y participación en el PIB, el sector agrícola continuó expandiéndose en la primera mitad de los años ochenta (cuadros 1 y 2), debido al aumento de la productividad de la tierra y del trabajo. La agricultura, actividad aún crucial para una gran parte de la población, sirvió para atemperar la crisis macroeconómica de esa década, lo cual pone en duda la tesis del estancamiento del sector en los años ochenta. De hecho, durante los años setenta (bajo el modelo de la ISI), la agricultura había crecido rápidamente, a pesar de la discriminación negativa que representaban los precios. Estas observaciones pueden entregar algunas claves para averiguar por qué el ajuste ha tenido un impacto sectorial tan diferenciado.

En *segundo lugar*, los programas de estabilización y de reformas estructurales fueron aplicados en su mayoría a comienzos de los años ochenta, en respuesta a la crisis macroeconómica o en el transcurso de ésta. Sin embargo, el ajuste económico y en particular los cambios en el plano institucional del agro tuvieron lugar mayoritariamente, salvo en Bolivia y Chile, a fines de los años ochenta e inicios de los noventa. Aunque esto debe ser investigado caso por caso, parece posible demostrar que las reformas orientadas en forma más específica hacia el sector agrícola se introdujeron a veces en respuesta al estancamiento, pero muchas veces también coincidieron con el estancamiento o contribuyeron a determinarlo, como ocurrió en Brasil a fines de los años ochenta y en Colombia a comienzos de los noventa. En este documento se analizaron algunos de los efectos más complejos del ajuste sobre el sector, como los provocados por el régimen de comercio y de tasas de cambio, la reforma de la política fiscal y de la política de crédito, y la liberalización y desregulación de los mercados de factores y productos. También se dijo que ello había ocurrido a veces antes de las reformas (Brasil, Chile y México) y, en otros casos, como parte de una "segunda generación" de reformas (como en Brasil y México y más recientemente en Argentina). Esto último tiene que ver, en particular, con la necesidad de llenar en parte el vacío institucional que se originó a partir de la promoción del Estado mínimo (primera fase del ajuste estructural). En el presente se están poniendo en práctica diversas iniciativas en igual sentido, entre las cuales se pueden mencionar el Programa de Ayuda al Campo (Procampo) en México, el Fondo Colombiano de Investigaciones Científicas y Proyectos Especiales (Colciencias) y el incentivo para la capitalización rural (ICR) en Colombia, y varios programas relacionados con la Ley de Participación Popular y los procesos de descentralización en Bolivia, todos los cuales se centran en la participación de los pequeños productores y en la innovación tecnológica.

En *tercer lugar*, lo que surge de nuestro análisis sobre el impacto del ajuste estructural en la agricultura no coincide enteramente con la idea dominante de *crisis-reforma-recuperación-crecimiento*. Cierto es que los años noventa, hasta la crisis de fines de la década, representaron la recuperación en términos de productividad y de crecimiento del producto y de las exportaciones, pero hubo significativas diferencias entre los países y grandes fluctuaciones dentro de ellos. Por lo demás, comparada con las cifras de los años setenta, esta recuperación no es tan impresionante. Así, el impacto del ajuste fue bastante más complejo de lo que esperaban sus patrocinadores, en el sentido de que no todos los segmentos respondieron a él de igual forma. Los incentivos entregados a través de la liberalización de los mercados, el alineamiento de la tasa de cambio (con sus fluctuaciones contradictorias, según aparece en el Cuadro 5), la mayor apertura y la desregulación, favorecieron efectivamente a los productores de bienes transables, pero fundamentalmente a los más capitalizados, mientras que los productores pobres, categoría que engloba a la mayor parte de los campesinos, se vieron perjudicados por las políticas de ajuste, en especial por medidas tales como la eliminación del crédito subsidiado y el desmantelamiento de las instituciones de apoyo a la agricultura. El impulso dado a los productores por los mejores precios de exportación, los menores impuestos y otros incentivos relacionados con el ajuste no siempre permitió compensar los efectos derivados del retiro del Estado. En un análisis económico sobre Bolivia, Morales (1991, p. 66) afirma que los recursos públicos para la agricultura experimentaron fuertes restricciones, y que la estabilidad macroeconómica y la vigencia de precios relativos más apropiados no son suficientes para inducir una producción a gran escala y un crecimiento de la productividad. Los programas de ajuste, como la Nueva Política Económica (NPE), necesitan el apoyo complementario del Estado, en especial bajo la forma de inversiones más eficaces en la agricultura.

La respuesta más dinámica al ajuste se dio en el segmento de los productores comerciales medios y grandes, muchos de los cuales se asociaron con empresas transnacionales, y en el segmento de los pequeños agricultores más dinámicos (principalmente productores de frutas y hortalizas). Al respecto, los rubros que más crecieron en la región fueron los de hortalizas, frutas, oleaginosas y carne (Dirven, 1997; Cepal/IICA, 1998, p. 21), los dos últimos de los cuales lograron fuertes economías de escala en la producción. Los restantes, esto es hortalizas y frutas (y flores), corresponden mayoritariamente a los pequeños y medianos productores más dinámicos, que gradualmente se integraron en esquemas contractuales con la agroindustria y las cadenas de procesamiento (Cepal, 1995; 1998a). En Chile, Costa Rica y México tuvo lugar una gran expansión del sector hortícola (y de otras exportaciones agrícolas no tradicionales); en Brasil y Chile hubo también una gran expansión en frutas, mientras que Argentina, Bolivia y Colombia aumentaron la producción de oleaginosas (Cepal, 1998a, pp.21-27). En los años noventa, se dio un substancial incremento de ciertos rubros no tradicionales destinados a nichos de mercado, y de nuevas exportaciones para mercados de grandes volúmenes (como soya, pulpa de madera y tableros de madera).

La mayor afluencia de inversión extranjera directa (IED) a la agroindustria ha revolucionado la tecnología del rubro alimentario, no tanto en el plano de la producción la brecha de productividad con el mundo desarrollado no ha dejado de ensancharse (Cepal/IICA, 1998), como en el del procesamiento y la comercialización. Por otra parte, ha tenido lugar un rápido proceso de transnacionalización de este segmento, a causa de la posición que han conquistado las empresas transnacionales en los mercados de alimentos. Esta transformación se verificó en el contexto de la privatización de las empresas paraestatales de comercialización agrícola, en conjunto con la de los sectores financieros, de comunicaciones y de energía (antes monopolizados por el Estado), proceso que tuvo lugar principalmente en la primera mitad de los años noventa y que ha contribuido a la concentración del poder de mercado, fenómeno fácilmente observable en las economías de la región.

En conclusión, y volviendo a las tesis planteadas al comienzo de este trabajo, cabe consignar que la agricultura estuvo menos discriminada durante la vigencia de la ISI de lo que se ha postulado. Asimismo, pese al relativo abandono en que se lo dejó (Spoor, 1997), por efecto de la eliminación de los servicios agrícolas y del financiamiento rural, de los bajos niveles de inversión pública y, a veces, de la apreciación del tipo de cambio, el sector tuvo durante los años ochenta (especialmente en la primera mitad) un desempeño bastante mejor de lo que deja entender la noción de "década perdida".

Se esperaba que la desregulación de los mercados y la privatización de las empresas paraestatales de comercialización y servicios, procesos que tuvieron lugar a fines de los años ochenta y comienzos de los noventa, dieran paso a la creación de estructuras eficientes de mercado. No obstante, tal posibilidad se topó con obstáculos muchos mayores que los previstos. Sólo a comienzos de los años noventa el amplio reconocimiento de la existencia de fallas de mercado empezó a formar parte del debate sobre el desarrollo (de Janvry y Sadoulet, 1993). Más aun, las políticas orientadas a minimizar el tamaño del Estado deterioraron gravemente la capacidad de los gobiernos de elaborar y ejecutar políticas sectoriales específicas, muy necesarias para la actividad agropecuaria en un contexto de cambios fundamentales en los mercados, las instituciones y los precios relativos. La incapacidad de los gobiernos no derivó sólo de la disminución del tamaño físico del Estado, sino también del predominio de tendencias políticas abiertamente favorables al mercado y contrarias a la intervención estatal, como queda ilustrado por el proceso de ajuste introducido en los años noventa en Nicaragua (Spoor, 1994 y 1995; De Groot y Spoor, 1994)[11].

Sin embargo, ese espíritu ha cambiado gradualmente en el conjunto de la región, conforme se hacían patentes las insuficiencias del nuevo modelo. En la llamada segunda generación de reformas se advierte un renovado énfasis en la instalación de nuevas instituciones y en la ejecución de políticas públicas de desarrollo agrícola y rural[12]. Cada vez se advierte con mayor fuerza que al Estado le corresponde una importante función en el desarrollo agrícola y rural, no sólo para intensificar el claro dinamismo de ciertos subsectores empresariales (en particular con respecto a los mercados de exportación), sino también para expandir los mercados internos, como ocurre en Brasil. La función del Estado se torna aún más necesaria en lo que concierne a abordar de manera coherente el problema, hasta ahora subestimado, de la marginalidad y la pobreza de gran número de campesinos sin tierras. Su integración (en lugar de su exclusión) en los procesos de mejoramiento tecnológico, en los mercados de crédito y los mercados locales y regionales debe ser combinada con el establecimiento de muy necesarias redes de seguridad social y de programas de combate de la pobreza.

---

11. Un reconocimiento (tardío) de estos estrangulamientos institucionales puede verse en Banco Mundial (1997), que destaca la necesidad de capacitación institucional y de un buen ejercicio del poder.
12. El ajuste económico y la modernización han intensificado (y no mitigado) la acusada degradación de los recursos (Gligo, 1995).

Bibliografía

Banco Mundial (1997), *World Development Report, 1997*, Washington, D.C., Oxford University Press.

BID (Banco Interamericano de Desarrollo) (1992), *Economic and Social Progress in Latin America, 1992 Report*, Washington, D.C.

Bruno, M. y otros (1992), *Lecciones de la estabilización económica y sus consecuencias*, Washington, D.C., Banco Interamericano de Desarrollo (BID).

Bulmer-Thomas, V. (1996), *The New Economic Model in Latin America and its Impact on Income Distribution and Poverty*, Londres, Instituto de Estudios Latinoamericanos / Macmillan Press.

Buainain, A.M. y G. de Castro Resende (1995), "Structural adjustment and agricultural policies: the Brazilian experience since the 1980s", *Structural Adjustment and the Agricultural Sector in Latin America and the Caribbean*, J. Weeks (comp.), Londres, Macmillan.

Cepal (Comisión Económica para América Latina y el Caribe) (1998a), *Anuario estadístico de América Latina y el Caribe. Edición 1997* (LC/G.1987-P), Santiago de Chile. Publicación de las Naciones Unidas, N° de venta: S.98.II.G.1.

———, (1998b), *Estudio económico de América Latina y el Caribe, 1997-1998* (LC/G.2032-P), Santiago de Chile, septiembre. Publicación de las Naciones Unidas, N° de venta: S.98.II.G.2.

———, (1996), Quince años de desempeño económico: América Latina y el Caribe, 1980-1995 (LC/G.1925(SES.26/17)), Santiago de Chile.

———, (1995), Las relaciones agroindustriales y la transformación de la agricultura (LC/L.919), Santiago de Chile.

Cepal/FAO (Comisión Económica para América Latina y el Caribe/Organización de las Naciones Unidas para la Agricultura y la Alimentación) (1998), *Agroindustria y pequeña agricultura: vínculos, potencialidades y oportunidades comerciales*, serie Libros de la Cepal, N° 46 (LC/G.2007-P), Santiago de Chile. Publicación de las Naciones Unidas, N° de venta: S.98.II.G.4.

Cepal/IICA (Comisión Económica para América Latina y el Caribe/ Instituto Interamericano de Cooperación para la Agricultura) (1998), Panorama de la agricultura de América Latina y el Caribe en las últimas décadas: indicadores de comportamiento en cuadros y gráficos (LC/L.1102), Santiago de Chile.

Clemens, H., D. Greene y M. Spoor (comps.) (1994), *Mercados y granos básicos en Nicaragua: hacia una nueva visión sobre producción y comercialización*, Managua, Editoriales Ciencias Sociales.

De Groot, J.P., M. Spoor (1994), *Ajuste estructural y economía campesina*, Managua, Escuela de Economía Agraria (Eseca)/ Universidad Nacional Autónoma de Nicaragua (UNAN), Editoriales Ciencias Sociales.

De Janvry, A. y E. Sadoulet (1993), "Market, State, and civil organizations in Latin America beyond the debt crisis: the context for rural development", *World Development*, Vol. 21, N° 4.

Dirven, M. (1997), "El empleo agrícola en América Latina y el Caribe: pasado reciente y perspectivas", serie *Desarrollo productivo*, N° 43 (LC/G.1961), Santiago de Chile, Comisión Económica para América Latina y el Caribe (Cepal).

Dijkstra, A.G. (1997), "Fighting inflation in Latin America", *Development and Change*, Vol. 28, N° 3.

FAO (Organización de las Naciones Unidas para la Agricultura y la Alimentación) (1998), "Faostat Database Collections" (http://apps.fao.org/cgi-bin/nph-db.pl).

FAO (Organización de las Naciones Unidas para la Agricultura y la Alimentación) (1996), *El estado de la agricultura y la alimentación*, Roma.

———, (Organización de las Naciones Unidas para la Agricultura y la Alimentación) (1995), *El desarrollo agrícola en el nuevo marco macroeconómico de América Latina*, Santiago de Chile.

Gligo, N. (1995), "Situación y perspectivas ambientales en América Latina y el Caribe", *Revista de la Cepal*, N° 55 (LC/G.1858-P), Santiago de Chile, abril.

Gómez Oliver, L. (1995), *El papel de la agricultura en el desarrollo de México*, Santiago de Chile, Oficina Regional de la FAO para América Latina y el Caribe.

———, (1994), *La política agrícola en el nuevo estilo de desarrollo latinoamericano*, Santiago de Chile, Oficina Regional de la FAO para América Latina y el Caribe.

Hopkins, R. (1995), "Disentangling the performance of Latin American agriculture, 1980-1992", *Structural Adjustment and the Agricultural Sector in Latin America and the Caribbean*, J. Weeks (comp.), Londres, Macmillan Press.

IICA (Instituto Interamericano de Cooperación para la Agricultura) (1997), *Agricultura en el Mercosur y Chile*, Montevideo.

Kay, C. (1995), "Rural development and agrarian issues in contemporary Latin America", J. Weeks (comp.), *Structural Adjustment and the Agricultural Sector in Latin America and the Caribbean*, Londres, Macmillan.

Killick, T. (1995), *IMF Programmes in Developing Countries*, Londres, ODI/Routledge.

———, (1989), *A Reaction too Far, Economics Theory and the Role of the State in Developing Countries*, Londres, Overseas Development Institute (ODI).

Krueger, A.O., M. Schiff, A. Valdés (1991), *The political economy of agricultural pricing policy*, Vol. 1, Washington, D.C., Banco Mundial/ Johns Hopkins University Press.

Maletta, H. (1995), "Argentine agriculture and economic reform in the 1990s", J. Weeks (comp.), *Structural Adjustment and the Agricultural Sector in Latin America and the Caribbean*, Londres, Macmillan.

Morales, J.A. (1991), "Structural adjustment and peasant agriculture in Bolivia", *Food Policy*, Vol.16, N° 1.

Morley, S.A., R. Machado y S. Pettinato (1999), "Indexes of structural reform in Latin America", serie *Reformas económicas*, N° 12 (LC/L.1166), Santiago, Chile, Comisión Económica para América Latina y el Caribe (Cepal).

Mosley, P., J. Harrigan y J. Toye (1991), *Aid and Power. The World Bank and Policy Based Lending*, Londres, Routledge.

Reca, L.G. y R.G. Echeverría (1998), *Agricultura, medio ambiente y pobreza rural en América Latina*, Washington, D.C., Banco Interamericano de Desarrollo (BID).

Ramos, J. (1997), "Un balance de las reformas estructurales neoliberales", *Revista de la Cepal*, N° 62 (LC/G.1969-P), Santiago de Chile, agosto.

Salazar, A., Brandão, P. y José Carvalho (1991), "Brazil", *The Political Economy of Agricultural Pricing Policy*, Cap. 3, Vol. 1, Baltimore y Londres, Banco Mundial/The John Hopkins University Press.

Salcedo Baca, S. (1998), "El impacto de las reformas estructurales y las políticas macroeconómicas sobre el sector silvoagropecuario de América Latina: el caso de México", documento presentado a la Reunión de expertos sobre el impacto de las reformas estructurales y de las políticas macroeconómicas sobre el sector silvoagropecuario de América Latina, Santiago de Chile, 26 y 27 de noviembre.

Smith, W.C, C.H. Acuña and E.A. Gamarra (comps.) (1993), *Democracy, Markets and Structural Reform in Latin America*, Boulder, North-South Centre/Lynne Rienner.

Spoor, M. (comp.) (1997), *The 'Market Panacea': Agrarian transformation in developing countries and former socialist economies*, Londres, IT Publications.

———, (1995), *The State and Domestic Agricultural Markets in Nicaragua: From Interventionism to Neo-Liberalism*, Londres/ Nueva York, Macmillan/ St.Martin's Press.

———, (1994), "Issues of State and market: from interventionism to deregulation of food markets in Nicaragua", *World Development*, Vol. 22, N° 4.

Streeten, P. (1993), "Against State minimalism", *World Development*, Vol. 21, N° 8.

Teitel, S. (1992), *Towards a New Development Strategy for Latin America: Pathways from Hirschman's Thought*, Washington, D.C., Banco Interamericano de Desarrollo (BID)/ Johns Hopkins University Press.

Thorpe, A. (1997), "Structural adjustment and the agrarian sector in Latin America", *The 'Market Panacea': Agrarian transformation in developing countries and former socialist economies*, M. Spoor (comp.), Londres, IT Publications.

Weeks, J. (comp.) (1995), *Structural Adjustment and the Agricultural Sector in Latin America and the Caribbean*, Londres, Macmillan.

Esta edición se terminó de imprimir en marzo de 2001
Publicado por ALFOMEGA S.A.
Transversal 24 No. 40-44, Bogotá, Colombia.
La impresión y encuadernación se realizaron en
Quebecor Impreandes.